조선경찰

/ 허남오 지음 /

조선경찰

朝鮮警察

포도청을 통해 바라본 조선인의 삶

가람
기획

포도청을 통하여 조선시대 사회상을 본다는 것은 무척 흥미 있는 일이다. 포도청은 도둑을 잡는 기관일 뿐 아니라 전국 적으로 법을 집행하는 폭넓은 기관이기 때문에 포도청의 역 할만 봐도 그 시대상을 거의 다 살필 수 있다. 한마디로 말 해, 포도청은 백성들과 가장 밀접하게 접해 있으면서, 한편 임금을 비롯한 권력기구와도 직접 연관되어 있는 기구였다. 그러나 우리가 흔히 알고 있는 포도청은'네 죄를 네가 알렷 다'식의 고문이나 하는 곳으로 알려져 있고, 포졸은 백성들 의 원성만을 사는 원악元惡 향리로 인식되고 있다. 이는 일제 식민시대의 잔재를 거쳐 내려온 잘못된 인식으로서, 오늘날 경찰에 대한 부정적 요소가 거의 여기에 있다고 해도 과언 이 아니다. 그러나 세계에서 우리 포도청만큼 오랜 역사를 가진 전문 포도기관은 없다. 1829년에야 제복을 입고 칼을 찬 근대식 경찰인 파리경찰청과 런던경찰청이 생겼는 데 비 해 포도청은 그보다 300년 이전인 1500년대에 이미 설치되 었다.

물론 〈경국대전〉에는 포도청 규정이 없었으나, 성종 때 도적의 발호를 막기 위해 한시적으로 포도장을 운영하다가 중종 때 항구적으로 만든 포도기관이 포도청이다. 이러한 포도청도 양란을 겪고 난 뒤 사회가 안정되자 왕권을 수호하는 기관의 역할도 하게 된다. 그것은 무관이 포도청을 운영하고 지방의 토포영도 군사조직이 겸하면서 경찰권과 군권이 하나로 되는 것과도 연관되어 있다. 특히 대궐에서는 포도대장이 왕을 호위하고 왕의 명령을 직접 전달받기도 한다.

조선 후기로 접어들면서 범죄도 다양해지고 그만큼 포도청의 역할도 커진다. 지방에서 검거되는 모든 중요한 범죄는 서울의 포도청으로 오게 되고, 포도청은 형조의 지시에 따라 다른 사법기관에 죄인을 송치한다. 그 범죄 수사기록이 방대한〈포도청 등록〉으로 남아 있다. 이〈포도청 등록〉은 영조 때부터 고종 때 임오군란 직후까지의 기록인데 절도, 강도는 물론이고 사전 주조, 인삼 밀매, 국경의 잠상 행위, 밀도살 등 모든 사회상이 생생하게 담겨져 있다.

천주교 박해 때의 신문 기록을 보면'죽으면 바로 천당에 가니 죽여달라'는 애절한 소원도 보인다.

이러한 포도청은 1894년 갑오개혁 때 다른 제도와 마찬가지로 크게 변한다. 그러나 포도청만은 서울의 5부 조직을 그대로 두고 이름만 경무청으로 바꿔어 운영되었다. 다만 신경찰제도를 도입하여 점차 서구식으로 제복과 명칭을 바꿔나갔다. 이 경무청은 1910년 나라를 뺏기기까지 전국적으로 조직을 확대하여 오늘의 경찰과 같은 기구를 갖추게 된다. 그리하여 의병을 탄압하고 나라를 잃게 하는 데 일조를 하게 된다.

그로부터 또 100년이 흘렀다. 포도청이 맡던 순라제도는 크게 변한 것이 없다. 새로운 신종 범죄를 다루는 것도, 범죄 처리를 형조에 보내는 것도 마찬가지다. 무엇보다 백성들의 원성을 듣고, 포도청이 습격당하고, 포졸이 곤욕을 치르는 상황도 별반 다르지 않다. 지방에서 관찰사와 수령의 지시 아래 포도에 나서는 것도 제도상으로는 비슷하다. 이와 같이 포도청을 통해서 조선시대를 바라보면 그 시대 백성들의 삶과 함께 오늘의 경찰을 다시 볼 수도 있는 것이다. 분명한 것은 포도청의 기능이 약할 때 사회는 혼란스러워지고 왕권이 쇠잔해지며 나아가서 나라를 잃을 정도로 국력이 미미해지는 것이다. 즉, 포도청의 이미지는 그 사회, 국가의 건전상태를 바로 나타내는 바로미터가 된다. 2020년은 특별한 해다. 갑오개혁이라는 미명 아래 일제 지배를 위해 또 그 후에도 잔재가 남아있기 126년이 지났다. 경찰청이 수사와 정보 그리고 국내 안보까지 도맡는 조선시대의 포도청으로 다시 태어났다. 지방경찰을 떼 준 것도 당시와 마찬가지다.

지금까지 포도청을 통하여 조선시대를 보는 노력이 적지 않았나 하는 아쉬움이 있었다. 필자는 미진하나마 이를 극복하려고 노력했지만 얼마나 기대에 미칠지는 의문이다. 선배, 후학들의 많은 질책을 바란다. 끝으로 재판을 만든 가람기획에 감사드리며, 아울러 집에서 변함없는 성원을 보내고 있는 아내와 손주들에게도 고마운 마음을 전한다.

/ 2020. 8 허남오 /

제 1 장

조선 최대의 포도청 습격사건

너희가 포도청을 어찌 아느냐. 이놈들! 포

도대장의 목소리는 분기 탱천했다. 5월

17일 새벽, 안개가 횃불을 삼키며 뜰을 휘감고

있다.

1

목수들의 집단 난동

포도청을 때려부숴라!

1860년 철종 11년이다. 하지를 하루 앞둔 음력 5월 16일 12시경, 햇살이 따갑게 내리쬐는 새문안 거리는 뛰어가는 목수들로 꽉 찼다. 경희궁에 있던 목수들이 점심을 먹고 난 후 떼를 지어 우포도청으로 몰려가는 것이었다. 손에는 대패질하다 남은 설긴 몽둥이를 들고 있었다. 경희궁 안에 있는 임시 목공소에서 우포도청까지는 한달음이다. 연이어 달려오는 무리들로 인해 그 사이가 온통 목수들의 난장판이었다. 청사에 들이닥치니 문지기는 벌써 달아나고 없고, 그들은 꼬나들고 있던 몽둥이로 청사의 건물을 닥치는 대로 때려부쉈다.

기찰 나가거나 점심 시간으로 밖에 나가 있던 포졸이 많아 실제 청사는 비어 있는 거나 마찬가지였다. 그들은 남아 있던 관원들을 보이는 족족 난타했다.

앞장선 이는 30대 후반의 험상궂게 생긴 탁경순이었다. 그를 중심으로 대여섯 명이 주로 나서고 있었다. 포교 같은 입직 관원이 허둥지둥 도망가려 하자 탁경순이 머리를 끌어 내동댕이치니 누군가 몽둥이로 머리를 쳐서 청마루가 온통 피바다로 변했다. 20대의 천세필은 펄펄 끓는 쇠화로를 관원들에게 집어던졌다. 하얀 연기와 희멀건 재가 뜰에 흩 뿌려지면서 낭자한 핏방울들이 엉기기 시작했다. 피를 본 군중은 제풀에 흥분되는 법이다. 보이는 것이 없다. 마침 해진 옷을 입은 한 양반이 탕건을 받쳐쓰고 앉아 있자, 뜰 앞에 내려꿇리고는 머리, 몸뚱이를 가리지 않고 몽둥이질을 해댔다. 그리고는 포교들이 쓰는 오랏줄로 묶어 패대기쳐서 큰길로 몰아냈다. 그는 종사관의 6촌이라고 했다. 서리고 군관이고 내방객이고 가릴 것 없이 포도청에 있던 사람들은 모두 봉변을 당했다.

탁경순은 옥문을 열고, 오늘 아침 잡혀갔다는 매부 백계창을 불렀다. 죄수들이 웅성웅성 시근덜거리며 뛰쳐나온다. 하지만 백계창은 없었다. "여기는 없다!" 누군가 소리쳤다. "좌포도청으로 가자!" 이어 누군가 외쳤다. 동료 목수 백계창을 구하러 여기 온 것이기에 모두들 따라나섰다.

낙선방에 있는 좌포도청으로 몰려갔다. 낙선방까지는 밥 한 사발 먹을 동안이다. 우포도청이 있는 서린동에서 전옥서를 지나 시전 상인들이 즐비한 종로를 거친다.

관왕묘 앞을 지나며 모두들 손을 합장한다. 목수들의 전형적 기복심보다. 종각을 거쳐 원각사터에 있는 백탑을 지난다. 불어난 목수에다가 구경하는 인파들까지 해서 온 거리가 난장판이다.

"무슨 난리가 났나 보지?"

"아냐. 포도청을 때려부순대."

16

* 홍화문

경희궁의 정문 홍화문으로서, 동남쪽으로 향해 있어 바로 새 문안이 된다. 지금은 장충동에 있는 신라호텔의 정문으로 옮겨져 있다.

"거 참 통쾌하다."

술집이 동났다. 목수들도 덩달아 퍼질러 앉아 자랑을 한다.

"포졸들 땜에 먹고살기 힘들어. 그래, 못 쓰는 쇠못 몇 개 빼냈다고 막 잡아가는 놈들이 어딨어? 개네들은 우리꺼 안 먹었어? 갑자기 공자입 네 하고 우리만 잡아가면 우린 다 죽으란 거지, 안 그래?" "그나저나 우 리도 뒤쫓아가세."

소문을 들은 좌포도청의 입직 관원들이 겁을 먹어 방문을 걸어잠그 고 숨어버렸다. 성난 군중들은 방문을 부수고 방안으로 뛰어들어 아무 에게나 발길질을 해댔다. 그리고 입직 관원들을 뜰 아래로 끌어내 꿇리 고는 옷을 찢었다.

탁경순은 또 옥을 열었다. "이와 같은 때에 왜 도망가지 않는가? 모 두 나가라"고 외쳤다. 그는 이미 제정신이 아니었다. 처음에는 매부를 찾는 것이 급했으나 이제는 이판사판이었다. 여기에도 매부는 없었다. "옆의 군관청으로 가서 따져보자." 포교를 하나 잡아 오랏줄로 꽁꽁 묶었다. 붉은 오랏줄, 즉 홍사는 포졸들의 전유물이다. 그것으로 그 우두머리를 묶었으니 보기만 해도 통쾌해서 미칠 것만 같다. 동료 김덕수가 술이 얼큰해서 "날 따르라!" 하고 군관청으로 돌입했다. 지키는 군사도 없다. 창벽을 깨고 숨어 있던 군관 3, 군사 3명을 무수히 난타하다가 군관만 오랏줄로 묶었다. 그런 다음 홍사로 꽁꽁 묶인 군관 네 사람을 포도대장의 집으로 끌고가서 대문 안으로 밀어넣었다. 포도대장의 집은 군사들이 창검으로 무장하여 지키고 있어 차마 쳐들어가지 못하고 돌아섰다. 어느덧 서편 경희궁 쪽 하늘에 황혼이 스미기 시작하자 이들은 하나 둘씩 흩어지기 시작했다.

주동자들은 다 도망가고

포도대장 신관호는 노발대발했다. 그보다 임금에게 보고할 일이 아득했다. 포장으로 임명된 지 10일밖에 되지 않았다. 그는 즉시 병방 승지의 집으로 찾아가, 내일 이놈들을 반드시 잡아다가 족치겠다고 일렀다.

한 조각만 뜯긴 5월의 보름달이 감춰지기 시작하는 이튿날 새벽부터 새문 안에는 포졸들이 깔렸다. 아침에 일하러 나오는 목수들이 모두 우포도청으로 끌려갔다. 경희궁 처소에서 자고 있던 목수들도 모두 잡혀 나왔다. 횃불을 대낮같이 밝힌 우포도청의 좁은 마당은 목수들로 우글거렸다. 도목수들이 앞으로 나왔다. 포도대장 입회 아래 점고가 시작되었다. 오늘 안 보이는 목수는 일단 의심을 받는다. 10여명이 빠졌다.

연루자	나이	출신지
탁경순	39	유동
김진길	29	회동
권흥복	32	대정동
김기화	45	묘동
박연근	29	면주동
박영근	29	왕십리
김흥갑	41	판정동
김영원	41	장동
장진성	35	예동
정학성	29	예동
안국희	22	청파동

포도대장 신관호는 잠을 못 잤는지 눈을 게슴츠레 뜨고 아래만 바라 보고 있다. 그러나 가슴 언저리는 콩알 튀는 듯한 소리가 들린다. "그놈 들을 당장 잡아오라!" 한 마디 남기고 그는 안으로 쑥 들어가버렸다.

이렇게 해서 탁경순 등 11명이 우포도청에서 조사를 받게 되었다. 서 울에 사는 목수들만 잡혀왔고, 서울에 연고가 없는 개성, 평양 목수들은 종적이 묘연했다.

경희궁은 광해군 때 완성된 궁궐로 새문동에 있다. 처음 경덕궁이던 것이 꼭 100년 전 영조 때인 1760년에 경희궁으로 바뀌었다. 경덕궁은 처음 광해군이 새문동에 왕기가 있다 하여 정원군의 집을 빼앗아 새로 지었던 것인데, 정작 광해군은 궁에 입거하지도 못하고 인조반정으로 왕위에서 쫓겨났다. 인조는 정원군의 장남으로 결국 새문동 왕기설은 적중된 셈이다.

인조 즉위 후 경덕궁은 왕궁으로서의 구실을 확실히 했다. 인조반정으로 창덕궁이 소실되고 이듬해에는 창경궁마저 이괄의 난으로 훼손됨에 따라 인조는 인목대비를 받들어 경덕궁에 이어했다. 이후에 역대의 왕들도 수시로 이 궁에서 거처·친조했으며, 창덕궁을 동궐, 경덕궁을 서궐로 칭하여 조선의 대표적인 궁궐로서의 지위를 굳혔다. 실제로 경희궁에서 숙종이 탄생했고, 경종·영조·순조가 승하했다.

경희궁은 순조 29년인 1829년 10월 큰 화재를 당해 많은 전각이 소실되었다. 그리하여 순조 30년에서 31년까지 대대적인 중건을 했다. 이때는 서울 목수 298, 개성 목수 43명으로, 전담 목수도 편수(공장工匠의 우두머리)를 두고 건물별로 목수 편수를 둘 정도였다.

30년이 지난 작년부터 보수공사가 이루어져 금년 여름에 끝낼 예정이었다. 품삯도 제대로 주지 않는 판에 서울의 목수들만 동원할 수 없어 개성, 평양의 목수들도 많이 차출되어 왔다. 목수들은 늘 포졸들에게 돈을 뜯겼다. 특히 도급제이므로 도목수는 일정한 몫을 포도청에 상납해야 일을 제대로 할 수 있었던 것이다.

따라서 이들은 더러 감시의 눈을 피해 물건을 빼내 파는 일이 많았다. 이런 때 동료 백계창이 소량의 쇠못을 빼내다가 잡히자 이들의 감정은 드디어 폭발하기에 이르렀다. 더욱이 궁궐 짓는 데 쓰는 물건을 훔친 도둑은 목숨을 건질 수 없었던 것이다.

2

포도청 습격사건의 종말

너희가 포도청을 어찌 아느냐!

"너희가 포도청을 어찌 아느냐. 이놈들!" 포도대장의 목소리는 분기탱천했다. 5월 17일 새벽, 안개가 횃불을 삼키며 뜰을 휘감고 있다. 대청에는 대장이 좌정하고, 좌·우포청의 종사관이 나앉고, 서원, 군관들이 울긋불긋한 제복을 입고 앉아 있다.

"저놈부터 당장 물고를 내라!"

그의 회초리는 탁경순을 가리켰다. 가장 오래 근무한 행수 군관 홍석무가 천천히 그리고 위엄있게 입을 뗐다.

"네놈은 어디에 사는 누구며, 어떠한 일을 업으로 삼고 있느냐? 어찌된 연유로 무리를 이루어 우포도청에 돌입해 창호를 깨고, 입직 관원에게 손을 대어 유혈이 낭자함에 이르고, 포도청의 이속을 만나면 문득 난타해 두 명의 교졸과 한 명의 서리가 중상에 이르러 생사가 불분명 하게 했느냐? 좌포도청으로 옮겨서도 창호를 깨고 입직 관원을 손대어 뜰 가운데로 끌어내려 옷이 찢어지는 데에 이르니 이미 이것은 면할 수 없는 죄다. 입직 교졸을 만나면 독하게 때리고 상처가 낭자하니 오히려 이것도 부족하더냐? 또 좌변 군관청으로 옮겨 창과 벽을 깨뜨리고 홍사 를 마음대로 취해 네 명의 교졸을 결박해 구타하고, 포도대장 댁에 몰 려들어가서는 두 명의 교졸에게 중상을 입히고, 두 명의 교졸은 빈사상 태에 이르고, 세 명의 졸병을 또한 독하게 때려 드러누워 일어나지 못 하게 했다. 그처럼 위험하고 공포스러운 광경과 나라 기강을 무너뜨리 는 일은 일찍이 없었던 변괴다. 설사 유감이 있더라도 법으로 감히 뜻 을 품을 수 없거늘 하물며 유감이 없음에야! 법이 지엄하고 여러 사람 의 입에 용납하기 어렵다. 당초에 앞장선 놈은 누구며, 관원에게 손을 댄 자는 누구며, 관청을 파괴하고 멋대로 악독함을 드러낸 자는 몇 놈 인지 각각 숨기지 말고 사실대로 고하라."

"저는 탁경순이며 유동에 사는 목수입니다. 서궐에 부역하온바, 어제 16일 궁에서 주는 점심인 선반 후 목수 김진길이 저에게 말하기를, 너 의 매부 백계창이 오늘 아침 철물을 투매한 일로 기찰 교졸에게 현장에 서 잡혀갔으니 우리가 쫓아가 구원함이 좋겠다고 했습니다.

그래서 남매의 정으로 편안히 앉아서 보는 것은 불가하다고 생각해 각 처소의 목수를 불러내어, 사소한 물건으로 도둑의 누명을 얻는 데 에 이른다면 부역하는 목수가 누가 능히 도적의 이름을 면할 수 있냐 며, 일제히 쫓아가서 함께 구원하고 한편으로 분통을 풀자고 말했습니 다. 그런 여러 목수가 뒤따라가 무리를 이루어 우포도청에 곧바로 도달

해 관아의 문에 돌입하여 청사를 깨뜨리고 입직 관원을 끌어내어 몽둥이로 머리를 쳐 피가 흐르는 상처를 입혔습니다. 천세필은 쇠화로를 관원에 집어던졌습니다. 어떤 양반이 찢어진 옷을 입고 입직 장소에 앉아 있는 고로 이만석, 김진길 등이 누구인지 묻지 않고 묶어 때려 큰길 가로 쫓아내었습니다. 군관과 서원을 구타함에 있어서는 우리들이 흥분하여 누구인지 묻지 않고, 만나면 문득 난타하니 그땐 과연 누가 군관인지, 누가 서원인지 알지 못하였습니다. 좌포도청에서도 아문에 돌입하여 창호를 깨고 곧바로 방중에 들어가 입직 관원을 끌어내어 좌우로 차며 뜰 아래에 끌어내었습니다. 또 옥문을 타파하여 여러 죄수에게 선언하기를, 이와 같은 때에 어찌 도망하지 않겠는가 하고 말했사오며, 군관 1인과 군사 1명을 만나 갑자기 난타하고 군관은 곧 군관청으로 묶어 끌고가 창벽을 깨고, 군관 3인과 군사 3명도 손을 묶고 무수히 난타했습니다. 군관을 홍사로 결박하여 포도대장 댁 대문 안에 몰려들어갔사 옵니다. 저가 전후에 행한 범죄의 자세한 일은 이와 같을 뿐이고, 이외 달리 할 말은 없습니다."

다음 차례차례로 고신이 이어졌다. 울부짖는 소리, 피가 튀는 소리가 귀청을 때린다.

"저는 김진길이며 회동에 살고 있고, 목수로 2자 처소에 부역하고 있습니다. 이번 16일 선반 후에 정학성이 저에게 와서 말하길, 탁경순의 매부 백계창을 우리가 만약 구원하지 않으면 목방의 수치를 면하기 어려울 것이라고 했습니다. 우포도청에서 누구를 막론하고 난타할 때에 탁가가 먼저 입직 관원을 범하고 이천석, 정학성 등이 또 군관을 때렸습니다. 이어 좌포도청에 돌입한즉, 관원이 마침 앉아서 서찰을 보는고로 뜰 아래로 끌어내어 저가 김덕수와 더불어 일차로 발로 찼을 뿐입니다. 곧 좌변 군관청으로 향하는 길에 마침 복통이 있어 쫓아가지 못하고 모동의 동생 집으로 가서 고통으로 자리에 누워 그후의 일은 전혀 알지 못하옵니다."

"저는 권흥복이고, 대정동에 살면서 목수의 직업으로 서궐에서 부역하고 있사옵니다. 어제 점심 선반 후 동료 목수 탁가가, 너희들이 한결 같이 나의 뒤를 따라 힘을 합쳐 기세를 더하여 포도청에 돌입하여 잡혀 있는 죄수 백가를 빼앗아올 것을 기대하라 하며, 만약 나를 따라가지 않으면 마땅히 칼을 빼어 찌르겠다는 뜻으로 어깨를 으쓱하며 무리에게 큰 소리로 말하였습니다. 그 때문에 저가 우매한 소치로 좌·우포도청에 가서 함께 서로 행패를 부렸사옵니다. 앞잡이는 탁가와 천수길, 애목수 김창운이고, 이외 나머지는 모두 기억하지 못하오며, 우리들은 따라간 것이오니, 이 지경에 이르러 어찌 감히 변명하겠습니까? 비록 매를 맞아 죽더라도 다른 것은 아뢸 말이 없습니다."

"저는 김기화이며, 묘동에 살면서 목수로 3자 처소에 부역하고 있습니다. 이천석, 김치도와 성명을 알 수 없는 송도 목수 여러 사람과 애목수 지칠성과 인갑이, 홍용길 등과 우포청에 바로 들어갔습니다. 좌포청으로 여러 사람들이 돌입할 때에 저는 술을 사 마셔서 뒤따라 이르지 못하여 그때의 광경은 잘 알지 못하옵니다."

"저는 박연근이며, 면주동에 살면서 목수로 3자 처소에 부역하였습니다. 금번 16일 선반 후에 갑자기 식중독을 얻어 인사를 살피지 못하여 일꾼 처소에 드러누워, 장차 소금물을 얻어마시려 하였으나 얻어 마실 길이 없어 뒤척이다가 점고點考에도 빠졌습니다. 저는 목방에서 어떠한 일이 있었는지도 전연 알지 못하는 중에 도목수가 병으로 드러누운 것을 알지 못하고 궐점한 것으로 하여 여러 죄수 중에 강제로 잡힌 바 되어 신문을 받는 지경에 이르렀으니, 실로 이는 애매하오니 엎드려 처분을 기다릴 뿐입니다."

"저는 박영근으로 왕십리에 살며, 목수로 3자 처소에 부역하는 것이 겨우 200일이 되었습니다. 이날 장계문, 탁경신, 천세필 등이 와서, 너희가 만약 가지 않으면 대단한 화가 생길 것이라 한 때문에 부득이 뒤

쫓아 우포청에 이르니, 먼저 들어간 여러 사람들이 이미 창호를 깨뜨리며 입직 관원에게 손을 대고 여러 교졸을 난타하고 있었습니다. 좌포청에서는 아는 어느 입직 관원을 뜰 아래로 끌어내는 고로 저가 죽음을 무릅쓰고 만류하여 청사로 올려보냈으며, 좌변 군관청에서도 소란을 피울 때 늙은 군관을 구제하였습니다. 저의 사촌형 박종길이 좌변 군사로 있어 여러 해 동안 따라다녀서 좌우변 청속이 낯이 익어 포도청의 이 같은 광경을 차마 볼 수 없었습니다. 그래서 종사관을 부축하여 올라가게 하고 노 군관을 구출하였으니, 생장할 때 의식주를 이들에게 의지한 고로 이같이 한 것이요, 다른 것은 올릴 말이 없으니 상고해주십시오."

"저는 김흥갑이고, 판정동에 살면서 목수로 서궐에 부역하옵더니, 어제 선반 때에 마침 신문 안의 야장처 쇠를 다는 것에 나와 무딘 것을 간 후에 홍마목 아래에 이르렀을 때 목수들이 일제히 나아가는 고로, 저는 나이 60에 아울러 귀가 먹었으니 어떤 혈기가 있어 남을 도울 이치가 있겠습니까? 그냥 따라갔다 따라왔다 하다가 점고에 빠져 이처럼 신문을 받는 것에 이르렀으니 오직 죽음뿐이요, 실로 범한 바가 없으니 비록 장하에서 죽더라도 다른 아뢰올 말이 없사오니 상고해주십시오."

"저는 김영원으로, 장동에 살면서 작년부터 비로소 목수를 업으로 하고 있습니다. 목수들이 모두 일을 멈추고 궐 밖으로 나가자고 한 고로 마음이 심히 괴이하고 의심되어 목방 변수 손영식의 처소로 가서 그 곡절을 물은즉, 편수가 말하길 다른 인부들이 비록 나가는 일이 있어도 너는 반드시 나가지 말라고 하였습니다. 그 이유를 물으니, 국가의 공사가 바야흐로 펼쳐짐에 목수가 무단히 모두 나간즉, 반드시 사고가 있다

26

고 하였습니다.

　처소로 돌아오니 목수들이 이미 나갔다고 말한 고로 저도 뒤따라 가본즉, 탁경순의 무리가 입직 낭관을 먼저 범하고, 박연근은 등을 밀어 끌어내고, 천세필은 손으로 큰 몽둥이를 잡고서 관원의 머리 위를 난타하니 피가 흘러 온몸에 가득한 것을 눈으로 보았습니다.

　다만 탁경순의 지휘를 따라 오가며 참견했을 뿐이고 다른 범한 바는 없사오니, 비록 몽둥이 아래에서 죽더라도 다시 아뢰올 말씀이 없음을 상고해주십시오."

　"저는 장진성으로 예동에 살면서 목수로 서궐에서 부역하고 있습니다. 갑자기 설사가 나서 잠시 역소 부엌칸에서 누워 있을 때 옆에서 하는 말을 들었습니다. 저도 억지로 따라가서 곧 우포도청에 도착한 즉, 경순이 앞에 있고 김치도, 이천석 등이 입직 관원을 끌어내어 난타하고, 또 여러 장교를 범하여 함께 여러 번 때리고 발로 차는 고로 이 몸이 병든 나머지 옆에 있으면서 참견했을 뿐입니다. 좌포도청으로 향할 때에 역시 소란을 일으켜 입직 관원에게 손을 대는 광경을 또한 눈으로 보았고, 후에 좌변 군관청으로 향하여 창벽을 깨뜨리는 상황과 이천석, 김치도, 탁경순 등이 교졸을 묶어 때리고 포도대장 댁 바깥 마당에 몰려들어가 장차 울분을 드러내려고 하다가 그 뜻대로 하지 못하고 곧 돌아왔으며, 이외의 일은 실로 알지 못하니, 신문을 당함에 이르러 비록 형장 아래에서 죽더라도 달리 아뢰올 말씀이 없습니다."

　"저는 정학성으로, 예동에 살면서 목수로 2자 처소에 부역하옵더니 금번 16일 선반 후에 저도 역시 따라갔습니다. 탁경순이 먼저 입직 관원을 범하고, 천세필이 화로를 들어 던지고, 최명운과 애목수 김창운,

지칠성 등은 혹 문을 파괴하고 여러 교졸을 난타하니 마음이 심히 놀랍고 겁이 나 먼저 청사의 대문을 나왔습니다. 여러 놈이 뒤쫓아와서 좌포도청으로 옮겨가서 관원을 손대고 교졸을 묶어 때린 일은 진실로 알지 못하오며, 저는 청사의 문 밖에서 머뭇거리며 서 있다가 따라갔으나, 사람이 꽂아놓은 듯 빽빽하여 부득이 들어가지 못했습니다. 얼마 안 있어 여러 놈이 홍사로 4명의 교졸을 결박하고 포도대장 댁으로 향하는 고로 저가 역시 뒤따라갔을 뿐이요, 다른 것은 범한 바가 없사오니 상고하여 처리해주십시오."

"저는 안국희로, 청파에 살면서 목수로 서궐에 부역하고 있사옵니다. 어제 오후 저도 부역을 멈추고 좌·우포도청에 따라가고 따라왔을 뿐이요, 다른 것은 범한 바가 없사오니 상고하여 처리해주십시오."

이해는 가뭄이 유난히 심했다. 뙤약볕이 하늘 가운데서 내리비치고 있었다. 신문받는 죄인보다도 곁에서 확인해주고 조언하는 도목수, 편수 등이 더 지쳐 있었다. 포청 뜰은 어느새 피냄새가 진동을 하고 있다. 재가 더 뿌려졌다. 죄인들의 눈동자도 회칠을 한 듯 차츰 엷어져갔다.

잠시 뜸이 들여졌다. 열한 명의 공초供招가 다 끝나고 부장들이 사건의 선후를 짜맞추는 시간이 필요한 것이다.

탁경순 외에는 주모자가 이미 다 도망가고 아무도 없다. 잡혀 있는 죄인들도 오리발만 내민다. 보고받은 포도대장은 화를 벌컥 낸다. "더 엄중히 다스려 실토를 받아라."

또다시 심문이 시작되었다.

"탁경순! 너는 범죄의 정황이 전초에 다 드러났고, 네 스스로 실토하였으니 다시 많은 것을 신문하는 것이 불필요하되, 옥체가 지중하므로 정확하게 조사하여 의문이 없게 한 후에 단안을 내릴 것이다. 너와 백계창이 비록 남매지간이나 이번 일이 반드시 죽어야 할 죄는 아니고, 법에 있어 감히 본분을 범할 이유가 없다. 추하고 방자한 생각으로 무리를 불러모아 변괴를 일으켜 자신의 목숨을 돌보지 않았으니, 평소 무슨 다른 유감과 분함이 있었느냐? 당초에 모의한 것이 과연 김진길 한 놈이냐? 박연근은 시종 동악이라 하나 그는 토사 때문에 따라가지 못했다 한즉, 양 초사가 어찌 이와 같이 모순이냐? 김진길, 이만석, 백진옥, 천세필 등 다섯 놈은 동범이로되, 이외 또 다른 놈은 없느냐? 옥문을 타파하고 여러 죄수가 탈출하길 요구했으니, 갇힌 죄인이 너에게 무슨 긴요함이 있어 겁주어 내보내려 했느냐? 교졸을 결박하고 포도대장 댁에 몰려들어간 것은 이미 사면받을 수 없는 죄인인데다 그 뜻의 소재가 더욱 흉물스럽다. 만 번을 찢어 죽여도 오히려 모자라지만, 법이 엄연히 있으니 법대로 하리라. 다시 추문하니, 감히 지난번처럼 헛된 말을 하지 말고 진실대로 고하라.”

“제가 아뢸 바는 전초에서 다 말했거니와, 선반 후에 얼굴과 이름을 알 수 없는 무리의 처소에서 목수가 포도청에 잡혀갔다는 말을 들었는데, ‘백가’ 혹 ‘박가’라 칭한 고로 평범하게 들었으나, 김진길이 와서 말하길, 매부 백계창이 잡혀갔으니, 아무쪼록 주선함이 가하다고 말하였습니다. 박연근이 시종 동악하여 혹 행패부리는 데 참여하고 혹 구타를 했음이 맞고, 저 초사 중에 토사 운운한 것은 실로 사실이 아닙니다. 김진길, 이만석, 백진옥, 천세필 등은 과연 동범이고, 일반 악행은 소란 중에 누가 누가 이와 같고 저와 같은지를 가리켜 기억할 수 없습니다. 옥문을 타파한 일은 다른 죄인을 탈출시키기 위함이 아니라 백계창을 찾아내고자 함이며, 포도대장 댁을 난입한 데는 오직 죽음만이 있을 뿐입니다."

"김진길! 탁경순이 공초한 바로는, 네놈이 저놈에게 구원을 요청하여 이 소란에 이르렀다 하나, 네놈이 비록 같은 일을 하는 무리라 해도 그렇게 친한 것도 아니고 반드시 유감을 드러낼 일이 없거늘, 감히 못된 마음으로 이처럼 모의하였느냐? 좌변 군관청으로 향하는 길에 마침 복통으로 인해 동생의 집으로 되돌아갔다 한 것은 지극히 교활한 거짓말이니, 이제 다시 신문하매 감히 숨기지 말고 사실대로 고하라."

"우포도청에서 소란을 일으킬 적에, 한 사람이 옷이 찢긴 채 뜰에서 맞고 있는 고로 이놈도 한번 찼으며, 종사관과 군관은 이천석과 정학성 등이, 좌변군관은 김덕수가 구타하는 상황을 목격했습니다. 이놈이 잠시 동생 집에 들어갔기에 군관청에 소란이 일 때 따라가지 못하고, 포도대장 댁에 이르러 여러 놈이 이미 쫓겨났으니 이외에는 다시 아뢰올 말씀이 없습니다."

"박연근! 네놈은 16일 갑자기 토사가 생겨 일꾼 처소에 드러누웠다 하여, 처음 여러 놈이 소란을 피울 때 따라가지 않았는데 휩쓸려 잡혀 들어온 것은 진실로 애매하다 변명하나, 너의 범한 바가 여러 공초에서 자주 보인다. 네놈의 범죄상은 이미 드러났다. 처음 공초에서 헛말을 하여 모의에서 벗어나려 했으나 모두가 본 바요, 여러 사람의 입을 막을 수 없으니 흉악하고 교활함이 오히려 더하다. 이제 다시 물으니, 감히 전처럼 속이지 말고 사실대로 고하라."

"토사는 모두 거짓말입니다. 첫 공초에선 스스로 죽을 죄를 알고 두려운 마음에 감히 사실대로 아뢰지 못했으니, 만 번 죽어 마땅합니다. 그러나 좌포도청에 이르러서는 이놈의 집이 근처에 있어 거기서 간략히 점심을 먹는 동안 포도대장 댁으로부터 여러 놈이 쫓겨 나오거늘, 저도 곧 부역처로 나가서 그 이외의 일은 알지 못합니다. 김진길, 이만석, 백진옥 등은 처음에는 얼굴을 알지 못했으니, 몽둥이로 맞아 죽더라도 다시 아뢸 말씀이 없습니다."

"박영근! 네놈은 저번 공초에서, 당초 난동을 피운 곳에 무리를 따라갔으나 사촌형 박종길이 좌변군사로 다년간 수행하여 무릇 관청 이속들과 안면이 있고, 마음속에 사람된 도리로 차마 못 하는 바 있어, 종사관을 부축하고 늙은 군관을 구출하였다고 했다. 그러나 함께 분개하여 갔으니 어찌 수수방관할 수 있겠는가? 이제 다시 물으니 전처럼 꾸며서 말하지 말고 사실대로 고하라."

"저는 본래 포졸의 가족으로 먼저 좌포도청으로 가서 삼가 피하도록 하려 했습니다. 이때 마침 무리가 뒤따라와서 입직 관원을 끌어냈기 때문에 제가 군중에서 나서서, 관원을 이같이 손대는 것은 전에 없는 일이라 말한즉 여러 놈이 물러났기에, 그 틈을 타 종사관을 관청으로 부축하여 잠시 피신시킬 수 있었습니다. 종사관이 제게 묻기를 어찌된 변괴인가 하여, 제가 대략 말씀드렸습니다. 오늘 관청 위에 좌정한 종사관도 역시 저의 얼굴을 알고 있습니다. 여러 놈이 군관청에 갔을 때 역시 따라가서 늙은 교졸을 피하게 한즉 지금 계단 위에 서 있는 허행수입니다. 또 홍사로 군관을 묶는 것은 불가하다고 누우이 말리니, 천세필이 큰 몽둥이로 저의 오른 다리를 두 번이나 맹타하여 이 몸 역시 잠시 피신했었습니다. 더 이상 상달할 말이 없사오니 살펴 처치해주십시오."

권홍복, 김기화, 박영근, 김영원, 장진성, 안국희, 정학성을 모두 갱초했으나 초사와 다름이 없었다. 이제 사건의 윤곽은 잡혔다. 악독한 놈들은 도망갔고 박영근은 오히려 표창감이다. 주모자인 탁경순을 다시 신문하여 사죄 3복법에 의해 죄를 확인하고 도망간 죄인들을 잡는 일이 남았다. 한편, 탁경순은 3초째를 맞이했다.

"탁경순! 네놈은 흉포한 범죄가 전후 초사에서 드러났을 뿐더러, 여러 초사가 한 가지로 귀결되니 이제 다시 구핵하는 것이 불필요하다. 아직 잡히지 않은 이만석, 백진옥, 천세필 등을 불가불 염탐하여 잡고자 하니, 그놈들이 사는 내력을 상세히 사실대로 고하라. 네놈은 앞잡이로 소란을 일으키고, 모의하여 무리를 이뤄 칼부림으로 협박하고, 난입하여 손수 범하며, 몽둥이로 관원을 난타하며 본분을 범했다. 이는 전에 없던 일대 변괴라. 증거가 확실하고 증거물도 가히 갖춰졌으니, 다시 묻는 지금 정성을 다해 답하라."

"소인의 생각은 이미 초·재 공초에서 드러났거니와, 공범 이만석은 초동에, 백진옥은 종현에 살고, 천세필은 신문 밖에 살고 있습니다. 칼로 협박하고 관원을 봉타한 일은 여러 공초에서 자주 보이니 변명할 말은 없고 죽음이 있을 뿐입니다. 다짐하여 공초를 올리니 살펴주십시오."

영구 미제사건이 된 철종조의 포도청 습격사건

그날 오후 좌·우포도대장은 임금을 뵙고 전후 사정을 아뢰었다.

"서궐의 철물을 잃어버린 일은 그전부터 신의 양 청이 특별히 명하여 살피게 했습니다. 금 16일 목수 백계창은 철물을 훔친 죄로 좌포도청 순찰 교졸에게 잡혔습니다. 얼마 안돼, 각처 목수들은 그를 구출한다고 작당하여 몽둥이를 들고 좌·우포도청과 좌변 군관청에 난입했습니다. 부수고, 교졸을 묶어 때리고, 입직 종사관에게 손대고 화로를 던지기까지 했으며, 홍사를 빼앗아 4인의 교졸을 묶고 닥치는 대로 때려, 중상자가 많이 나고 더러는 신의 집까지 피해 들어왔습니다. 창졸간에 난변이어서 미처 체포하지 못하고 추후에 염탐하여 10명을 체포하였습니다. 그들을 신의 청사에 앉혀 조사한즉, 백계창의 처남, 부역 목수 탁경순이 그의 매부가 잡혀갔다는 말을 듣고 구출하기에 급해 방자하게 악행을 저질렀습니다. 여러 목수를 불러내 그들 앞에서 함께 가기를 청하고 심지어 칼부림으로 위협까지 하면서 무리를 거느리고 난입했습니다. 먼저 탁경순이 입직 관원에게 손대 보이니, 무리들은 이를 따라 시종 행패를 자행했습니다. 동범자는 곧 천세필·이만석·김진길·정학성·박연근·백진옥·김덕수·이천석 등으로, 혹자는 관원을 구타하고, 혹자는 포승줄로 교졸을 묶고, 혹자는 청사와 옥문을 부수고 포도대장의 집에 돌입했습니다. 그 죄를 살펴보건대, 처음 종용한 사람과 끝까지 행패를 부린 사람은 탁경순 한 사람으로, 증거와 초사가 명확하고 죄수들도 정확하게 공초합니다. 김진길·정학성·박연근 세 놈은 이미 현장에서 체포하고, 천세필·이만석·백진옥·김덕수·이천석 등 다섯 놈은 스스로 죄를 알고 도망쳤으니 계속 염탐하여 체포·조사할 것이며, 그 나머지 안국희·김기화·권홍복·김영원·장진성·김홍갑 등 여섯 놈은 추종자로서 별달리 범한 단서는 없습니다. 특히 위 탁경순 · 김진길 · 정학성 · 박연근 등 네 놈이 범한 것은 전에 없을 만큼 중합니다. 신 청이 마음대로 처리할 수 없사오니 상감께서 처리하심이 어떠한지요?"

상감이 말씀하시길 묘당(조정)이 처리하라고 하셨다.

5월 21일, 비변사에서 보고했다.

"탁경순 등 네 놈은 범죄가 극히 중하다. 이에 마음대로 처리할 일이 아니고, 교지에 저희 묘당으로 하여금 처리하라고 하셨습니다. 청사를 부수고, 죄수를 위협하고, 교졸을 난타하고도 부족하여 벌떼처럼 뭉치고 맷돌처럼 돌입하여 입직 관원에게 손대고 포도대장의 집에 난입하였으니, 그 행패는 난리와 다를 것이 없습니다. 형조의 수교등록을 살펴보면 순조 무인년, 대저 여염집을 파괴한 자는 고의로 집에 방화한 율로써 사형에 처하고, 을모년 금군 한대철이 포교의 집을 파괴한 일은 무인의 율에 의한 법을 썼습니다. 지금 이놈들의 범죄는 어찌 여염집을 범한 데 비교가 되겠습니까? 종사관은 식록의 반열에 있는데도 마음대로 구타하고, 법의 집행 장소라 할 포도대장의 집을 무단히 들어가 소란을 피웠으니, 그 취지를 살펴보건대 어찌하려고 이런, 전에도 없고 앞으로 있어서도 안될 일을 하였는지 알 수가 없습니다. 당일 광경으로 말하면 분수에 넘치고 법을 멸시함이 우두머리와 추종자의 구별이 없었습니다. 탁경순은 우두머리로 실토하였으니 군문에 부쳐 효수하여 대중을 깨우치고, 차범 김진길 · 정학성 · 박연근 세 놈은 포청으로 하여금 곤장을 친 뒤에 형조에 보내어 엄히 다스려 절도絶島에 군인으로

- **좌포도청**

원래 종로 3가 단성사 근처에 있었는데, 일제 때 장사동 개천가로 옮겼다가 지금은 삼선동에 있다. 대장이 지휘하던 대청은 물론이고 대문도 모두 없어졌다.

충당하게 하며, 단순히 추종한 안국희 등 여섯 놈은 포청으로 경중을 가려 엄히 곤장으로 다스리게 함이 어떠한지요?"

상감이 윤허했다.

이리하여 작성된 포도청의 마지막 보고서다.

"비변사의 초기에 의하여 본청에 갇혀 있는 죄인 탁경순은 군문에 부쳐 효수하여 민중을 깨우치게 하고, 김진길·정학성·박연근 세 놈은 포도청으로 하여금 엄하게 곤장을 친 다음 형조에 이송하여 엄형으로 절도에 보내어 사형을 감하여 군인으로 충당케 하며, 도망친 다섯 놈은 각별히 염탐하고, 그 나머지 안국희 등 6명은 포도청으로 하여금 경중을 나누어 엄히 곤장을 친 후에 참작하여 처리하도록 윤허가 내려졌습니다. 포도청에 갇혀 있는 죄인 탁경순을 군문에 부치고, 김진길·정학성·박연근 세 놈은 곤장 30대를 친 뒤에 형조에 이송하고, 안국희·

권홍복·김기화·김흥갑·김영원·장진성 등 6명은 경중을 가려 곤장을 치거나 징계하여 석방하고, 도망친 천세필·이만석·백진옥·김덕수·이천석 등 다섯 놈은 계속 염탐하여 살필 뜻으로 아룁니다.

1860년 6월 1일, 우변 포도군관. 가장 오래 근무한 자가 작성함.

절충장군 홍석무 21년 9개월
가선대부 이진동 19년 9개월
김성도 19년 4개월
행수군관 홍석무"

우포도청 등록 제14책을 바탕으로 재구성한 내용이다. 이리하여 30대의 목수 탁경순은 목이 잘려 효수되었다. 그때 도망간 개성 목수 등은 끝내 잡히지 않았다. 포도대장 둘은 다른 일로 해서 그해 9월에 먼 변방으로 유배되었다.

이해는 해운 최제우가 동학을 창시한 해이기도 한데, 이 포도청 습격 사건의 전말을 보아도 한 왕조에 드리우는 황혼 빛을 읽을 수 있다.

朝 鮮

제 2 장

조선의 경찰기관

警 察

조선은 유교중심의 문반 위주로 나라를 경영해
온 결과, 군권과 경찰권은 표면상 크게 나타나
지 않고 있다. 그러나 이면적으로는 이 바탕 위
에 왕권과 신권이 양립되어 온 것이다.

1

왕조의 뿌리

왕권을 떠받치는 경찰

태조 이성계는 1392년 즉위 후 민심의 안정을 위하여 국호를 고려라
했고, 수도도 그대로 개경에 두었으며, 국가제도 · 풍속 · 언어 등 모든
면에 걸쳐 고려의 그것을 그대로 사용했다가 이듬해 2월에야 국호를
정식으로 조선으로 정했다.

이와 같이 조선왕조의 정치조직은 고려 말기의 것을 토대로 하여 개
선 · 발전시켜왔는데, 제도적으로 완성된 것은 세조를 거쳐 〈경국대전〉
이 완성된 성종 때가 된다.

조선왕조의 헌법이라고 할 수 있는 〈경국대전〉은, 시세의 변천이나
시대의 변화에 따라 사소한 관제의 변경과 인원의 증감은 있었으나 대
체로 크게 고치지 않고 보완을 하여, 〈속대전〉〈대전통편〉〈대전회통〉

- 대궐

임진왜란 때 불탄 것을 대원군이 중건한 경복궁이다. 여기는 용상이 있는 근정전 외부로서, 개화기에 외국 외교사절도 와있는데, 지키는 군사는 옛 제도의 군사다

을 거쳐 갑오개혁 때까지 기본법전으로서 시행되었다. 초기의 정치조직은 사실상 조선 일대를 통해 일관된 조직으로서 지속되어왔던 것이다.

조선왕조의 뿌리는 그래서 〈경국대전〉에서 찾을 수 있다. 동서 어느 왕조와 마찬가지로 조선도 왕을 정점으로 하는 신분사회를 바탕으로 한 관제와 군제를 갖추고 있다. 따라서 그 기능도 왕권신수설에 의한 유럽의 근세와 마찬가지로 경찰국가의 모습을 띠고 있다. 즉, 왕권은 바로 경찰권으로 나타나고, 이는 경세제국을 위한 구금, 재판, 토포, 순찰, 기찰, 소방, 감옥 등 모든 권한을 왕으로 귀일시키고 있다. 기본적으로 왕권은 군사와 경찰로 지켜지는 것이다.

조선은 유교중심의 문반 위주로 나라를 경영해온 결과, 군권과 경찰권은 표면상 크게 나타나지 않고 있다. 그러나 이면적으로는 이 바탕 위에 왕권과 신권이 양립되어온 것이다. 포도청을 비롯한 경찰기관들은 왕조를 받드는 한편, 백성들 위에 군림해온 면도 있다. 왕조와 백성 사이에서 경찰기관들이 한 시대를 이끌어간 것이다. 특히 포도청을 통해 조선사회의 부침을 살펴보는 것도 오늘날 좋은 귀감이 될 수 있을 것이다.

왕조의 뿌리를 알기 전에 먼저 신분사회와 관제, 군제를 살펴본다.

중인이 경찰기관의 주된 구성원

조선사회를 이해하기 위해선 양반중심의 신분사회를 먼저 알아야 한다. 양반은 사 · 농 · 공 · 상의 으뜸으로서, 문 · 무반의 현 · 전직뿐만 아니라, 장차 관리에 임용될 자격이 있는 신분을 말한다.

이들은 관직을 독점한 관료계급이고, 학문과 교육 · 과거를 독점한 지식계급이며, 토지와 부를 독점한 유산계급으로서 제반 특권을 향유하는 사대부 계층이기도 하다. 군으로서도 양반은 갑사, 별시위, 내금위, 내시위, 겸사복, 선전관 등을 맡았고, 그중 귀족 숙위군으로 족친위, 공신적장, 충의위, 충찬위, 충순위로도 임명되어 각종 특혜를 받았다.

이러한 양반은 중인과 함께 양민과 천민을 사실상 지배하는 지배계급이었다. 그리하여 양반에게 대드는 상민은 엄중한 처벌을 받았다. 〈경국대전〉에서는 상민과 천민이 사족을 구타한 사정이 명백한 경우에는 장 100, 도 3년에 처하도록 했다. 또 〈대전회통〉에서도, 양반에게 욕설을 한 경우 장 60에 처하도록 했다. 그러나 조선 후기에 들어올수록 양반의 수는 급증하게 되어 사실상 신분체제는 무너지게 된다. 즉, 태종 때 2%에 불과하던 양반은 고종 때 98%에 달한다.

양반에는 미치지 못하고 양민보다는 우위에 있는 중간신분층으로서 중인이 있다. 중인은 크게 좁은 의미의 중인과 넓은 의미의 중인으로 구분된다.

좁은 의미의 중인은 주로 중앙에 있는 역관·의관·천문관·지관·금루·산관·율관·사자관·화원 등의 기술관원을 말한다. 이들은 잡과시험이나 잡학취재를 거쳐서 뽑힌 기술관원들로서 모두가 동반 소속의 관원이었다. 그러나 넓은 의미의 중인은 중앙의 서리와 지방의 향리·토관·군교·교생, 그리고 서얼도 포함한다. 이들은 양반으로서의 관리는 아니지만, 실제 행정을 도맡은 계층으로, 중인이라 함은 보통 이 넓은 의미의 중인을 말한다.

그런데 중앙의 기술관의 경우, 주관적으로는 사족의 후예임을 자처하는 동시에 양반과 다름없는 법적 지위를 가지고 있었다. 이들은 다른 부류의 사람들이 자신들과 함께 넓은 의미의 중인으로 불리면서 동류로 취급되는 것을 싫어했다. 반면에, 향리와 장교 및 교생 등은 중인임을 자칭하는 부류들인데, 이들이 경찰기관의 주구성원으로서 백성을 다스렸다고 볼 수 있다. 서리·6방 향리·군교 등은 7품 이하의 참하관이 한 품이거나 품계가 없었다.

이에 비해 양인은 대표적인 피지배계층으로서 군역과 요역을 부담했다. 그들은 부담이 힘들 때 지배층에 저항하며, 견디기 힘들 때는 반란으로까지 몰고갔다. 조선의 특징은 500년간 〈정감록〉 등 비기의 영향으로 언제나 새 왕조를 꿈꾸어왔는데도 왕조가 바뀌지 않은 것이다. 주자

학에 의한 왕권사상과, 지방에까지 미친 경찰력으로 통치체제가 잘 갖춰진 때문이었다.

또 다른 피지배계급인 천인은 조선의 생산력을 지탱해주는 역할을 했는데, 특히 공노비는 관의 비용을 대부분 줄일 수 있게 해주었다. 사노비는 사유재산과 마찬가지로 팔 수도 있었다. 노비에 대한 처벌은 대단히 엄했다. 그러나 전쟁이 없는 상태에서 노비는 자연히 줄어들었고, 양인을 늘리는 정책에 따라 공노비가 19세기에 혁파되자 사실상 노비제는 유명무실해졌다.

조선 중기 이후에 포도청 상설

모든 권한이 왕에게 집중되어 있는 절대주의 군주체제인 당시의 정치조직은, 강대한 왕권하에 최고 중앙행정기구로서 의정부를 두었다.

의정부 아래 순수하게 국가행정을 분장하는 병조 · 형조 등 6조를 두었고, 또한 왕명을 시달하는 승정원, 왕명에 따른 재판을 수행하는 의금부, 그리고 외교문서와 사조 등을 논하는 홍문관, 관리들을 감찰하고 풍속경찰의 일을 수행하는 사헌부와, 왕명에 대해 논의하는 사간원이 있었으며, 그 외에 한성부가 있었다.

의금부는 국청을 행하는 '양반재판소' 역할을 한 반면, 사법행정을 총괄하는 형조는 '상민재판소'로서 기능하면서 병조와 함께 국가기강의 기틀을 마련하는 기능을 했다. 그리고 재판기관으로서 3법부, 즉 형조 · 사헌부 · 한성부로 하여금 사법업무를 분장케 했으며, 3사, 즉 홍문관 · 사헌부 · 사간원을 두어 국가의 정치를 논평하고, 개선이 요구되는 사항은 왕에게 알리게 했다.

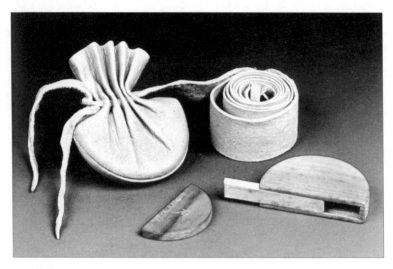

- **발병부**

  군대를 동원하는 표지로 쓰이는 나무패다. 한 면에는 '발병發兵'이라 쓰고 다른 면에는 관찰
  사, 절도사 등을 써서, 이것을 반으로 나누어 왼쪽은 임금이 가지고 오른쪽은 책임자가 가 진
  다. 임금의 교서와 함께 왼쪽이 합치될 때 군대를 동원한다.

  1555년(명종 10)에 비변사가 설치되었다. 처음에는 국경지대에 특별
한 변동이 있을 때마다 의정부와 6조 등의 대신이 모여 국정을 협의하
는 기관이었다. 그러나 선조 이후 군의 중요업무가 이 비변사에 위임되
면서 국가의 모든 정무가 이곳에서 협의돼 실질적인 중추기관이 되었
고, 의정부는 사실상 유명무실해졌다. 비변사는 고종 원년에 의정부와
합병되어 묘당이라 했고, 그 뒤 다소의 변천을 거쳐 갑오개혁에 이르게
되었다.

  포도청은 조선 초기에는 설치되지 않았으나 중기 이후 상설되었고,
포도대장은 비변사와 의정부에 당연직으로 참여하고 있었다.

  지방제도는, 태조 때부터 8도제를 확립하여 도에 관찰사를 비롯해 부

윤 · 대도호부사 · 목사 · 도호부사 · 군수 · 현령 · 현감 등의 수령을 두어 관할구역을 통할하게 했다. 한편 군 · 현 밑에는 면이 있고, 면 밑에는 리가 있었다.

특히 관찰사는 경찰업무를 포함한 모든 행정의 최고 책임자로서, 부윤 이하의 각급 수령을 통할하고 도내의 전 행정을 장악했다. 그 보좌관으로 도사 · 판관 · 심약 · 검률檢律 및 역학 등을 두었다. 또한 감영에는 중앙조직을 모방한 이 · 호 · 예 · 병 · 형 · 공의 6방 아래 각각 토착의 이속들이 있어, 이들이 감사를 보좌하고 서무를 담당했다.

이와 같은 8도제는 1895년(고종32)까지 계속되다가 23부 336군으로 바뀌었으며, 그 다음해에 다시 전국을 13도제로 고치게 되었다.

조선의 관제는 군제와 함께 살펴보아야 완전히 이해할 수 있다. 군제는 처음 고려의 부병제를 그대로 받아들여 부병의 통사기관으로서 의흥 3군부를 두었다. 그후 문종 원년에 이르러 이를 5위 도총부로 개칭하여 의흥위 · 용양위 · 호분위 · 충좌위 · 충무위를 통할하게 했다. 위 밑에 중 · 좌 · 우 · 전 · 후 5부를 두고, 각 부를 4통으로 나누어 각각 그 장을 위장 · 부장 · 통장이라 했다.

초기의 군사조직은 임진왜란 후 훈련도감의 설치를 계기로 큰 변동을 가져왔다. 훈련도감은 처음에는 모집된 훈련병을 교육하는 기관이었으나, 훈련을 받은 자가 약 1만 명에 이르자 이를 5영으로 나누는 군제 혁신을 행하게 되었다.

한편, 효종 이후 북벌정책의 일환으로 조직된 진영이, 인조 이후 토포사로 기능을 바꾸어 지방 포도청으로 활동했다. 그리하여 중기 이후 진영장 겸 토포사가 전국적으로 확대 조직되었다. 병조에서는 군사적으로 지방을 조직했다. 육군에서는 행정구역과 같이 군영구를 편성하여 각 수령으로 하여금 이러한 각급 군영구 사령관을 겸직하게 하고, 군사에 관하여는 전임 병사의 지휘를 받도록 했다. 수군은 해안지역에 별도로 조직되었다.

이와 같은 진관제와 지방관제와의 연계는 세조 12년의 관제개혁 이후에 이루어졌다. 이 제도는 명종 10년 을묘왜변 이후에 정비되어 제승방략制勝方略이라고 부르기도 했으며, 그후 약간의 변동이 있었으나 조선시대를 일관했다.

2

죄인을 잡아 가두는 직수기관

조선시대는 행정이 경찰, 군사 등과 분리되지 않았으므로 범법자를 구금, 처벌할 수 있는 기관도 다양했다. 특히 죄인을 구금할 수 있는 관서를 '직수아문直囚衙門'이라 하여, 〈경국대전〉에는 '병조, 형조, 한성부, 사헌부, 승정원, 장례원, 종부시宗簿寺, 관찰사, 수령 외에는 형조에 이송하여 수금한다'라고 규정하고 있다.

그후 비변사와 포도청이 추가되어 직수아문은 형조, 종친부(종부시 병합), 의정부(비변사 포함), 중추부, 의빈부, 충훈부, 돈녕부, 규장각, 승정원, 예문관, 사헌부, 기로소, 한성부, 권설 도감 등으로 확대됐다. 의금부도 추국할 때는 직접 구금할 수 있었다. 여기서는 특수행정 목적에 상응하는 관서는 제외하고, 일반적 관제인 의금부, 사헌부, 형조, 병조, 한성부가 대표적 직수기관이다.

의금부 : 사대부 대상의 사법·경찰기관

왕권 및 강상綱常에 관한 것과, 사대부에 관한 형옥을 맡은 기관이 의금부다. 의금부의 전신은 고려 말부터의 순군만호부다. 태조는 즉위선언에 순군만호부가 순시, 포도, 금란한다고 했다. 이 순군만호부가 1402년(태종 2) 6월에 순위부로, 익년 6월에는 의용순금사로, 다시 14년 8월에는 의금부로 개칭하기에 이르렀다. 그리고 1452년(단종 원년)에 순시 업무를 5위의 위령에 넘기고 순수 왕권 집행기관으로 변했다.

순군만호부는 나장羅將(병조·의금부·형조·사헌부 등의 관서에 소속된 하급 군졸)과 도부외都府外의 수가 1,500명에 이르렀으며, 주로 경기사람으로 충당했다. 그리고 순군장·순군백호·영사가 있었다. 도부외는 서반에 속하며 경찰군에 해당하는 것으로, 매 영마다 중랑장을 두고 있었다. 1425년(세종 7)에는 영사 80, 나장 100, 백호 80, 도부외 1,000명으로 편성하고, 도부외는 3번으로 나뉘어 10일씩 교대근무를 했다. 그후 단종 원년에 나장을 200명으로 하고, 950명이던 도부외는 450명으로, 다시 122명으로 축소하면서 순시의 임무가 완전히 군부로 이관되었다.

당시 순군만호부에 관한 실록은 대부분 순군의 불필요성을 주장했다. 그 내용은 다음과 같다.

첫째, 중첩 관청으로 불필요하다. 태종 원년 문하부 낭사는 "한 가지 일을 형조, 순군 두 관청에서 본다"고 하면서, "순라 업무에 대하여는 당시의 3군부 병력이 충분히 순라를 담당하고 있다"고 지적하고 있다. 이는 군을 경찰력으로 사용하면 충분하다는 것으로, 당시 병조와 형조의 알력을 엿볼 수 있다.

둘째, 민폐가 된다. 경찰군인 도부외는 경기를 비롯한 각 지방에서 징발되어, 1,000여 명이 10일 복무, 20일 휴번, 또는 450명이 2월 휴식, 1월 입역 식으로 복무한다. 자연히 먼 지방의 농사는 폐농이 된다. 수령도 다른 역에 동원치 못한다. 그나마 장사는 병사, 사령이 되어 감독만 하고, 실제로 순라에 종사하는 이는 천열한 사람으로서 도적을 잡고 난을 금하기 힘들다. 도부외는 시골로 돌려보내고, 장·영사·나장·백호 등을 타관청에 분속시키자는 것이었다.

셋째, 도적 잡는 데 실적이 없다. 도부외가 그 임무인 주·야간 순찰을 하면서도 실적이 없는데, 이는 범죄자가 없다는 것이다.

단종 원년 강원도·황해도 지방의 흉년과 질병의 만연으로 백성의 유망과 호구 소모가 심하여 그 지역 도부외를 돌려보내게 되면서 그 수가 122명으로 줄었다.

그런 기회에 의금부의 순시 업무를 위령으로 완전히 이관시키게 되었다. 이리하여 의금부는 왕명을 받아 죄인을 조사하는 업무만을 담당하게 되는데, 〈경국대전〉에는 판사 1명을 비롯한 4명의 당상관과 경력經歷, 도사 등 10명의 낭관을 두도록 하고 있다.

또한 권력의 견제를 위해 의금부와 형조의 당상관이 서로 겸직을 못하도록 했고, 3사의 장도 의금부 판사, 즉 판의금의 겸직을 금했다. 무신을 의금부 판사로 임명할 경우에는 반드시 병조판서를 역임한 후에야 천거가 가능하도록 했다. 낭관 임명도 제한이 있었다. 처음에는 무록관이었으나, 왕명 집행의 성격상 자질 있는 관원이 선발되도록 조치했다. 그리하여 6개월 전에는 이동하지 못하며, 부득이한 경우 이조에서 몇 개월의 주해註解를 달아서 천거薦擧했다. 또 참상도사 1명은 무관으로 임명하고, 참하도사는 생원과와 진사과 출신으로서 임용토록 했다.

의금부의 중요한 일 중 하나는 국청鞠廳이었다. 국청은 왕명에 의하여 개설되었다가 치죄가 끝나면 종료되는 비상설기관으로, 일정한 관사와 상임관원이 없었다. 즉, 국청은 의금부 운영의 한 형태로서, 초기에 중대한 사건을 추국할 때 의정부, 사헌부, 의금부의 합동으로 3성 추국을 한 데서 비롯된다. 국청의 형태는 왕의 궁정재판인 친국과 정국庭鞫, 그리고 의금부의 추국, 마지막으로 3성 합동인 성국省鞫이 있었다. 친국이나 정국에는 좌·우포도대장이 참석했다.

광해군은 국청을 즐겨 무릎 누르기, 살 지지는 형으로 피와 살이 뜰에 낭자하고, 더러는 거의 죽게 되어 몸부림치는 것을 보고 즐기기도 했다고 한다. 그러나 왕조가 안정돼가면서 그 횟수가 줄어든다. 영조는 무릇 악역에 관련되었거나, 왕을 속이고 부도했거나, 대훈에 관여된 죄를 범한 것을 제외하고는 국청을 설치하지 말라고 했다.

국청을 열 경우, 죄인의 체포와 옥사 관리도 의금부가 직접 담당했다. 판서, 자헌대부 이상은 도사가, 참판, 가선대부 이하는 서리가, 당하, 통훈대부 이하는 나장이 체포하여 압송토록 했다. 또한 감사, 병사, 수사, 유수는 직급을 헤아리지 않고 도사가 병부 또는 인신印信을 교대한 후 체포했고, 직접 정배할 경우는 서리가 압송했다. 국청을 여는 데는 많은 죄인, 참고인을 필요로 했는데, 이를 체포하는 데는 포도청의 포졸이 가장 많이 활용되었다.

사헌부 : 언론·규찰기관

사헌부는 형조, 한성부와 함께 3법사로 불려지는데, 그것은 모두 금령을 집행한다는 데 연유한다. 사헌부는 현안 정치를 논평하는 언론활동과, 모든 관원을 규찰함과 동시에, 풍속을 바로잡고 원통함을 벗게 하며, 외람되거나 속이는 일을 금하는 등의 사무를 관장하는 곳이다.

사헌부는 종2품인 대사헌, 집의 1인, 장령 2인, 지평 2인, 그리고 감찰 24인을 두고 있다. 그리고 6전 조례에 의하면 사헌부 소속의 아전으로 검률 1인, 약방 1인을 두고 있으며, 서리 25인 외에 서사서리 2인, 장무서리 1인, 기별서리 3인을 추가하고 있다. 소속된 도례로서는 묵척墨尺 16인, 소유所由 61인, 구종驅從 8인, 군사 16인, 문서지기 2인 외에 다모茶母 1인을 두고 있다. 이 다모는 포도청 등에도 있는데, 양반이나 관리의 내정에 들어가는 등, 업무 성격상 여자가 필요했던 것이다.

사헌부는 백관을 규찰하기 위해 감찰을 지방에 파견하곤 했으나, 후대로 내려올수록 분견어사라 하여, 감찰 아닌 사람을 어사로 임명하는 길이 트임으로써 암행어사로 바뀌었다. 어사 기능이 소멸돼가자 지방의 감찰기능은 약해져갔다. 더구나 직수아문이지만, 문무관을 조사할 경우 왕에게 계문한 뒤 수금하도록 했고, 〈속대전〉 이후에는 의금부로 옮겨 수금하도록 했다.

사헌부는 금령 위반자를 단속하고, 직수아문으로서 범법자의 체형이나 속전의 징수도 관장했다. 조선 후기에는 금제 조항도 확대되고 출금出禁(일제단속)에 3사까지 참여하여 단속상 혼돈과 폐단이 심했다. 영조 때는 사헌부가 비록 형조, 한성부와 달리 출금의 제한은 없으나 간간이 출금해야 하며, 3사에서는 금패를 제조해 그 금목禁目을 새기고 출금할 때는 금리에게 주어서 표지로 삼도록 했다. 〈대전통편〉에서도 '3법사는 자기 집에서 출금을 내지 못하며 밤에 출금하지 못한다. 서울의 금표 이외는 출금하지 못하며, 금조 이외의 다른 조항을 창출하지 못하며, 양정한 시각을 넘지 못한다. 금리를 빙자하여 부당하게 체포한 자는 장100에 처한다'고 규정하고 있다.

속전 징수도 금했다. 그러나 속전을 징수하는 폐해는 조선 말까지 이

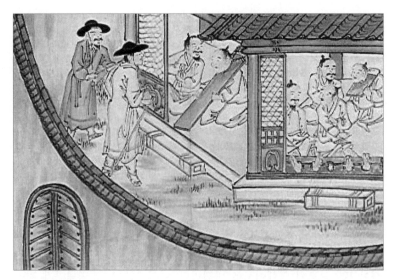

• 감옥의 모습

죄수들은 갈을 목에 차고 추를 발에 채우고 환담하고 있다. 옥리가 음식을 넣어주고 있다. 김
윤보의 〈형정도첩〉에 있는 그림이다.

어져왔다. 사헌부 속전 등록에 의하면, 속전을 낸 곳은 좌매, 신사, 잡기,
무녀, 별육, 별속 등이며, 징수된 속전은 용지대, 서리청, 대솔 하인, 구
종 등의 경비로 지출되었다.

형조 : 상민 대상의 사법기관

의금부가 왕명, 양반에 관한 업무를 담당한다면, 형조는 상민을 대상
으로 하는 법사의 하나다. 즉, 법률과 사송, 노예에 대한 정사를 관장하
는 곳이었다. 형조는 서부 적선방, 즉 경복궁 광화문의 오른쪽에 있으
며, 북쪽은 병조, 남쪽은 공조, 서쪽은 사간원이 있었고, 동쪽으로 대로

가 있었다.

조정의 처벌이거나 서울이나 지방에서 올린 소송도 반드시 형조에서 진술서를 받아, 관리에 관한 것은 의금부로, 양민에 관한 것은 한성부로, 도적에 관한 것은 포도청으로 이첩하고, 나머지는 자체 율관에 의해 엄격하게 처리하게 했다. 특히 도적에 대한 것은 포도청에 거의 일임돼 있었다. 현종은 형조에 명하여 사람을 죽이고 물건을 빼앗은 도적들을 엄하게 다스려 10차 형추 이내에 반드시 자백을 받아내도록 명했다. 형조의 형장이 가벼워 포도청에서 자백했던 적도들이 진술을 뒤집는 사례가 많았기 때문이다.

형조는 직무분장을 4사司로 나누고, 이를 다시 9방房으로 나누어 처리했다.

- **상복사詳覆司** : 사형에 해당하는 죄인을 3심한 뒤 처리하는 곳이다. 상1방과 상2방이 있다.
- **고율사考律司** : 율령의 제정과 개폐, 또는 그 적용을 다룬다. 고1방과 고2방이 있다.
- **장금사掌禁司** : 형옥과 금령을 관장한다. 금1방과 금2방이 있다.
- **장례사掌隷司** : 노예와 포로를 관장한다. 예1방과 예2방이 있다.
  이외에 형방이 있어, 금란禁亂과 죄수罪囚를 관장한다.

형조도 한성부와 같이 출금의 횟수를 매월 6차로 제한하여 백성을 학대하고 병들게 하는 폐단을 없앴다. 그러나 일정한 날에만 단속하는 것도 문제가 있었고, 금제가 일상생활의 복식에서부터 관혼상제의 음식에 이르기까지 다양하고, 또 신분에 따라 규제가 달랐으므로 그 적용 범위가 넓어 비리가 끼어들 여지가 많았다.

형조 소속기관으로는 장례원과 전옥서典獄署가 있었다. 장례원은 노예의 문서와 소송에 관한 사무를 맡은 기관이다. 처음에는 양민확대 정책에 따라 노비변정사업을 주도적으로 행했으나, 후기에 들어 노비 수가 급격히 줄자 1764년 장례원을 폐지, 형조의 장례사로 이관시켰다.

전옥서는 감옥과 죄수에 관한 사무를 맡아보는 기관이다. 여기에 남옥이 동 3칸, 서 3칸, 북 3칸, 여옥이 남 2칸 서 3칸 있었다. 〈6전조례〉에는, 전옥서가 남옥과 여옥을 분리하여 담을 쌓고, 감옥의 바닥에는 판자를 깔고, 깨끗한 음식과 신선한 공기가 통하게 판자 벽을 설치하고, 나무문을 만들어 큰 열쇠를 채우도록 했다.

전옥서에 대한 감독은 사헌부가 맡았다. 죄수가 죽으면 전옥서는 형조에 보고했다. 형조가 한성부에 넘기면 한성부에서 검시한 후 매장을 허락하고, 그 사인과 치료 상황을 보고했다. 만약 해당 관리가 구휼하지 못하여 사망자가 많이 발생하면 중죄로 논했다. 또한 감금된 자가 아닐지라도 고문 후에 죽은 자가 있으면 보고했다. 옥사가 견고하지 못하거나 수리되지 않았을 때, 죄수가 외부와 내통하거나 죄수를 학대했을 때는 장 100에 처하도록 했다. 그리고 죄인의 죄명과 처음 수금한 월, 일, 고문 및 죄를 결정한 건수를 매 10일에 기록하여 보고하도록 했다.

몹시 춥거나 더울 때는 죄가 가벼운 자는 속전을 받아 석방하고, 또한 얼거나 굶어죽거나 질병으로 비명에 치사하지 않도록 옥을 깨끗이 하고 죄수를 치료해주며, 보호자가 없으면 관에서 옷과 양식을 급여토록 하고, 병세가 위중한 자는 보석하고 이를 보고하도록 했다.

이런 규정에도 불구하고 옥리의 비리, 죄수에 대한 가혹행위 등이 많았다. 1452년(단종 원년) 사인舍人 이예장李禮長은 전옥서의 죄수로서, 이달에 죽은 자가 10명이나 된다면서 담당관리를 국문하고 또 사간원에서 진상을 밝힐 것을 요청했다.

한편, 죄수의 탈옥도 빈번했다. 중종 때의 일이다. 형조가 새벽부터 대궐 문틈으로 아뢰기를, "어젯밤 3경에 전옥서의 사형수 7명이 탈옥하는 것을 마침 마을 사람이 발각해 그중 2명은 쫓아가 잡았고, 나머지 5명은 잡지 못했다"고 하자, 중종은 "순장들로 하여금 각기 순군을 거느리고 가서 잡도록 하고, 또한 형조로 하여금 포도장들을 타일러 힘을 합쳐 가서 잡도록" 하명했다.

병조 : 군사권 담당 기관

병조는 무관의 선출, 군무, 의위, 우역, 병갑, 기장, 문호에 관한 정무를 맡은 기관이다. 군사권을 쥔 관계로 서반의 우두머리가 되었다. 판서는 의정부의 당상관, 준천사濬川司의 당상관, 훈련도감, 금위영, 어영청의 제조를 으레 겸임하고, 군기시의 제조도 참판과 더불어 3망을 갖추어 낙점받아 겸임

• 영조신장연화시 그림병풍

병조가 만든 영조신장연화시 그림병풍. 1735년(영조 11) 6월, 근무고과인 도정을 마치고 영조와 함께 시를 읊은 병조 사람들이다. 6폭 중 5폭째다. 영조가 남향하고 서편에는 병조판서, 참판, 좌부승지(병방승지), 병조 참의, 참지가, 동편에는 이조판서 등이, 맞은편에는 병 조정랑, 좌랑과 승정원 주서 등이 앉아 있다. 도정 중 이 대정이 가장 큰 행사로서, 병조에서 병풍을 만드는 전통이 있다.

했다.

하부기관으로 무선사, 승여사, 무비사의 3사를 두었으나, 정조 때 무선사는 정색으로, 승여사는 마색으로 바꾸고, 일군색, 이군색, 유청색, 도안색, 결속색, 성기색, 경생색, 형방, 예방 등을 증설했다. 정색은 무관, 군사, 잡직, 제수, 고신, 녹패, 부과, 급가 및 무과 등에 관한 사항을 관리했다. 이러한 정색은 이조에도 있었다. 마색은 왕의 행차 때의 말관리를 비롯해 보충대, 노예, 나장, 반당에 관한 사무를 맡았다. 무비사는 병적, 군마적을 비롯해 순찰, 금화에 관한 일을 맡았다.

병조에도 형방이 있었는데, 이는 죄인을 세밀히 조사하고 세초의 개화改火(불을 새롭게 하는 뜻으로 입춘, 입하, 입추, 입동 등 1년에 5차례 대궐 안에서 나무를 서로 비비어 신화를 내고 구화를 끄던 의식) 등에 관한 일을 맡았다. 이를 위하여 형조에서 검률 1인이 파견 나와 있었다. 포도청 업무도 병조에 일부 속했다. 〈경국대전〉 '병전'은 이 포도청을, 도적과 사기꾼을 잡고 시간을 나누어 야순을 하는 사무를 맡는 기관으로 규정했다. 지방의 진영장은 으레 토포사를 겸했으므로 병조의 인사권은 대단한 위력을 가졌다. 포도대장도 용호별장, 도감중군, 금위중군, 어영중군과 함께 아장에 속했으므로 원칙적으로 무반 출신이 포도대장이 되었다.

한성부

한성부는 6조체제로 업무를 담당하면서 3법사로서의 기능도 수행했다. 그 장인 판윤은 경관직으로 판서와 같은 정2품이다.

한성부에는 동·서·남·북·중 5부를 두고, 각 부에는 영 1인, 도사 1인을 두어 관내 주민의 사송·교량·도로·금화·방범·대지측량·

검시 등을 맡게 했다. 그 직제와 업무분장을 보면, 좌윤 아래 서윤·판윤이, 우윤 아래 주부 2인이 있었다. 서윤 아래 이방이 있어 포폄·호적·시장·점포·가옥을 맡았고, 판윤 아래 호방이 있어 장부·전토·관물횡령을 맡았다.

한성부는 금제를 단속하고 질서를 유지하기 위해 주간순찰 외에 3법사로서 출금도 했다. 이 출금은 일제단속을 위한 출동으로 매월 6차례 있었으며, 이때 금법 위반자를 적발하면 위반자는 금법이 정한 형을 받거나 속전을 내야 했다. 특히 난전에 대한 속전을 직접 징수하면서 파생되는 비리와 부정은 극심했다. 이러한 폐단은 각종 금제에까지 파급되어 속전이 아예 뇌물처럼 되었다. 서리의 급료는 관서에서 속전을 받아 지급했기 때문에, 속전의 확보를 위해서도 비리가 확대됐다. 〈추관지秋官志〉에서도 형장을 사용하는 기관에서 바로 속전을 징수하도록 한다면 허다한 폐단이 있을 것을 경계하고 있다.

난전을 단속하기 때문에 오는 부작용은 또 있었다. 그것은 각 전의 상인이 한강변이나 원근의 외읍에서 생산된 물건을 육의전의 물종이라 하여 낮은 값으로 모두 가져가면서, 사소한 물건이라도 다른 사람과 거래하지 못하게 한 것이다. 난전을 금하는 폐단에 대해 한성부 수부 이복영은, "한성부가 난전을 단속하면서 난전하는 자를 잡아다가 그 물건 값에 따라 장속杖贖(장형 면제 돈)을 받습니다. 저는 매번 법을 적용할 때마다 마음이 측은하여 오뉴월에도 등골이 오싹했습니다. 한성부에는 본시 관아의 원역배들에게 줄 급료가 없으며, 그들의 급료는 모두 난전에서 나오는 속전으로 충당하고 있습니다. 급료를 주고 못 주고는 속전에 달려 있으므로 평민의 고혈을 취하여 이서의 배를 채우는 것이 됐습니다"라고 했다. 그리하여 1764년(영조 40)부터 이서에게 급료를 주게 했다. 그렇다고 나아진 것은 없었다.

3

비직수기관

관기숙정의 첨병 : 암행어사

일선에 임명한 관찰사, 수령의 횡포를 견제하기 위해 비밀리에 파견한 것이 암행어사다. 조선 초기에 지방 호족의 횡포를 방지하며, 그 음모를 내탐하고, 사찰 행동에 전력하여 왕조의 기초를 확립하는 데 크게기여한 것도 이 암행어사였다.

이와 같이 국초의 암행어사는 사찰경찰의 임무를 주로 수행했으나, 그후 지방관리의 행정의 득실, 민생의 어려움을 암암리에 조사해 국왕에게 밀주함으로써 국가행정의 감독과 관기숙정에 이바지하는 기관으로 발전했다.

암행어사는 보통 당하관으로 임명해 왕이 직접 불러 임무를 부여하는데, 정무의 선악을 사찰할 사항을 적은 친서를 주는 동시에 발령장과

마패 및 여비를 준다. 어사는 집에
도 들르지 못하고 그날로 출발해
야 한다. 또한 사찰 사항과 사찰
지역을 알지도 못하고, 도성을 벗
어나서야 비로소 친서를 뜯어볼
수가 있었다. 만일 도성 내에서 친
서를 개봉하거나 귀가하면 엄벌
에 처했다.

암행어사의 사찰 보고는 직접
국왕에게 봉송하므로 국왕 외에
는 이를 알 수가 없었다. 따라서
어사의 임명과 행동에 관하여는
아무도 알 수 없었고, 어사는 임무
를 완수하기 전에는 부모의 사망
이나 자신의 질병, 기타 어떤 사유
가 있더라도 귀경할 수 없었다. 그
만큼 그 권력은 절대적이라, 어사
가 도성을 나섰다는 소문이 퍼지
면 지방관리들은 전전긍긍했다.

암행어사도 초기에는 일반어
사가 일반적이었다. 그러나 후기
로 들면서 '일반어사의 암행화'와
'암행어사의 일반화'가 보편화된

• 춘향전도
〈춘향전도〉중 어사 출두 장면이다.

다. 이에 따라 암행어사 사목도 구체화되는데, 정조 7년의 재거사목은
1892년(고종 29) 마지막 암행어사 임명 때까지 사용되었다. 이는 포도,

행정, 사법, 재정, 국방, 인재기용, 포상 등 전반에 걸친 것이었다. 경기
암행어사 사목 중 포도에 관련된 것은 다음과 같다.

1. 형구는 흠휼하는 전칙으로, 진실로 형벌을 덜려는 덕의德意에서 나
   온 것이다. 형구가 척도에 맞지 않은 것과 수재守宰들의 법외 남용
   을 각별하게 살펴야 한다.
1. 토호들의 무단과 활리猾吏들의 침탈은 진실로 소민들이 지탱하기
   어려운 폐해가 되고 있다. 각 고을의 토포 교졸들이 염탐을 가장하
   고 촌리를 횡행하면서 평민들을 사사로이 악형에 처하고 심지어는
   살해할 염려가 있으니, 일체로 염탐하여 발견되는 대로 무겁게 다
   스려야 한다.
1. 살인 옥사는 사람의 생명에 관한 것인데, 더러는 혐오 때문에 고발
   하여 체수滯囚를 가져오고, 더러는 세력에 눌려 가리고 숨기는 짓을

60

하므로 상명償命하지 못하는데, 모두가 화기를 간범하게 되는 것이
니 자세히 살피어 논계해야 한다.
1. 경기 역로의 사역은 외방의 도에 비하여 더욱 빈번하게 되는데, 시
들하고 잔약함이 날로 심하여 참站이 끊어지는 데가 있기까지 되었
다. 이는 오로지 부호들이 위전位田을 모두 차지해버리고 찰방들이
청마請馬를 많이 받아주기 때문이니, 각별히 염탐 · 계문하여 논죄
해야 한다.
1. 점막店幕이 노곤路困을 세우는 책임을 지고, 관가에서 담군擔軍을 빌
려주는 일은 진실로 경기 민생들의 고질적 병폐가 되었으니 준엄
하게 금단해야 한다.

암행어사의 처벌권은 현촉, 봉고, 서계, 파직이다. 이중 서계는 수령
을 파직코자 할 때 국왕에게 보고한 후 파직하는 것이고, 파직은 수령
이외의 향리에 대해 직권으로 파직하는 것이다.

조선조의 소방관서 : 수성금화사

조선시대 금화禁火는 포도와 더불어 나라의 주요한 기능이었다. 조선
초기 이러한 기관으로 수성금화사修城禁火司가 설치되었다. 수성금화사
는 국초에 있다가 〈속대전〉에는 혁파된, 소방경찰을 겸한 기관이다. 그
맡은 바는 궁성 및 도성의 수축과, 궁궐 · 관청 · 민가의 소방활동 등인
데, 그후 금화는 주간은 한성부, 야간은 순청으로, 수성사무는 병조로
이관되었다.
〈대전회통〉에 보이는 금화 규칙은 다음과 같다.

1. 병조 · 의금부 · 형조 · 한성부 · 수성금화사 및 5부에 숙직하는 관원은 순행하여 화재를 단속한다.

1. 궁궐 내에 화재가 났을 때에는 소라를 불며 재궐자는 달려가서 구화하고, 장졸들은 당직하는 직소를 떠나지 말아야 하며, 출번한 장병들은 각기 소속 위에, 제 관사 관원은 각기 조방에 집합하고, 제 관사 소속의 제 관원 · 공인 · 경성 5부의 시민 · 출번한 별감 및 각 차비인은 모두 궁궐문 외에 집합하여 명령을 기다려야 한다(국왕이 이동 거처하는 곳도 이와 같다).

1. 제 관사를 5부에 분속하여 구화패를 발급하되, 부내에서 화재가 났을 경우에는 병조 · 의금부 · 형조 · 한성부 및 수성금화사의 관원들이 각기 소속부원을 인솔하고 달려가서 구화한다(방리인에 대하여는 1통마다 금화판을 발급하여 통인을 인솔하여 구화케 한다).

1. 의금부는 망화인을 정해(의금부 나장 · 사복시 및 군기시노 각 1인) 항상 종루에 올라가 착망하고, 이궁이나 궁청사에 불이 나면 종을 치고(민가 연소 때도 종을 친다), 도총부는 즉시 국왕에게 상주하며 부장으로 하여금 입직 보병을 인솔하여 구화한다.

1. 바람이 불 때는 수성금화사는 방리 각 호에 요령을 흔들며 순경하여 불에 대비한다.

1. 공 · 사 각처에 모두 저수용 구덩이를 만들고 방화용 흙더미와 소화기계를 비치한다.

1. 종묘 · 영종전 · 문소전 관원은 순행하며 금화하고, 풍란 때는 제조가 입번하고 종친은 순찰한다(이는 나중에 폐지했다).

1. 궁성, 궁장 4면에는 100척 내에 인가 건조를 금한다(창고는 30척으로 한다).

1. 기와집은 3칸 이상, 초가는 5칸 이상의 실화는 인경에서 타루 시까

지 즉시 서계해야 한다(인물이 치상하면 1칸이라 할지라도 서계한다).

조선조의 삼림경찰 : 4산참군

산불예방 및 산림보호를 위하여 4산참군이 설치되었다. 〈속대전〉에
는 감역관, 〈대전통편〉에는 4산참군이라고 했다. 선전관 후보로 추천된
무과 출신을 임명하여 서울 내외 동서남북 산의 소나무 도벌 단속과 보
호의 일을 맡겼다.

서부는 훈련도감에, 동부는 어영청에, 남부는 금위영에, 북부는 총
융청에 속하며, 각기 본청의 초관을 겸임시켰다. 종9품으로 임명되고
30개월을 복무하면 6품으로 승진시켰으니, 이는 산림경찰에 해당되는

• **산불됴심**
산불을 방지하기 위하여 산중 곳곳에 세워놓은 비. 이 비는 조령 새재를 문경에서 오르는 곳
에 세워져 있다.

이들의 업무의 중요성을 보여주는 것이라 하겠다. 이외 산림경찰로는 각 원, 능의 영, 참봉이 있었고, 또한 '송금절목'이 있어 지방에서도 산림보호와 산불예방이 엄했음을 알 수 있다. 그래도 민둥산은 여전하여 홍수가 연이어 생기자 금송禁松을 더욱 강조하기에 이르렀다.

광해군은 도성 안팎의 소나무 벌채 단속을 명하면서, "도성 사방에 있는 산들이 볼품없이 벌거숭이가 되어 이미 민둥산이 돼버렸다. 전후로 하교한 것이 한두 번이 아닌데, 유사(관계기관)가 전혀 살펴 처리하지 않고 있으니 직책을 수행치 못함이 심하다. 도성 안팎에 있는 남산 및 다른 산과 4대문 밖에서 소나무를 베어오는 자를 각별하게 잠복 순시했다가 체포하여 아뢰어라. 네 곳 포도청의 종사관을 불러서 보내도록 하라"고 했다.

산참군의 금송구역은 다음과 같다

- **훈련도감** : 내산에 있어서 1패는 정문으로부터 창의문의 대로 북변까지로 한다. 2패는 창 의문으로부터 돈의문 북변에 이른다. 외산에 있어서 1패는 모래내로부터 모화관까지로 한다. 2패는 모래내 서쪽으로부터 홍제원까지로 한다. 3패는 홍제원으로부터 성산리까지로 한다.
- **금위영** : 외산에 있어서 1패는 돈의문으로부터 승전로에 이른다. 2패는 승전로로부터 형제정 동에 이른다. 3패는 형제정으로부터 광희문의 남변에 이른다. 외산에 있어서 1패는 만리창으로부터 고산사기동에 이른다. 3패는 사기동으로부터 한강 서로에 이른다. 3패는 두포로부터 원현의 서쪽에 이른다.

- **어영청** : 내산에 있어서의 1패는 광희문의 북변으로부터 숙정문에 이른다. 외산에 있어서의 2패는 혜화문의 남변으로부터 호유현에 이르고, 3패는 흥인문으로부터 안암의 차현대로에 이른다. 4패는 제기현으로부터 호유현의 삼거리에 이르고, 5패는 소묵현으로부터 벌리수유현에 이른다.
- **총융청** : 내산은 동부 · 교외 · 미아리 · 청수동 · 가오리 · 우이동까지 금하고, 외산으로 서부 · 신둔 · 청담진 · 관중흥동 여기소까지 금한다.

공정거래와 물가단속 기관 : 평시서

평시서平市署는 시전을 점검하고, 되 · 자 등의 도량형을 단속하며, 물화가격의 앙등과 폭락을 막는 일을 하는 곳이다. 여기에는 종5품의 영외에 주부, 직장 등이 배치돼 있었다. 아전으로는 서원 5인, 고지기 1명, 사령 11명이 있었다.

평시서는 시전이 즐비한 중부 경행방, 즉 백탑 거리에 있었다. 시전은 모두 평시서에 소속되어 각 등급에 맞추어 10푼에서 1푼까지 세금을 냈다. 그런만큼 각 아문, 군문, 궁방에서도 평시서에 공문을 보내지 않고는 전인을 잡아다 조사하는 것을 엄금했다.

조선 후기에 들어오면서 상업이 왕성해지자, 평시서의 역할이 더욱 커졌다. 그러나 박지원의 〈허생전〉에서 보듯, 당시에는 물화를 독점하여 큰 이익을 취하는 방법이 장려된 면도 없지 않았다. 물론 이는 양반들의 고답적인 비생산적 행태를 불식시키려는 의도였겠지만, 실제 교통이 불편했던 당시로서는 가능한 일이기도 했다. 제주 여인 김만덕은

이렇게 모은 돈으로 흉년 때 백성을 구휼하여, 정조를 알현하고 영의정 채제공의 주선으로 금강산 구경까지 다녀온다.

그러나 평시서는 후기에 들어오면서 상업규모가 커지고, 신해통공으로 난전이 용인되면서 그 기능을 잃게 된다. 순조 때는 포도청에서 단속을 해야 물가가 안정되는 상황이었다.

조선조의 보건소 : 활인서

활인서는 환자 구활을 맡은 기관으로 위생경찰 기능을 가졌다. 종6품의 별제와 참봉을 두고 있다. 이와 함께 혜민서도 직접 의약을 담당해 백성들을 치료했다.

활인서는 두 곳에 있었는데, 동서東署는 동소문 밖 연희방에 있었고, 서서西署는 남대문 밖 용산강에 있었다. 서서는 1882년까지 존속했다.

활인서에는 남녀 무당이 있어 치료에 쓰였고, 또한 한증막도 설치돼 있었다.

　당시 기근이 들면 부랑아를 비롯한 환자가 많았고, 장티푸스 등 전염병도 크게 창궐했다. 그러나 허준의 〈동의보감〉 같은 의서도 일반인이 쉽게 구할 처지가 못되었다. 박지원은 〈열하일기〉에, '우리 나라 서적으로서 중국에서 간행된 것은 극히 드물었고 다만 〈동의보감〉 25권이 성행했을 뿐이었는데, 판본이 정교하기 짝이 없었다. 그런데 내 집에는 좋은 의서가 없어서 매양 병이 나면 이웃을 돌아다니며 빌려 보았는데, 이제 이 책을 보고서 몹시 사고 싶으나 은 5냥을 낼 길이 없어서 섭섭함을 이기지 못하고 돌아온다. 다만 그 서문이 제법 소창하여 그걸 베껴 훗날에 참고하고자 한다'라고 쓰고 있다.

　〈소설 동의보감〉에는 허준과 의녀가 만나는 장면이 재미나게 묘사돼 있다.

　"그때였다. 육중한 빗장이 뽑히는 소리와 함께 혜민서 문이 열렸고, 등불과 빗자루를 든 7~8명의 의녀들이 몰려나와 비질을 시작했다. 내 의원 정청에서 낙엽을 쓸던 의녀들은 자세히 뜯어보지 않았으나 장차 고락을 함께 할 존재들임에서 허준은 새로운 감회로 그들을 건너보았다. 모두 13, 4세의 소녀에서부터 20세가 채 못된 처자들인데, 흩어진 등불에 비친 그 차림들이 아리땁고 독특했다. 너나없이 차림이 똑같았다. 옥색 삼회장저고리에 남치마를 받쳐입고, 매매인이 그 가슴에 노리개처럼 어여쁜 수실로 감싼 침낭을 달고 있었다."

4

지방기관

지방 행정기관의 장 : 관찰사

조선시대 지방 행정기관의 장인 관찰사, 수령은 바로 지방경찰기관
이기도 했다. 관찰사, 수령은 그 밑에 중앙정부와 같이 이·호·예·
병·형·공의 6방을 두고 이속·군교 및 노비를 배치했는데, 경찰의 주
류는 군교와 사령·나졸 등의 문졸이었다. 형신에 있어서 몽둥이를 드
는 것과 체포는 이들 문졸들이 했으며, 이들은 병방과 형방에 주로 배
치돼 있었다.

관찰사, 수령의 소관업무는 전반적인 것으로 한성부처럼 명문화돼
있지는 않았으나, 그 기능은 크게 둘로 나누어, 외관外官의 규찰과 도
내의 군사·민사를 지휘, 통제하는 권한이었다. 경관인 한성부윤과 수
원·광주·개성·강화의 4유수 외에, 지방관으로는 8관찰사 아래 부윤

- **신문**

고소인의 하소연을 듣고 상대방을 불러 신문하는 광경. 죄인은 꿇리고, 고신이라 하여 매를
치면서 묻는다. 참고인도 옆에서 아뢰고, 서기는 위에서 옮겨 적는다

5, 대도호부사 5, 목사 20, 도호부사 75, 군수 77, 현감 122 등 310명이
있었고, 관찰사 소재지에 수령으로 판관(평양은 서윤) 1인씩을 두고 있었
으니, 이들이 모두 경찰기관이었다.

　관찰사를 보좌하는 감영의 기구는 종2품의 감사 1명, 종5품의 도사와
판관 각 1명, 종6품의 교수 1명, 종9품의 훈도 · 심약 · 검률 각 1명씩으
로 구성돼 있었다. 한때 경력이 설치되기도 했으나, 경력이 혁파된 후부
터 도사가 설치됐다. 그는 아감사라고도 하여 감사 유고시에는 감사를
대행하여 도를 규찰하곤 했다.

　또 감사의 보좌관으로 판관이 있었다. 판관은 전국 8도에 모두 31명
이 배치됐는데, 특히 경기에는 수운판관, 충청 · 전라도에는 해운판관
이 설치되었다. 그러나 후기에는 경기 · 평안도를 제외한 각 도, 유수영
과 제주, 전주, 의주, 정주, 경성 등 특수지역에만 설치 · 운영되었다. 판

관의 관품이나 직임은 도사와 거의 같았다. 그러나 도사와 판관은 같은 관서에 배치되는 일이 거의 없이, 각기 감사 다음 가는 위치에 있어 아사亞使 라고도 칭했다.

감영의 일은 영리가 보살폈다. 영리란 감영의 이속으로서 정원이 일정치 않았다. 초기에는 각 읍의 호장층에서 영리를 차출해 감영으로 보냈고, 향리와 같이 영리도 6방으로 업무가 분장되었다. 영리는 감사·도사 등을 보좌하기 때문에, 읍리보다는 격이 높고 유력한 이족 중에서 선발했다. 영리는 감사의 명을 받아 도사를 쫓아다니면서 수령이 행하는 일반정치의 득실을 염탐하기도 하고, 감사가 도내의 각 지역을 순력할 때에 안내자 구실도 담당했다.

관찰사는 한 도의 행정일반을 통할하고, 관내의 수령을 규찰한다. 나아가 군사지휘권과 사법권을 행사하기도 한다. 특히 관찰사의 사법상 권한은 지방통치에서 발생하는 행정, 형사, 민사에 이르는 광범위하고도 포괄적인 것이었다.

관찰사는 유형 이하를 직단할 수 있다. 다만 사죄死罪의 경우는 3복주의 원칙이 일찍부터 제정되어서 관찰사는 국왕에게 올리기 전에 세 차례의 검심을 한다. 관찰사가 한 도내의 형사사건에서 유형 이하를 직단할 수 있다는 것은, 태형·장형·도형·유형을 판결하여 집행한다는 것을 의미한다. 그러나 도내의 모든 범법자를 감영에서 수금·처리하는 것은 아니었다. 각 고을의 수령이 범죄자를 수금하고 추문하여 장이상의 죄상이 있을 경우 관찰사에게 보고했다. 그러면 관찰사는 제사를 써서 수사를 지휘하고, 죄상이 명백히 드러나면 검률을 적용해 형벌을 판결했다.

만약 범죄자의 수사과정에 의문이 있거나, 범죄자가 범죄사실을 부

인해 판결이 어려울 때는 차사원差使員을 파견하거나 범죄자를 감영에 이송시켜 직접 신문할 수 있었다. 또한 민사사건에 있어서도 수령이 심리한 송사에서 패소해 불복하면 감영에 복심을 청구할 수 있었다. 그것을 의송議送이라 하는데, 관찰사는 재심하여 그 결과를 수령에게 하달했다. 그러나 관찰사에게 요구되는 사법행정과 율령에 대한 경험과 지식은 전문화되지 못한 경우가 많았으므로, 구체적인 사법실무는 감사를 보좌하는 검률과 형방영리가 담당했다.

포도에 관한 것도 수령을 지휘했다. 그러나 토포사가 진영장으로 돼 있고, 진영장은 병사의 지휘를 받았으므로 직접적인 토포 활동은 크게 없었다.

행정·사법권을 가진 수령

수령도 범죄가 발생하면 범죄의 수사, 피의자의 체포와 구금 그리고 신문을 하며, 태 이하를 직단하는 등 포괄적인 사법적 기능을 가졌다. 특히 포도의 문제는 백성에게 직접 해를 입히는 것이라 조선 초부터 포도에 대한 사목事目과 논상이 내려져왔으나, 도둑은 없어지지 않았다.

중기 이후에는 도둑이 더욱 횡행해 변란의 양상까지 나타났다. 이같은 현상을 방지하기 위하여, 거칠고 난폭한 대적당이 수령의 관할권에 나타났을 때 이를 즉시 수색·체포하지 못하면 당해 수령 및 토포사를 구속·심문하여 정죄했다. 고을 좌수·형리·토포장 등을 형추하여 정배한다는 사목까지 나왔다.

수령은 또한 맹수를 사냥해 백성의 생명을 보호하는 포호의 책무도 가졌다. 〈목민심서〉 '제해조'는 '백성을 위해 해독을 제거하는 일은 목

- **노상송사**
  프랑스 기메 박물관에 있는 김홍도의 8폭
  병풍 중 첫째 폭. 수령은 길을 가다가도 백
  성들의 억울한 송사를 들어 해결한다.

민관의 의무이니 첫째는 도적이
요, 둘째는 귀신불이요, 셋째는 호
랑이다. 이 세 가지가 없어져야 백
성들의 재앙이 없어진다'라고 하
여 포호의 중요성을 일깨우고 있
다. 물론 포호는 군대도 책임이 있
었다. 훈련도감은 고양 · 파주 쪽
에, 금위영은 김포 · 수원 쪽에, 어
영청은 양주 · 광주 쪽에 착호 담
당을 두었다. 호랑이는 조선 말까
지도 극성하여 순검 모집을 할 때
도 호랑이를 무서워하지 않아야
했으며, 1904년에도 서울 근처 파
주와 장단의 여러 군에 호환이 매
우 많았다고 한다.

수령도 송사와 옥사를 관장했
다. 송사란 민간 분쟁의 판결을 관
청에 호소하는 일이며, 옥사는 강도 · 살인 · 반역 등의 중대한 범죄를
다스리는 형사사건으로 고발을 받거나 또는 직접 적발 · 수색하여 처벌
하는 것을 뜻한다. 상해 및 인격적 침해 등으로 형벌을 요구하는 송사
를 특히 옥송이라 하는데, 사송이 옥송으로 이어지는 것이 상례였으므
로, 민사적인 사송과 형사적인 옥송은 완전히 분리하지 않고 처리되었
다.

수령도 6방 등 보좌기관을 가지고 있었으나, 일률적으로 지정되지는
않았다. 충청도 목천현 읍지는 군에 현감 1인, 군관 30인, 사령 17인을,

면에 풍헌 8인, 약정 8인, 권농 7인, 조포장 7인이 있다고 한다. 현은 8개 면으로 되어 있어 현청 소재지인 읍내면에는 조포장을 두지 않고, 나머지 7개 면에 조포장 1인씩을 두었다. 군관 30인도 읍 6인, 촌 24인으로 되어 있어 1개 면에 3, 4인씩 배치한 듯하다.

그러나 타 읍지에서는 일률적으로 조포장이란 것을 볼 수 없었다. 따라서 이것은 각 지방에서 적의명명하고 신축성 있게 운영을 한 듯하다. 〈목민대방〉에 의하면 포교, 포졸의 명칭이 보이는 것도 있다. 이를 보면 하부구조는 일률적으로 통일된 명칭이 없었다는 것을 알 수 있다.

토포사

포도의 전임관청으로 서울은 좌·우 포도청이 설립되었거니와, 지방도 토포사討捕使라는 기관이 있었다. 그러나 이 토포사는 전임관을 따로 임명하지 않고 초기에는 수령에게, 나중에는 진영장에게 겸임시켰다.

임진왜란으로 국토는 삽시간에 왜군에 짓밟히고, 이듬해 4월에야 남쪽 외 대부분의 국토가 수복됐으나, 민생은 도탄에 빠지고 생계에 허덕이게 되었다. 특히 경상도 밀양 이북 지역이 폐허가 된데다 관의 힘도 미치지 못하자, 도적이 횡행하고 인적이 통하지 않게 되었다 한다.

이에 상주 목사 정기룡을 당상관으로 올려 토포사를 겸임시켜서, 평시에는 도적을 토포하고 전시에는 그 병력으로 적과 싸우게 했다. 말하자면 상주 목사로서는 그 관할지역이 상주 지방에 한정되나, 토포사로서는 더욱 넓은 지역을 관할할 수 있었던 것이다. 정묘 및 병자호란을 겪고 난 후에도 각지에 도적이 심하자 인조는 토포사를 대폭 증설했다.

토포사는 포도대장처럼 〈경국대전〉에 규정된 정식관직은 아니고, 필

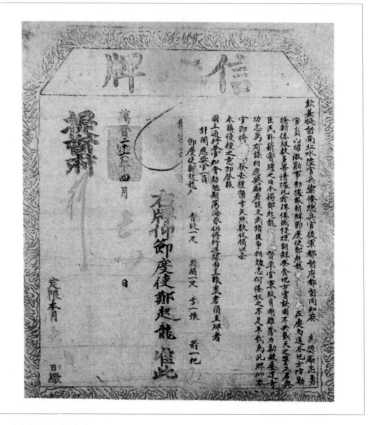

• 정기룡 장군의 신패

정기룡은 진주목의 사령으로 입신하여 임진란 때의 영웅이었다. 이 신패는 정유재란인 1598
년 4월 명 제독부에 제출한 것이다.

요에 따라 임시적으로 특정 수령에게 겸임 발령했기 때문에 이것을 일
률적으로 개관하기는 어렵다. 〈속대전〉에서 비로소 진영장(정3품)에게
겸임시키도록 하여 수령 겸임 관습이 없어졌다. 그리하여 진영장의 편
제를 통하여 토포사의 분포를 알 수 있다. 실록에서는 대체로 토포사와
영장을 동의어로 혼용하고 있다.

진영장 배치

경기	전영	광주부윤
	좌영	남양도호부사
	중영	양주목사
	별중영	수원도호부사(현종)
	후영	장단부사(현종)
	우영	죽산도호부사(인종 때 여주목에서 이치)
충청	전영	홍주목
	좌영	해미현감(숙종 때 온 양군에서 이치)
	중영	청주목
	우영	공주목
	후영	충주목
경상	전영	안동대도호부
	좌영	상주목
	중영	대구도호부
	별중영	김해부사
	우영	진주목
	후영	경주부
전라	전영	순천도호부
	좌영	운봉현감(숙종 때 남원부에서 이치)
	중영	전주부
	우영	나주목
	후영	여산도호부사
황해	전영	봉산군수
	좌영	풍천도호부사
	중영	안악군수(숙종 때 신천군에서 이치)
	별중영	산산첨사(숙종)
	우영	곡산도호부사(현종)
	후영	평산도호부사(숙종)
강원	좌영	철원도호부사(영조 때 춘천부사로 이치)
	중영	원주목사(영조 때 횡성현감으로 이치)
	우영	삼척도호부사
합경	전영	홍원현감
	좌영	갑산도호부사(효종)
	중영	영흥대도호부사
	별중영	단천도호부사(숙종)
	우영	삼수도호부사(숙종)
	후영	덕원도호부사
평안	전영	숙천도호부사(숙종 때 영유현에서 이치)
	좌영	덕천군수
	중영	중화도호부사
	우영	순천군수
	후영	함종도호부사
	별전영	용천도호부사(숙종)
	별좌영	구성도호부사
	별우영	가산군수(숙종)
	별후영	영변대도호부사
경기	경기	부평토포사-부사(고종), 파주영장겸토포사-목사(고종)

＊
시대 표시 없는 것은 인조 때 설치

• **비숍의 조랑말**
영국 여인 비숍은 조랑말을 타고 조선을 유람했다. 당시에는 말이 가장 빠른 교통 수단이었다.

진영장은 인조 5년 금과 화약을 맺은 후 처음으로 각 도에 배치했다. 군사를 징모하여 훈련을 시켰는데, 금의 재침으로 진영장도 혁파되었다. 그후 효종의 북벌정책에 의하여 진영장제는 3남을 중심으로 다시 운영되었다. 이 편제는 대체로 전·후·좌·우·중 5영을 1도에 두는 것이나, 그 수는 형편에 따라 증감되었다. 토포사는 몇 개 수령을 관할하고 있었는데, 수령은 도적을 체포·신문하여 자백을 얻으면 토포사에 이송했다.

역장의 일을 한 찰방

찰방도의 장을 찰방察訪이라 한다. 조선은 약 30리 간격으로 역을 두

지역	이 졸	말
경기	3,570	352
충청좌도	8,704	478
충청우도	10,466	274
전라좌도	10,797	274
전라우도	6,349	272
경상좌도	18,792	787
경상좌도	18,792	787
경상우도	21,483	900
강원도	9,034	503
황해도	5,316	221
평안도	4,351	301
함경도	32,391	925
계	131,253	5,287

어 연결 거점으로 삼았다. 역에는 역장을, 그 아래에 역졸을 두고 마필을 준비하여 공문서를 속히 전달하는 동시에, 인·물의 수송 편의를 제공했다. 병조에서 공무 여행자에게 필요한 말 숫자를 적은 마문을 발행하면, 이에 따라 마패를 발행했다. 마패는 동제로, 복수의 말 그림이 그려져 있으며, 뒷면에는 상서원 인이 각인되어 있다.

그리하여 전국에 걸쳐 있는 역을 경기도 6개, 충청도 5개, 경상도 11개, 전라도 6개, 황해도 3개, 강원도 4개, 함경도 2개, 평안도 2개 구역으로 각각 묶어서 이것을 찰방도라 하여, 전국을 39찰방도로 편성했다. 찰방도의 장으로 처음에는 찰방 또는 역승을 두었다가 후에 찰방으로 통일했다. 이는 종6품관으로, 원래 서리로서 오래 근무한 사람이 파견

됐는데, 1536년(중종 30) 찰방으로 개칭하고 모두 문음 자제를 취재하여
채용하게 되었다.

찰방의 주요임무 중 하나는 비법非法을 은밀히 내사하여 왕에게 직계
토록 하는 것이었다. 1688년(숙종 14) 함남 병사 유성추가 관내 순력을
할 때 말을 타지 않고 가마를 탔다고 하여 고산 찰방 한이원이 장계를
올려 파직케 했다. 일제하에서도 우리 독립운동 정보를 각 철도국장에
게 내려보내 정보를 서로 나누었다.

수령을 견제한 경재소와 유향소

경재소는 유향소와 함께 고려의 사심관제에서 분화 발전한 것이다.
새 왕조의 신흥사대부 세력이 군현의 지배권을 갖고 있던 향리를 배제
하고, 재경관인과 연결된 재지사족 주도의 지방통치와 성리학적 향촌
사회를 확립하려는 과정에서 양자가 거의 동시에 서울과 지방에서 각
각 설치 운영되었다.

경재소와 유향소는 그 구성원이나 소재지 및 기능상으로 볼 때 별개
의 기구처럼 보이지만, 실제 양자는 서로 불가분의 표리관계에 있었다.

경재소는 당상 외에 좌수 1명, 참상(6품 이상)·참하(7품 이하) 별감 각
2명씩 모두 5명의 임원을 두고 있었다. 당상은 그야말로 당상관이 선
임되었고, 별감은 당상이나 좌수보다 관직이 낮은 자가 선임되었다. 경
재소 임원은 관할 유향소 임원의 임명권을 가졌다. 또 향리를 규찰하고
인재를 천거하며, 향중 인사들로부터 갖가지 청탁을 받았다. 경재소는
자체 일정한 예산을 갖고 경조비, 감사·수령의 전송연, 방문객 접대비
등에 충당했는데, 그 예산은 해당 읍의 유향소나 경저에서 공급되었다.

유향소는 경재소에 세찬·절찬과 같은 일정한 예물을 보내왔다. 한편, 경재소 임원은 부모상을 당하거나 외관으로 서울을 떠나게 되면 사임했다.

경재소에 의해 임명된 지방의 유향소는 군현 지배권을 향리로부터 회수하기 위해서 경재소의 힘을 빌린 것이다. 재경관인들은 각기 경재소를 발판으로 하여 그 읍 수령과 유향소에 직·간접으로 영향력을 행사함으로써 연고지의 지방행정은 물론, 자기들의 경제적 기반도 쌓아갔던 것이다.

세조 때 일시 혁파됐다가 1488년(성종 19) 유향소 복설절목에 의거, 새 모습으로 복설된 유향소는 향사당과 같은 시설의 확충, 조직의 강화, 향안의 작성, 향규 제정 등을 통해 수령의 보조기관인 군현의 2아로 변했다. 유향소 임원으로 좌수는 읍격에 관계없이 1읍 1인이며, 별감은 주·부는 3인, 군·현은 2인이 일반적이었다. 6방에 맞추어 좌수는 이·호방, 좌별감은 예·병방, 우별감은 형·공방을 맡았다. 그러다 보니 호소문을 가지고 오는 백성에게나 장리를 갚지 못하는 이에게 사형私刑이 자행되기도 했다.

유향소는 조선 후기에 향청 또는 향소라 불렸고, 그 조직과 권한은 시대 또는 군현에 따라 현저한 차이가 있었다. 유향소를 규제하는 규약을 향규라 했는데, 이 향규는 16세기에 들어오면서 모두 주자의 여씨향약을 전범으로 모두 향약화되고 말았다. 그러나 향약은 유향소와 불가분의 관계에 있기는 했으나 유향소와 같은 행정기구는 아니었고, 어디까지나 향촌자치의 규약이었다. 이는 군현을 단위로 한 것도 있지만, 지방의 사정에 따라 향(면)약·동약·동계·족계 등으로 축소화된 것이 보통이었다.

향약의 임원으로 도약정·부약정·직월 등이 있었으나, 이들은 대개 유향소의 좌수·별감·유사 등이 겸하게 마련이어서 향청과 그 조직체계를 거의 같이 하고 있었다. 그러나 향약은 때로 임원들의 권리남용, 상호 이해충돌과 모함 등으로 오히려 풍속을 해치는 경우도 있었다.

19세기에 들어 수령과 결탁한 이서, 향리, 심지어 면·이임까지도 각종 수탈을 일삼으면서 향촌은 변화하기 시작한다. 당시 부세 납부는 전세에서의 비총제, 군역에서의 이정법, 환곡에서의 이환법 등과 같은 공동납제로 운영되고 있었다. 동내에 부과되는 부담분을 관권의 전횡만으로 해결할 수 없어 최소한이라도 주민들의 의사를 반영해야 했다. 여기서 향회가 수령의 부세 자문기구 성격으로 변화됨을 알 수 있다. 이시기 향회는 새롭게 참여하게 된 신유와 신향이 주도하게 되는데, 가장 주목되는 층은 요호饒戶라는 부민층이었다.

정약용은 〈경세유표〉에서 '향중의 불초자제 및 부리기 쉬운 자들을 객관에 모이게 한 후 돼지를 잡고 술을 걸러 잔치를 연다. 그들을 불러 말하기를, 향회에서 역가役價(경저리와 영저리의 보수)를 올리는 일을 의논해야겠다고 하면 모두 좋다고 한다. 누가 감히 다른 의견을 내겠는가. 구관이 가고 신관이 오면 또 전과 같이 하여 열 섬을 더하니, 시간이 지나면서 극한에 이르게 된다. 이것이 바로 역가가 늘어나는 까닭이다'라고 쓰고 있다.

이러한 경재소, 유향소, 향회는 경찰권을 가진 수령을 견제하면서, 한편 자치적으로 지방풍속을 교화하고 규율하는 기능을 수행했다.

5가작통법

5가작통법은 원래 당나라에서 활용되던 5가비保比 제도를 모방한 것으로, 각 마을에서 부락방위상 자발적으로 조직된 것이 아니라, 조정에 의해 강제로 조직된 것이다. 인보의 상호부조와 연대책임을 기간으로, 호적·호구를 명백히 하고, 상호검찰과 상호부조, 나아가 예방경찰까지 목적으로 하는 자치조직이었다.

이는 〈경국대전〉에 의해 법제화됐으나, 선조 이후에는 유명무실하게 되었다. 선조 때는 20가를 한 통으로 하여 도둑을 막고자 한 적도 있었다. 효종이 그 필요성을 느껴 부활 실시하려고 했으나 실

- **호구단자**

조선은 3년에 한 번씩 호구조사를 했다. 가장이 주소, 성명, 본관, 솔거 자녀 및 노비외 이류와 나이 등을 적은 호구단자를 작성하여 신고케 한다. 이는 전국적인 5가통 실시를 가능케 했다.

현을 보지 못하고 있던 중, 비변사가 5가작통법 21절목을 만들어 다시 실시하기에 이르렀다. 역대 국왕들은 도적의 발호, 천주교 금제 등을 위하여 이 5가작통법을 활용했으나 큰 성과를 거두지는 못했다.

고종 때 다시 제도를 고쳐 주민 10호를 단위로 한 10가작통법으로 바꾸어 운영했으나, 호구조사를 위한 제도에 그치고 말았다. 갑오개혁 이후 향회조규 및 향약변무규정을 만들어 군·면·리에서 시행하게 한 적도 있다.

5가작통법은 5호를 1통으로 하고 이에 통주를 두며, 서울에서는 통위에 방을 두고 방은 관령으로 하여금 통할하게 했다. 지방에서는 5통이상을 이라 하여 이장 또는 이정을 두며, 몇 개 이가 1면을 형성하고 각 면에 권농관이 있어 이를 통솔했다. 이러한 통주와 이장은 포도의 기능까지 가졌다.

5가작통법 21절목에 의한 조직은 다음과 같다.

1. 통에 관하여는 대체로 민호는 그 형성에 따라 가구의 다과, 재력의 빈부를 막론하고 매 5가를 1통으로 한다. 그 5가 중 지위와 연령이 높은 자가 통주가 되어 통 내의 모든 일을 장리한다.
1. 이에 관하여는 5통에서 10통에 이르는 것을 소리, 11통에서 20통에 이르는 것을 중리, 21통에서 30통에 이르는 것을 대리로 한다. 이에는 이장 1인과 유사 2인을 임명하여 통주와 같이 이의 모든 일을 관장케 한다.
1. 통과 이 위에 면을 두고, 면에 도윤·부윤 각 1인을 두며, 지역의 대소·인구의 과다·이세의 성쇠에 따라 순위를 정한다.
1. 이장, 면의 도윤·부윤의 임명에 관하여는, 윤은 그 선택이 어렵고 이장은 많은 사람들이 기피현상을 보이므로, 앞으로는 이장 및 면의 윤은 반드시 고향에서 지위명망이 있는 자로서 임명한다. 문·무·음직이라 할지라도 이를 명해 조직을 관리 통할하는 기반으로 삼을 것이며, 이러한 직을 피하려는 자가 있으면 유배형으로서 논한다.

5가작통법은 포도에 관한 내용을 많이 담고 있다.

- **상부상조** : 5가는 필히 모여서 서로 이웃해 거주하고, 경운을 상조하고, 출입을 상수하며, 질병을 상구한다. 혹은 세상이 불편해 떨어져 살지 않을 수 없다 하더라도, 반드시 서로 둘러보고 응대해 종전과 같이 혼자 떨어짐이 없이 상보상주하는 기반으로 한다.

  또한 통리의 민은 혼상을 상조하고, 환난을 상휼하며, 선은 서로 권면하고 악은 서로 고계하며, 송은 그치고 쟁을 파하여 애써 착한 백성이 된다.

- **호구 등의 명백화와 미기재자의 불보호** : 호적 · 호구 중에는 반드시 모 리, 모 통, 제 몇 가임을 호단에 써서, 이로써 고열에 편하게 하고 간위를 방지한다. 유민이라든지 행적이 일정하지 않더라도 이미 남녀가 있고 가구가 있으면 대중에 따라야 한다. 그리하여 통을 이루어 필히 가까운 통에 소속되어 그 통원으로 하고, 항상 통패를 조검케 하고, 또한 원통의 패단에 모 방으로부터 와서 거주함과 남녀 식구를 기재한다.

  성명을 통패에 기재하지 않는 자는 인민의 수에 넣지 아니하며 그 자의 소송도 수리하지 않아 살상이 되어도 가해자를 살인죄로 벌하지 않는다.

- **범죄 등의 신고와 연대처벌제** : 통리의 민은 불효 · 불제 · 반주 · 살인 · 상풍패속 · 도적 · 부도 등의 일이 생기면 필히 이 · 면에 고해 군에 전하고 범죄의 경중에 따라 징치의 기반으로 한다. 통 내에 간위 투절의 부류, 내력불명의 자가 있으면 즉시 고발하고 통, 리에서 관에 전보하여 수사의 기초로 한다.

  만약에 이상과 같은 일이 있었는데도 고의로 감추거나 신고를 하지 않을 때에는 그 통의 임원을 엄중하게 추궁하고 또한 그 통민을 연대적으로 처벌한다. 또한 통에서 보고한 것을 이에서 감추고 보고하지 않은 자는 직권을 이행하지 않은 죄로 다스린다.

- **거주이전의 허가제** : 주민들이 병역의 의무나 부역 등을 기피할 목
적으로 다른 곳으로 이사하며 일정한 주거를 정하지 않아 나라에
서 큰 피해를 입고 있다. 이후 무릇 민이 타읍에 이거하는 자는 필
히 무슨 사유로 인해 다른 지역으로 옮기려 하는가, 또 어느 지역
몇 통으로 가려는 것인지를 통을 통해 이에 보고한다. 이에서는 관
에 보고하여 그 이주의 허가를 받은 다음에 비로소 떠나도록 하고,
그 자가 새로 이사하려는 지역에 도착한 뒤에는 그 이에서 이주자
의 허가 여부를 확인한 다음에 받아들여야 한다.

허가 없이 이주한 자는 간민에 관한 법에 의해 처벌하고, 이로써
각 지역 치안의 기반으로 할 것이며, 수용되지 못할 자를 수용한
자는 엄중히 처벌한다.

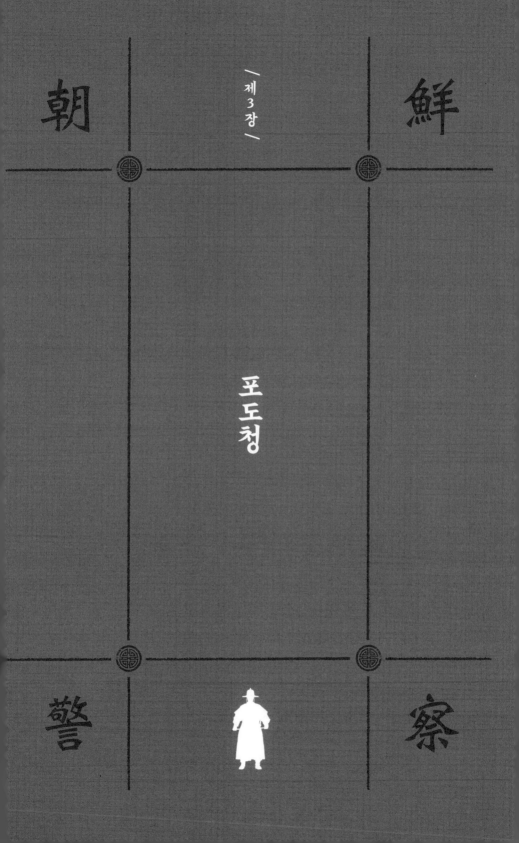

朝　鮮

제 3 장

포도청

警　察

포도청은 경관직에 소속된 관아로서, 그 관할구역은 도성 및 성저 십리 일대와 경기도에 한했다. 포도를 함에 있어서는 각기 그 관할구역을 침범하지 못했다.

1

한성부의 치안

포도청은 원칙적으로 한성부를 관할 구역으로 했다. 한성부는 경관 직으로서, 왕궁을 관할했다. 한성부의 치안을 포도청이 맡았다는 것은 왕권 보호를 우선으로 했음을 말한다. 관할 구역은 나중에 성 밖 10리 에다 경기도까지 포함되고, 지방에도 포졸을 파견하기도 한다.

한성부의 치안제도를 개략적으로 보기로 한다.

1. 한성부의 치안을 담당했던 관아는 순군만호부 · 한성부 · 의금부 · 병조 · 5위 군문, 그리고 포도청이 있었다. 이들 관아 중에서도 치 안이 주된 임무인 곳은 포도청이며, 여타의 관아는 치안 업무를 보 좌하는 입장에 있었다.

1. 조선 왕조는 국초 이래 한성부 전역에 통행금지 제도를 실시하여

• **마을 입구의 장승**

마을 입구에는 어김없이 장승이 있었다. 이곳에 이문을 설치하여 도둑을 막았다. 장승은 마을
의 수호신이자 이정표 구실도 했다.

치안 유지 효과를 높였다. 통행금지 시간에 특별히 도성문을 열고
통행할 때에는 왕의 허가부가 있어야 했다.

1. 궁중의 보루각에서 징과 북을 쳐서 시각을 알리면, 도성 내에 설치
된 98개소의 좌경에서 이어 시각을 알려 이에 따라 숙직의 점검과
교대가 이루어졌다. 그 방법은 초경 · 2경 · 3경 · 4경 · 5경으로 나
뉘어진 시각을 다시 초경과 5경은 3점으로, 2경 · 3경 · 4경은 5점

으로 세분하고, 경에는 북, 점에는 징을 쳐서 시각을 알렸다.

1. 경수소와 이문에서도 숙직을 행하여 한성부 내의 도적과 화재 방지에 기여했다. 세종대 이전부터 존속돼온 경수소警守所는 도적을 막고 화재를 예방하는 주된 역할을 담당했는데, 경수소는 세조 때 106개소나 됐다. 이곳에는 각각 방리인 5명, 보병 2명을 배치·숙직시켰으며, 통금 위반자는 일단 단속하여 경수소 내에 머물게 했다가 다음날 석방했다. 경수소의 근무 상황은 병조에서 수시 점검했으나 큰 실효를 거두지는 못했다. 이에 경수소의 수를 때에 따라 가감하면서 운영 방법도 연구해, 갑사·별시위·별군·기병 등을 차출하여 각 경수소에 2명씩 배정하고, 방리인과 함께 3교대로 숙직토록 한 예도 있다. 이문里門도 도적의 방지와 금화를 맡았다. 1467년(세조 12) 한성부의 각 마을 어귀에 이문을 설치하고, 매일 저녁 10호 이하의 이문에서는 2인, 20호 이하의 이문에서는 3인, 30호 이하의 이문에서는 4인, 그 이상인 경우는 5인의 장정을 차출하여 돌아가며 숙직하도록 했다. 그리고는 순관과 병조로 하여금 수시로 숙직상황을 살피도록 했다. 관에 의해 운영된 좌경과 달리, 경수소는 반관반민의 형태로, 이문은 순수한 방리민들에 의해 운영되었다.

1. 한성부의 치안은 5위 군문도 크게 기여했다. 처음에는 순군만호부가 의금부로 개칭되면서 의금부에서도 주순晝巡·금란禁亂·야순夜巡(야간순찰)을 관장했으나, 한성부의 주순·금란과 함께 5위도 순행했다. 이렇게 되니, 순찰이 의금부·한성부와 중복되지 않을 수 없었다. 그리하여 한성부는 주순과 금란을 담당하고, 의금부 대신 5위가 야간순행을 담당하도록 조치했다. 5위는 상호군, 대호군이 3군 갑사를 인솔하고 도성 내를 순행했다.

그러나 갈수록 늘어나는 도적은 포도 전문기관인 포도청에 의존할 수밖에 없었다. 포도청은 처음 권설직(임시직)이다가 정착되지만, 후기에 올수록 도적 이외에도 많은 금제를 규제하게 되어 왕권 확립에 일익을 맡는다. 포도청의 일은 도적을 막는 순라가 기본이었지만, 기생이나 도박 등 풍속을 단속하고, 도성을 항상 기찰하면서 범인도 잡아 신문·처벌하는 경찰기관이었다.

포도청의 권설

1451년(문종 1) 형조 판서가, 중외에 도둑이 성행하니 경중의 군사로 포도패를 만들어 수색하여 잡자고 하자, 임금은 아직은 종전대로 시행하는 것이 좋겠다고 할 정도로 도둑은 지방관아에 맡겼다.

그러나 전국적으로 극성을 떨치던 도적의 횡포를 당시 의금부에서 감당할 수 없게 되자 결국 세조는 토포를 중외에 선포한다.

1. 초범한 절도라도 장물이 1관 이상이 되면 얼굴에 자자刺字하게 한다.

1. 경수소를 소리가 서로 들리는 곳에 배치하여, 강도가 인가 및 거리를 겁략하여 인물을 구타 상해했는데도 경수소에서 구원하지 않는

자는 지정불수율知情不首律로써 1등급을 내려 논죄하게 한다.

1. 빈집에 들어가 거처한 황당한 사람은 형조와 한성 5부에서 추쇄한 후에, 만약 들어가 거처한 자가 있으면 관령이 지정불수율로써 1등급을 내려 논죄하게 한다.

1. 2경에서 4경까지는 비록 평민이라도 모두 가두게 한다. 그중에 만약 질병·사상·고병告病 등 일절 긴급한 사정과 부득이한 일이 있으면, 순관 또는 경수소에 고하고 압송하여 이튿날엔 그 진위를 상고하게 하다.

1. 표신을 가진 사람 이외의 대소 인원은 나다니지 못하게 한다. 만약 이를 범하면 3품 이하의 관원은 모두 가두고, 당상관 이상의 관원은 따르는 종을 가두게 한다.

1. 외방에 있던 도적 등이 도망할 때, 이르는 곳의 동리 색장 등이 고발하지 않으면 지정장닉죄인율知情藏匿罪人律로써 논죄하되, 1인을 고발하면 면포 10필을 주고, 매 1인마다 2필을 더 주고, 10인 이상을 고발하면 면포 50필을 주게 한다.

1. 강도는 비록 1인을 잡더라도 관직이 없는 사람은 관직을 상주고, 본래 관직이 있는 사람은 가자加資하여 서용토록 한다.
   포악하고 한독하여 무리를 만들어 여러 해 동안 환해患害된 자를 잡은 사람은, 인원수에 구애 없이 3등급을 뛰어올려 관직을 상준다. 천인은 역을 면하게 하고, 사노비는 도관都官과 전농시의 노비로써 바꾸어주고, 모두 범인의 가산을 주게 한다.

1. 도적이 자수하여 그중에서 잡아 고발한 것이 9인 이하는 면포 50필을 주고, 10인 이상은 면포 100필을 주고, 포악하고 독하여 무리를 만들어 여러 해 동안 환해된 자를 잡아 고발한 사람은 논공행상하도록 한다.

1. 병조에서 순찰하는 외에 의금부와 형조의 낭청은, 영사·장수·나장·백호를 거느리고 일정한 때 없이 순찰하도록 한다.
1. 외방의 한량과 인리人吏 내에서 포도패를 골라, 밤중에 여러 곳을 돌아다니며 능히 도적을 잡은 사람은 논 공행상하도록 한다.
1. 향리로서 능히 강도를 잡은 것이 세 번이나 되는 사람 중 우두머리는 자기의 역役을 면하게 한다.

1. 도적을 잡은 해당 관리는 차례를 밟지 않고서 포상하도록 하고, 도적을 잡지 못한 자는 파출하도록 한다.
1. 임금이 거둥하거나 조하하는 날에는 통행 표기를 순청에 세우고, 이날은 밤이 새도록 금하지 않는다.

1469년 성종이 즉위하면서 전국 관찰사에게 포도에 관한 유시를 내려 도적의 횡포를 근절토록 했다. 그리고 이들 도적의 발생원인을 규명하고, 예방과 체포에 만전을 기하기 위해 성종 2년 2월 포도사목을 제정·시행했으나, 도적의 발호는 날로 심하여 그 대책으로서 포도장제를 설치하게 되었다.

동년 5월 황해도 포도장에 위장 조한신을, 경기도 포도장에 위장 홍이로를 임명하고, 그 각각에게 기·보병 40명을 주었다. 이때 포도장의 재거사목은 다음과 같다.

1. 개성부 유수, 경기·황해도 관찰사는 포도장의 절도^{節度}를 들어야 한다.
1. 도적을 잡은 군민에게는 상으로, 승진코자 하는 자는 3계급 특진시키고, 포를 받고자 하는 자는 금포 100필을 주며, 천민은 면천하고, 향리와 역자는 면역하며, 공의 등급은 도둑을 잡은 수에 비례한다.
1. 만약 도적 중에 고발자가 있으면, 그 죄를 면케 하고, 상은 보통 사람과 같다.
1. 도적 무리가 섬으로 도망가면 수군절도사·만호는 포도장의 절도^{節度}를 받아야 한다.

이와 같이 포도장을 임명하고 관찰사 등을 포도장의 지휘 아래 두면서 포도의 임무를 수행케 했다. 포도장의 설립은 조선왕조를 통하여 경찰기능을 타관청으로부터 분리 취급하게 한 것으로, 이는 포도청 설치의 시초가 된다.

그러나 이때의 포도장은 전국 각도마다 임명한 것은 아니고, 특히 도적의 발호가 극심한 서울 주변의 도에만 파견했다. 또한 포도장은 상설한 것이 아니고 임시로 설치한 데 불과했다. 그리하여 포도장이 조금이라도 백성에 폐가 될까 봐, 급한 불만 꺼지면 속히 올라오라고 명했다. 성종은 "적괴가 이제 사로잡혔으니, 그 잡지 못한 자도 따라서 해산할 것이다. 오래 머물러 농사를 방해함은 마땅치 않으니, 관찰사와 유수로 하여금 여당을 추포케 하고 포도장은 속히 올라오라"고 명했다.

그후 도적의 발호가 더욱 극심하여 기구를 강화하지 않을 수 없었다.

성종 12년 3월 포도사목을 다시 제정하여 기구를 확대하게 되었으니, 그 내용은 다음과 같다.

1. 포도장을 좌·우변으로 나누어 서울의 동·남·중부와 경기좌도 는 좌변이 주관하고, 서울의 서·북부와 경기우도는 우변이 주관 한다. 각 변 내에서 크게 작당하여 동리의 악이 되어, 힘으로 잡지 못할 경우에는 계달啓達하여 잡도록 한다.
1. 포도장과 졸오는 겸사복장용대와 같이 그 양급糧給을 임발臨發한다.
1. 5개월 내에 강도 1~2인이나 절도 4~5인을 잡으면 포상한다. 비록 기한을 경과하더라도 1~2개월 내에 그 수를 채우면 상을 준다.
1. 좌변에 사는 도적을 우변에서 잡아도 상을 주고, 이와 반대도 같 다.

그로부터 8년 후인 성종 20년에 이르러 서울에 사는 백정·재인들 속에 도적이 많다고 하여 포도장의 증설이 있었다. 이러한 증설에는 반 대도 많았다. 즉, 평상시에 힘을 다해 탐색하되, 적은 도둑은 원군으로 체포하고, 많은 도둑은 수천 명이라도 군사를 동원하면 된다고 했다. 그 런데 지금은 따로 위장·부장·종사관을 두어 500명의 군사가 늘 도 성에 있으니, 일이 매우 온당치 못하다면서 새로 설치한 장수와 군졸을 파하도록 요구하여 왕도 이를 따르게 되었다.

이어 성종 21년 2월에는 포도장의 작폐를 빌미로 이를 폐하고, 피해 자의 신고제도를 채택했다. 그러나 도성 내에 강도가 자주 발생하자 포 도장의 복설이 주장됐다. 이에 성종은 포도장의 복설은 불가하나, 포도 에 정통한 사람 2인을 택하여 포도를 맡기고, 당하관의 문신 2인 및 무 신 2인을 종사관에 임명하여, 도둑이 나타나면 이들을 즉시 파견해 잡게 했다.

다음해 여진족 정벌을 위한 군사출동에 따라, 도성 내 방비가 허술해지자 도적이 빈발하게 되었다. 이에 따라 한성 5부에 포도장 1인씩을 배치할 것을 논의하다가, 동왕 24년 5월에야 이를 시행하게 되었다. 그리고 이를 보좌하기 위하여 문신 종사관을 각 1인씩 두어 포도를 강화했다.

연산군 8년에는 포도부장을 두었는데, 그 임무는 포도장의 명을 받아 도적이 발생하기 쉬운 장소에 포도 군사를 거느리고 야복하면서 도적을 잡는 일이었다. 중종 2년에는 포도순검사를 지방에 내려보냈다. 형조참의 구전은 충청우도에, 행行 사맹司猛 이안세는 충청좌도에, 사과 방윤은 황해도에 각각 보내 도적을 수색하여 잡게 했는데, 이들을 모두 포도 순검사라고 불렀다. 그러나 충청도 포도순검사가 폐단이 심하여 각 관, 각 역이 지탱해낼 수 없고, 군사들의 고통도 전과 다름이 없다고 하여 속히 서울로 올라오도록 조치했다.

포도청의 형성

포도장은 1529년(중종 23) 11월에 이르러 포도대장으로 직제의 승격을 보게 되었다. 그러나 당시까지만 해도 포도청은 정식으로 조직된 것이 아니고, 다만 병조에 소속되어 포도의 임무를 수행한 것으로, 중종 26년까지 계속됐다.

또 포도부장이나 종사관의 임명에 있어, 종전에는 필요시마다 부장의 임명은 대장의 추천으로, 종사관은 임금으로부터 낙점을 받아 임명했다. 그러나 이때부터는 이들의 인사를 하게 될 경우 이를 미리 알려

주는 인사제도가 정착, 권설직을 벗어나 상설화되었다.

그리고 포도청이란 명칭은 1545년(중종 39) 실록에 처음으로 보인다. 처음에 포도대장의 영이 서지 않자, 포도대장 황형에게 사졸의 장 100 이하의 죄는 직접 결단하게 하고, 조치를 부지런히 따르지 않는 수령도 임금에게 파출을 청하게 하라고 명했다.

임진왜란 때 도성이 혼란스러워지자 포도청의 역할은 컸다. 뒤이어 1618년(광해군 10) 8월에 허균의 변이 있었고, 또 그해 10월 강홍립의 난으로 도성이 뒤숭숭해지자, 포도청은 좌·우 포도청에다 새로 좌·우 포도청을 가설하게 되었다. 그리하여 이 4개의 포도청은 난으로 인하여 허술해진 도성의 수비와 궁궐을 보호하는 데 주력했다.

4개로 증설된 포도청을 줄이자고 신하들이 주장하자 광해군은, "이것은 역모의 변고 때문에 설치한 것은 아니고, 다만 서북지방에 근심거리가 많은 것으로 인연한 것이다. 만약 사변이 있게 되면 서울을 수비하고 궁궐을 보호하기 위한 계책일 뿐이다. 우선 그대로 설치해두고, 다시 변경을 살핀 뒤에 의논하여 처리하도록 하라"고 하였다.

또 오히려 "도둑질하는 자가 사족의 집에 숨어 지내는 것이 근래에 더욱 심하다. 그중에는 간혹 아랫사람을 통제할 수 없는 과부의 집에 들어가 비부婢夫가 되어, 뿌리를 잡고 무리를 이루어 도둑질을 제 맘껏 행하는 자가 자못 많다. 〈경국대전〉의 포도조에, 모든 이웃과 소관인을 죄로 다스리라고 했으나 가장은 거론하지 않았는데, 만일 가장을 엄히 다스린다면 그 가장이 반드시 엄하게 금해서 행동거지가 황당한 사람들이 그 집에 발을 못 붙이게 할 것이니 시행토록 하라"고 지시했다.

이리하여 포도청은 성종 때 좌·우 양변으로 조직되고, 중종 이후 포도청으로 존속하다가, 고종 31년 7월 경무청으로 개편될 때까지 지속된

• 우포청사
서울 성북구 돈암동 소재.

다.

포도청은 경관직에 소속된 관아로서, 그 관할구역은 도성 및 성저 10리 일대와 경기도에 한했다. 포도를 함에 있어서는 각기 그 관할구역을 침범하지 못했다. 좌포도청은 중부 정선방 파자교 동북에 위치하여 서울의 동·남·중부와 경기좌도를 관할했고, 우포도청은 서부 서린동 혜정교 남쪽에 위치하여 서울의 서·북부와 경기우도를 관할했다. 경기까지 관할한 것은 1791년 정조 15년 때다. 포도대장 조심태가, 기찰에 불편이 많아 100리까지 보내줄 것을 요청하여 임금이 허락했다.

그러나 포도청의 업무는 서울에만 국한된 것이 아니고 지방에까지 미치기도 했다. 인조 때 사헌부는, "서울 아문의 크고 작은 공사는 반드시 방백을 관유한 연후에 각 고을에 통지하여 거행하게 하는 것이 법례입니다. 그런데 지난번 포도청이 남의 무고로 인하여 인제현에 직접 통

관하고, 군관이나 사령이라 일컫
는 자들이 골짜기를 횡행하며 양
민을 체포하여 간교한 무리로 하
여금 그 원한을 갚을 수 있게 했
습니다. 대장 이진을 파직하고 나
서 추고하소서. 군관이라 가칭하
고 민간에 노략질한 자는 해조로
하여금 적발하여 법대로 죄주게
하소서"라고 하여 죄를 추궁하고
있다.

• **포졸**
비숍 여사가 스케치한 조선의 포졸

포도청은 지방에도 설치되어
중영청이라고도 했다. 그것도 중
앙의 것을 모방했으리라 보여진
다. 즉, 토포병방이 진영장 중심으
로 운영되어 수령의 토포는 일차
적으로 이곳을 거치게 되어 있었
다. 19세기 이후에는 진영장 겸 토
포사라고 일률적으로 규정된 것만 보더라도, 진영에 있는 토포병방은
대단한 위력이 있었다.

영조 때에는 도둑을 다스리는 데 토포영에서 조사한 다음에 수령으
로 하여금 사실을 밝혀내게 했다. "토포사를 설치한 것은 오로지 도적
을 다스리기 위한 것이다. 만일 도신道臣(관찰사의 별칭)을 시켜 직접 신문
하게 한다면 토포사는 쓸데없는 관직이 될 것이고, 도신이 직접 신문하
는 것도 역시 그 폐단이 없을 것임을 어찌 알겠는가? 토포영에서 캐물
어 취초한 다음에, 수령으로 하여금 추문하여 사실을 자세히 밝혀낸다

면 어찌 소홀할 염려가 있겠는가?" 했다.

한편 수령이 있는 지방관아에도 좌수·별감이 우두머리로 있는 향청이 사실상 포도청 역할을 해왔다. 고을에 도적이 끊으면 조정에서는 수령과 함께 좌수, 별감을 치죄했다. 그 결과 요즘도 지방에서는 향청 건물을 포도청으로 지칭하는 일이 많음을 알 수 있다.

진영장으로서의 토포사는 고려 때 현위 제도와 비슷한 면이 있다. 즉, 경찰기관의 하나로 현위懸尉를 수반으로 하는 위아尉衙를 설치했는데, 이병도 박사는 현위를 지금의 경찰서장, 위아를 경찰서라고 했다.

고려 현종 때 주·군·현의 대폭적인 통·폐합과 함께 방어진의 증설이 있었다. 449현이 20현으로 통합되어, 여기에 배치된 한 명의 현령이 종전의 20여 개 현을 다스리게 되었다. 이에 현종은 전국 20개 현에 현령을 배치하면서, 별도로 치안확보를 해야 할 필요성을 감안하여 현위를 배치했다.

당의 관제상 현에는 영 외에 승·위 등이 있었다. 성종 이후 당의 제도에 의거하여 현이 설치될 때, 미처 현위까지는 임명하지 못하다가 그후 현종 때 당 제도인 위를 추가한 것이다. 이 현위는 당 말기 최치원이 표수 현위로 성명을 날리고 쌍녀분의 전설을 낳기도 했다.

〈고려사〉 '백관지'에는, 문종 때 지방 각 관아의 인원 및 품계를 정하면서 현에는 7품관인 영 1인과 8품관인 위 1인을 두었다고 한다. 현위의 임무는 현 내의 비행, 범죄의 방지 및 그 처리와 함께 치안이 확보되지 못한 지역의 치안유지다. 문종 원년 황해도 장연현에서, 문한이라는 주민이 신의 지시라 하면서 그의 부모와 누이·자식 등 4명을 살해하여 시장에 내다버린 사건이 발생했다. 이때 형부에서는 현령 최덕원과 현위 최숭성이 백성을 잘 돌보지 못하여 이런 일이 생기게 되었다 하여, 이들의 처벌을 상주하여 파직케 했다.

• **향청**

지방에서는 향청이 관아의 이아貳衙로서 포도청으로 통하기도 했다. 사진은 김홍도가 현감으로 있었던 연풍의 현청이다. 이곳에서 많은 천주교인이 순교하여 지금은 천주교 성지로 되어 있다.

고려는 정중부의 난 이후 민중의 봉기, 천민집단의 난 등이 자주 발생했다. 특히 15대 인종대부터 17대 명종대 사이 70여 년간은 우리 역사상 가장 민란이 심했던 시기였다. 〈고려사〉 명종 세가 중에 기록된 민란만도 27회나 나타나 있다.

이러한 민란 중에서도 명종 4년에 발생한 공주 명학소에서 일어난 망이·망소이의 난은 대표적인 것이었다. 명학소는 당시 남적으로 불리던 남방민란의 주동자인 망이의 고향이다. 이곳의 난을 정부에서 평정하려다 실패하자, 반도들을 회유하기 위하여 이곳을 충순현으로 승격시키고, 양수택을 현령으로 임명하고, 김윤실을 현위로 임명하여 민중과 반도들을 안무하게 했다.

이와 같이 현위는 평상시에는 치안유지에 힘쓰고, 비상시에는 군사 임무까지 수행하던 중요한 기관이었다고 볼 수가 있다. 현위 제도는 고려 후기까지 계속되다가, 고종 43년에 전면 폐지된다. 그간 야별초가 야순·금란의 일을 맡게 되고 몽고의 지배 아래 들면서 그 기능이 약화된 때문이었다.

포도청의 기구

1542년(중종 36) 11월 포도청의 직제를 만들 때, 포도대장 좌우 각 1인, 포도부장 각 3인, 포도군관 각 10인, 포도군사 각 50인(곧 97인으로 증원됨)으로 정해졌다. 〈대전회통〉에는 각 대장 1, 종사관 3, 부장 4, 무료부장

고종조의 직제(6전 조례)

관직	좌·우 인원
포도대장	각 1
종사관	각 2
부장	각 4
겸록부장	31 / 32
무료부장	27 / 26
가설부장	각 6
서원	각 4
사령	각 3
군사	각 64
교외 도장 군사	각 37

26, 가설부장 12 등으로 규정했
다.

포도대장이란 명칭은 포도장과
번갈아 나오는데 통칭으로 봄이
가할 것이다. 후에는 포도대장을
생략하여 포장으로 부르는 것이
상례였다.

6전조례에 의한 포도대장 등의
업무는 다음과 같다.

- 국왕이 행차할 때에는 포도
  대장 1인이 예에 따라 가마를
  따라가되, 만약 겸대한 영문
  의 좌우대장이 다 같이 따를
  경우에는 병조에서 품지하고
  전 대장이거나 현 대장 중에
  서 임시로 규찰하도록 한다.

• 포도대장
포도대장은 왕의 최측근에서 충성한다. 왕
은 포도대장을 통하여 통치한다.

- 공사로 인하여 성을 나갈 경

우에는 병조와 의정부에 전하여, 혹 검찰을 시키거나 혹 그대로 임
무를 가지고 왕래하면서 하교에 의하여 거행한다.

- 친국이나 정국을 할 때에는 좌 · 우 대장을 승정원에서 패초(왕명으
  로 부름)하여 참석하게 하고, 국청 종사관 각 1인이 대궐 아래 등대
  한다. 추국을 할 때에는 종사관 각 1인이 의금부 근처에서 등대한
  다.

- 국왕의 행차에 있어서 숙박을 할 때에는 다른 포도대장이 포도청

에 있으면서 5영의 입직군과 포군을 순찰하고 신칙한다.

- 실화된 곳이 있을 경우에는 대장은 급히 달려가서 화재를 구하고 도적을 금한 뒤에 화급히 단자를 만든다. 민가 3칸 이상, 초가면 5칸 이상인 경우 한성부와 더불어 같이 수계하고, 공해公廨(관청)면 비록 1칸이라 하더라도 입계한다. 도감을 가설한 때에는 공장의 가건물이라 하여도 공해의 예에 의하여 또한 보고한다.
- 죄인을 체포하기 위하여 출사하는 군관이 공사의 초료를 가지고 내려가는 경우에는 영읍진에 직관한다.
- 국왕의 부신을 가진 패부군관에 대하여는 당해 대장 외에 임의로 곤장을 치지 못한다.
- 죄인을 체포함에 즈음하여는 궁궐이나 재상집에 숨었다 할지라도 곧 들어가서 체포할 수 있다.
- 좌우변에 부장 12인을 증원하여 각각 도장군사를 영솔하고 자내를 주야로 순찰하게 한다.
- 이례에 대한 요포, 즉 급료로 매월 서원은 각 쌀 6말, 조 3말인데 군자감에서 지출한다. 서원 돈 2냥, 사령 각 4냥, 군사에 대한 간삭료間朔料 각 9냥은 병조에서 지급한다.

흔히 포교라 하는 것은 부장 또는 군관·포졸이라 함은 군사를 말하며, 이들은 통부通符를 지니고 근무했다. 그렇지 않을 경우에는 사헌부에 의하여 체포되었다. 이외에 포도청에는 다모茶母가 있어 여자 도적을 잡는 데 일역을 담당하고 양반집 수색에도 이용됐는데, 이는 오늘날 여경의 선구라 할 수 있다.

포도청의 직무

〈대전회통〉 '병전'에서, 포도청의 직무는 도적과 간악한 소인을 수색·체포하고, 분경分耕 야순을 하는 것이다. 야간순찰에 관하여는 상세한 규정이 있다. 6전조례에서는 이외에 명화적, 강도, 살인·월권·약탈한 자를 단속하도록 했고, 나아가 어보 위조 등 금조를 나열했다.

명종 때 도적이 극심해지자 도성의 경비에 대한 조목을 내려 시행하게 했다.

1. 도적을 잡는 기간 동안 도성의 문은 인경 전에 닫고 날이 샌 후에 열되, 병조에서는 자주 살펴 근무자가 나오지 않은 경우에는 수문장 5명 등을 엄히 다스릴 것.
1. 인경 후부터 날이 새기 전까지는 아무도 통행할 수 없다는 것을 우선 공고하고, 5부에 명하여 각 방에 알린 뒤에 시행할 것.
1. 대궐문을 열고 닫는 것은 평상시의 규정을 바꾸어, 일이 없는 날에는 일출 후에 열고 해가 지면 닫을 것.
1. 도성 각 문의 수문장은 성실하고 재간 있고 용맹스러운 무신으로 임명하며, 황당인(국적 불명의 외국인)의 출입을 항시 살필 것.
1. 사산 석성에 도적이 넘어올 만한 곳에는 우선 군대를 매복시켜 살필 것.
1. 도성 각 문에는 특별히 선전관을 보내어 표신을 가지고 수문장들과 함께 지키되, 출입하는 황당인을 더욱 잘 살피게 한다. 별도로 5부의 4도에 수포장을 정하여 각자 포도부장과 군관, 많은 군사를 거느리고 도성 안팎을 일시에 수색한다. 오래 비어 으슥한 크고 작은 집들을 우선 수색하고, 재상·조신·학자의 집은 노비에게 엄

히 일러 황당인을 보거나 들으면 즉시 붙잡아 보고하게 할 것.

그리고 금조에 저촉되는 일을 취급했는데, 그 내용을 보면 다음과 같다.

1. 어보 또는 관인을 위조하는 행위
1. 과거에 위참하는 행위
1. 방납곡물에 모래나 물을 타는 행위
1. 축류를 밀도살 또는 상습으로 도살하는 행위
1. 사전을 주조하는 행위
1. 무녀 잡기를 하거나, 서북인물을 초대하거나 배우는 행위
1. 주성을 하거나 매점하여 물가를 조종하는 행위
1. 피인彼人(피인은 만주인, 여진족을 말한다)과 당물화唐物貨를 교역하는 행위.
1. 음행을 가르치고 화간하는 행위
1. 타인의 재물을 편취하거나 방민에게 불법행위를 하는 일 등이다.

포도청에서 죄인을 조사하다가 자백을 받으면 사안에 따라 의금부·사헌부·형조로 이송한다. 반대로 한성부나 지방관아에서 죄를 다루다 중앙으로 보낼 일은 포도청으로 이송한다. 그런 과정에서 권한쟁의 때문에 많은 마찰이 있기도 했다.

포도청의 변천

조선에서는 백성의 형을 다스리는 기관으로 의금부·형조를 설치하

고, 아울러 포도청을 설치했다. 이 와 같이 국초에 완비된 행정기구 는 큰 변동 없이 200여 년간 계속 되었다. 그러나 포도청은 숙종대 로 내려오면서 해이상태를 보인 다. 치도가 엄하지 못하여 도적의 횡포가 극심했고, 심지어는 무덤 을 발굴하여 매장품을 태연하게 도굴, 매매하기도 했다.

후기에 들면서 상업의 발달과 함께 오히려 포도청의 업무가 증 가하였다. 즉, 좌포도청은 조운 · 세미 · 방납에 관하여, 우포도청 은 잠상, 인삼밀매에 관한 치죄가 많아졌다. 그후 정치적 변화에 따 라 포도대장의 위상이 올라가, 국 왕은 경찰권과 군권을 장악하기 위하여 이를 이용했다.

• **벙거지와 백전립**
조선 시대의 벙거지(왼쪽). 주로 병졸이나 하인이 쓰던 털로 만든 모자이다. 운두가 높으며 전이 평평하고 넓다. 조선 시대의 백전립(오른쪽). 국상國喪 중에 무관武官이 착용하던 전립이다

한편, 근세로 내려오면서 포도청은 그 본연의 직무인 도적 잡는 일 보다 한참 세를 더해가는 천주교의 탄압에 주력하게 된다. 이를 위하여 5가작통제를 활용하기도 했다. 개화 이후인 1883년(고종 20)에는 한성부 에 순경부를 설치, 외국인을 보호하기도 했다.

포도청은 드디어 1894년(고종 31) 7월 14일 경무청 관제 직장이 공포 됨으로써 그 설치 410여 년 만에 경무청으로 흡수, 자동적으로 개편되

었다. 경무청은 일본을 통해 들여온 서구식 경찰제도로, 파리경찰청과 런던경찰청을 그 원조로 한다. 파리에서는 1829년 처음 제복경찰관이 있었다. 제복과 모자를 착용하고, 칼로 무장했으며, 밤낮으로 시가를 순찰하여 순경이라고 불렀다.

같은 1829년 영국에서는 당시 내무장관이었던 로버트 필 경이 런던경찰청을 발족시켰다. 그는 사회 무질서의 근본요인 중 하나가 경찰관의 질적 빈약에 있다고 여겼다. 경찰은 헌신적이어야 하며, 훈련되고 논리적이며, 지방정부의 봉급을 받는 요원이어야 한다고 확신했다. 그리하여 6개 경찰구로 구성되는 1,000명의 진용을 가지고 정식 발족했다.

우리 포도청은 1500년대에 이미 제복을 갖추고 포도 · 야순 · 금란을 행했다. 비록 경무청을 통하여 외압적으로 현대로 넘어왔지만, 기본적인 경찰업무는 조선시대 포도청의 맥을 잇고 있는 것이다.

3

순라제도

초기 순라제도

순라는 순군만호부가 순위사 → 의용순금사 → 의금부로 변천되면서, 단종 원년 이후 감순절제사(병조) 휘하의 순라부대에 의하여 수행되었다. 그후 감순절제사는 순장으로 개칭되어 순청이 설치됐다가, 세조 11년에는 둘로 나누어 좌순청·우순청을 두었다.

〈경국대전〉에 의한 순라제도는 다음과 같다.

- 왕궁 내 : 5위의 위장 또는 부장이 군사 10인을 데리고 경(更)을 나누어서 순행하고, 무사 여부를 왕에게 직접 보고한다.
- 시내외 : 병조에서 유청군(충의위·충찬위·충순위·족친위·내금위)과 5위 각 위의 일부씩을 동원하여 2개소로 분정하여 순라케 한다.

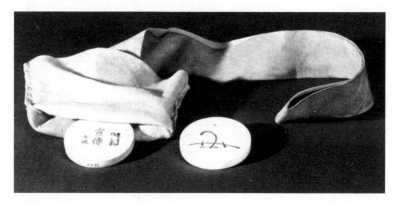

- **선전패**

  선전관청의 소속을 밝히는 패다. 선전관청은 왕명의 출납·시위·부신 등을 맡는 기관이다.
  선전관은 순관 밑의 감군으로 순차로 임명되기도 했다. 고종의 어인이 있다.

- **왕궁대문 밖** : 왕궁 바로 외곽은 5위의 상호군·대호군·호군 중의
  1인이 정병 5인을 데리고 각각 숙직한다. 광화문 숙직의 호군은 초
  저녁에 병조에서 요령과 군호를 받아서 인경 후 정병 2인으로 하
  여금 요령하면서 궁성을 돌아, 다음 경수소나 궁문에 요령을 전달
  케 한다. 이것을 차례로 돌려 파루까지 쉬지 않고 계속한다.

  또한 순관은 매 경에 궁성을 돌면서 경수소와 궁 문지기로부터 순
  청이 전달한 경첨更籤을 수거하여 아침에 병조에 바친다. 경첨은 나
  무로 만들고 시간 표시와 경수소나 문 표시가 있다. 순장도 가끔
  순시하여 근무상태를 확인한다.

- **시내외 경수소** : 보병 2인이 동네 사람 5인을 데리고 궁·검·장 등
  으로 무장하여 경첨을 가지고 숙직하며, 산곡 경수소에는 정병 5인
  이 숙직한다. 순장은 순관을 수시로 보내 경첨을 수거케 하여 근무
  상황을 독려한다.

110

이와 같이 순라는 병조 책임 아래 순청, 5위, 유청군이 시행하고 있다. 그러나 순청이 주류고, 5위와 유청군은 병력 제공에 그 의의가 있다. 순장은 임기 하룻밤의 당상관으로 좌·우 2인이다. 원칙적으로 지중추부사(정2품), 동지중추부사(종2품), 첨지중추부사(당상 정3품) 중에서 매일 병조에서 추천해 올리면, 왕이 지정 임명하여 신시(오후 4시)에 입궁하여 숙배하고 대내에서 패를 받으며, 익일의 납패도 대내에서 한다.

순장 밑의 감군도 선전관·병조 당하관·5위도총부 당하관 중에서 순장과 마찬가지로 임명되고, 수패·납패 절차도 같다. 이들은 관할구역을 나누어 행순·금화·전루·신칙, 각 성문 추첨을 전관하여 집행했다. 또한 순청은 좌우가 각각 관할 경수소를 가지고 있었다.

후기 순라제도

임진왜란 이후 5위 대신 훈련도감을 위시한 새로운 군문이 속속 설치됐다. 순라 병력도 3군문에서 차출하고, 포도청이 이에 합세하게 되었다.

- **궁성 내** : 초기와 다름없이 5위장과 부장이 각각 5인의 군사를 데리고 순찰했다. 명례문에서 통화문까지를 관장하는 동소東所를 초경에 위장이 맡으면 부장은 서소를 맡고, 2경에 부장이 남소를 맡으면 북소는 위장이 순찰하는 식으로 돌아갔다.
  그리고 병조 입직 낭관은 건양문 서쪽을 밤새도록 순검하여 문약門鑰을 단속했고, 5위도총부의 낭관은 건양문 동쪽을 그렇게 했다.
- **궁성 외곽** : 훈련도감·금위영·어영청의 3군에서 각각 입직 초관

• **패시장**

우포도청 7패 관할구역은 숭례문 밖이다. 이곳이 점차 시장으로서 규모가 커져갔다. 지금도
남대문에서 만리재까지를 7패길 이라고 한다.

1인이 군사 20명씩을 데리고 분경 순라했다. 남영을 초경에 했다면
2경에는 서영을, 3경에는 광지영을, 4경에는 집운영을, 5경에는 동
영을 순찰했다. 하룻밤에 각 영문군사가 성문을 꼭 일주하도록 하
고 매 경에 두 번씩 돌게 했다.

또한 담장 외에 3군문의 군포 20처를 두어 매 포에 군사 2명씩을
두었다. 이 구역에는 각 군문의 패장 1인이 입직군 5명을 데리고
따로 순찰했고, 이와 별도로 각 군문의 입직 장관 각 1인은 파루부
터 날이 샐 때까지 순찰했다. 이외에 교 · 졸 각 1인을 돌게 했으며,
병조에서도 수시로 돌아 위법자를 적발했다.

• **사직단장 외** : 신성한 사직단 담 밖을 또한 순찰케 했으니, 3군문에
서 패장 1인과 군사 3명을 파견해 3일에 1일씩 윤번 근무했다.

• **경성 내외** : 광활한 시내외의 순찰은 좌우순청 · 3군문 · 좌우포도

각 기관의 관할구역 각 패

훈련도감	1패	관현에서 주자동
	2패	장원서에서 남산동
	3패	돈의문 남쪽에서 종각
	4패	돈의문 북쪽에서 종각
	5패	숭례문 밖에서 서강
	6패	숭례문 밖에서 한강
	7패	흥인문 밖에서 종암
	8패	숭례문 밖에서 대현 서족 마포
금위영	1패	흥인문 쪽에서 삼청동
	2패	흥인문 남쪽에서 남산 아래
	3패	돈의문 남쪽에서 남산 아래
	4패	돈의문 북쪽에서 삼청동
	5패	홍제원에서 삼문 밖을 거쳐 이태원
	6패	마포에서 서빙고
	7패	토정에서 망원정
	8패	동교부 자내 모두
어영청	1패	5간수문 북쪽에서 삼청동
	2패	5간수문 남쪽에서 숭례문
	3패	광혜교에서 돈의문
	4패	광통교에서 수각교
	5패	돈의문에서 아현
	6패	흥인문 밖에서 수유고개
	7패	숭례문 밖에서 이태원
	8패	대현에서 양화진
좌포도청	1패	숭례문 남쪽에서 타락동
	상2패	타락동 동쪽에서 영희전 서장 밖
	하2패	주자동에서 생민동
	3패	생민동 동쪽에서 수구문
	4패	파자교 동쪽에서 흥인문
	5패	파자교 서쪽에서 전동
	6패	종각 및 구리고개에서 5간수문
	7패	흥인문 밖에서 관왕묘
우포도청	1패	육조 동쪽에서 삼청동
	2패	육조 서쪽에서 창의문
	3패	공조 후동 남쪽에서 소의문
	4패	소의문 및 종각에서 숭례문
	5패	돈의문 밖 북쪽 모화관에서 대현
	6패	돈의문 및 약고개에서 숭례문
	7패	숭례문 밖에서 만리재 및 석우
	8패	이문동에서 외남산

청이 활발하게 했는데, 3군문과 양 포도청이 각각 8패로 자내를 구획하여 행순했다. 양 포도청은 매일 각 패와 자내를 순찰하고, 3군문은 사흘돌이로 번갈아 순찰했다.

주간 순라제도

처음 순군만호부가 담당하던 주간 순라는 후에 한성부가 맡게 되었다. 그러나 〈경국대전〉 반포 이전에도 한성부는 지방관아로서 당연히 주간 순라를 했다. 그리고 5부 소임에도 금화·이문 경수 등의 구절이 있어 한성부와 마찬가지로 담당했을 것이다. 다만 그 순라 방식은 알아볼 수 없는데, 한성부 편제상 호방이나 형방·병방의 이속들이 해당 업무를 하면서 겸했다고 볼 수 있다.

지방 순라제도

각 지방관이 그 지방을 다스릴 때 주야를 불문하고 순라를 게을리 할 수는 없었다. 그러나 중앙과 같이 대규모는 아닐지라도 그 조직은 지방의 대소와 시기에 따라 달랐다. 개성·수원 등 4유수부나 각 관찰사 소재지 등의 대읍은 중앙의 예에 따라 예하 군관과 군사를 시켜 주야간 순라를 상당한 규모로 행했을 것이다.

〈목민대방〉에 의하면 "수령은 마땅히 순라절목을 마련하여 성내 각 리를 패장 및 순군 몇 명을 정하여 번을 나누어 경야하여 관부와 창고를 보호하고, 읍내도 기찰한다. 비상에 대비하여 바람이 불면 화금을 경

순라 병력 수 (도성 내외와 궁성 내부의 합)

	장교	군사
궁성 내부	3	60
장외 군포		40
장외 입직	3	15
군문 자내	3	15
(도순 교졸)	3	6
사직장 외	1	3
(좌포도청)	8	22(많을 때 64)
(우포도청)	8	16(많을 때 64)
(좌우 경계)	12	38
(3군문)	8	64(많을 때 80)
(순청)	4	6
(경수소)		32(16x2, 성내 각 2인, 산곡 각 2~5인기준)
계 *민간인	53	317(많을 때 423) 80(16x5, 성내 각 5인, 산곡 1)

*

이것을 살펴보면 장교 53명에, 군사는 민간인을 합해 적어도 503명 내지 397명의 순찰병력이 매일 야간에 동원됐다고 추산할 수 있다. 이외에 병조판서·3군문 대장·양 포도대장이 간간이 독려하러 다니는데, 이것은 양 순장과 함께 고관의 참여라 할 것이다.

계시키며, 매 경에 무사여부를 수령하여 문지기에게 알린다. 문지기는 북을 쳐서 이에 응하되, 북은 경에 맞추어 치게 할 것이다. 외부의 창고와 촌리는 따로이 수직법을 정한다"라고 되어 있다.

촌리에 있어서는 향약 등에 의하여 적의하게 시행했을 것으로 짐작된다.

통행금지

통행금지는 각종 범죄를 예방하고, 치안을 유지하고자 야간에 통행을 억제하는 제도다. 통행금지의 시작은 종각의 대종이 28수에 응한 28회를 울려 신호를 하는데, 이를 인경이라 한다. 한편 새벽 해제는 33천을 응한 33회의 종을 쳐서 알리는데, 이를 파루라고 한다. 경성 각 대문은 인경에 닫고, 파루에 연다.

통행금지 시간은 태종 5년 '초경 3점 ↔ 5경 3점'이며, 세조 4년 '2경 ↔ 4경'이다가 〈경국대전〉〈대전회통〉에는 '2경 후 5경 전'으로 규정되고 있다. 초경은 갑야甲夜라 하며, 오후 7시부터 9시까지다. 그렇다면 오후 10시 이후 다음날 오전 4시까지가 야간 통행금지 시간이라 볼 수 있다.

통행허가증인 물금체勿禁帖는 비변사에서 매 식년마다 발급했다. 각 관청에서 공무상 필요로 한만큼 신청했는데, 3군문과 양 포도청은 수결을 요하고, 순청은 좌·우순청이라고 쓰기만 하면 됐다. 분실하여 재교부를 요구하면 장 50의 벌을 받았다.

통행금지 시간 중에 공무나 질병·사상·출산 등 급한 일이 생겼을 때에는 인근 경수소나 순관에게 신고하고, 순관 등이 경첨을 가지고 목적지까지 안내한 다음 다음날 병조에 알렸다. 다음날 병조에서는 사실을 조사하여 허위신고한 자나 뇌물을 받고 석방시킨 자는 모두 군율로 다스렸다. 야간에 순장이나 순관을 만나면 모두 말에서 내려야 했고, 순장·순관·대소 관원 누구도 임금의 수결이 있는 어갑표신을 만나면 모두 말에서 내렸다.

이유 없이 통행금지 시간에 통행하다 붙잡힌 자는 각 경수소에 구류됐다가 다음날 각 영에서 벌을 받았다. 초경 곤 10도, 2경 20도, 3경

- **성문출입패**

  양민이 성문을 출입할 때 지니고 다니던 패. 홍주성이라고 되어 있다.

- **호패**

  16세 이상 남자는 누구나 가져야 하는 호패는 신분에 따라 상아·뿔·나무로 구분된다.

30도, 4경 20도, 5경 10도로 되어 있다. 그러나 당상관이거나 사헌부 · 사간원의 관원이면 수행하는 하인을 가뒀다.

이와 같이 통행금지는 상당히 엄격했다. 효종 때 우포도청이 아뢰기를, "밤이 깊은 뒤에 나졸이 형조 낭관을 만나 그의 종자를 체포했는데, 낭관이 화를 내며 본 청의 아전에게 장을 쳤습니다. 이미 야금을 범하고서도 오히려 침해를 가했으니, 관계기관으로 하여금 추고하게 하소서" 하니, 왕은 "조정의 관리가 이처럼 범법행위를 하다니 놀랍기 짝이 없다. 엄히 조사하라"고 했다.

통행금지는 생업에 관계되기도 했다. 영조 때 동지경연 김상철이 "밤에 통행을 금지하는 것은 본디 정해진 시간이 있는데, 새벽이 된 뒤에까지 통행을 금지하는 바람에 나무 장사나 채소 장사들까지도 소요하고 있으니 매우 딱합니다"라고 하면서, 두 포도대장을 파직할 것을 청해 임금이 허락하기도 했다.

당시 호패가 있어 신분 확인을 위해 쓰이기도 했다. 호패라 함은 오늘날의 주민등록증과 같은 것으로서, 아래로는 양인 · 천인으로부터, 위로는 대신 · 백관에 이르기까지 성명 · 연령 · 주소 · 직업을 새기고 관의 낙인을 찍은 것이다. 호패는 신분에 따라 상아牙, 뿔角, 나무木로 구분되었다. 호패 제도는 호구조사를 위하여 수차례 시도됐으나, 백성의 불만이 많아 얼마 안되어 폐지되곤 했다. 당시 호패 제도의 목적은 신분을 구분하고, 인구를 조사하며, 떠도는 유민을 방지함에 있었으나, 무엇보다 중요한 것은 도적을 막는 데 있었다.

순라방법

순라에 동원된 군사는 순장이 초저녁에 점호하고, 새벽에 또한 점고하여 해산했다. 순라군의 출석여부와 매 경 무사 여부는 순장이 병조에 보고했다.

궁성 각 문·군포·도성 8문의 경첨은 순청의 관할로서 아침에 병조에 반납했다. 궁성 각 문의 것은 선전관청의 소관이었다. 불이 났을 때는 순관이 급히 소화를 지휘하며 한편 도적을 살폈다. 전루傳漏는 시간을 알리는 일이다. 궐내에는 알릴 곳이 12처로, 상번하는 기병이 전하는데, 주관은 병조 결속색結束色이었다. 궐외는 병조의 고립군이 맡았으며, 순청이 이를 주관했다. 시각은 보루각에서 경에 북을, 점에는 징을 쳐서 이것을 순차로 도성 내외에 전달했다.

순라병은 상호간에 암호가 있어야 했다. 이것을 군호 또는 말마기言的라고 한다. 말마기는 보통 3자 이내로 썼다고 하는데, 성종 12년 '설송雪松'을 썼다는 기록도 있다. 말마기는 병조의 입직 당상관이 매일 신시에 기안해서 밀봉해 병조 낭관이 승정원에 직접 갖다 바치면, 왕이 재가하여 하달되었다. 말마기는 극비로 취급되어, 정조가 수원에 있을 때도 금군이 아닌 선전관이 서울로 가지고 가도록 했다.

궁내는 4소(동·서·남·북소)의 위, 부장과 호위청·국청·한려청의 군관이 말마기를 받아갔다. 훈련도감은 궁내 입직 초관이 받아서 궁문 사이로 남영 초관에 전달하고, 궁 외의 각 영문은 각 영문 장교가 돈화문 밖에 와서 기다렸다가 수문장이 주는 말마기를 문 사이로 받았다.

말마기를 적은 것은 모두 27장으로, 이를 누설한 자는 병조에서 곤장으로 처벌했다. 순라군은 서로 만나면 말마기로 상응하여 1야를 계속 돌았다. 도성 내외의 패장과 군사가 서로 만나면 말마기로 응대하여 통하지 않는 자는 범야인犯夜人으로 붙들어서 다스렸다.

정조 때 순청이 아뢰기를, "야간 순찰 때 궁성 밖 각 처 군보의 군사들이 대답한 말마기가 한결같이 잘못되었는데, 이는 대개 말마기를 반포할 때 문자를 오인하여 다른 음으로 잘못 전했기 때문인 듯합니다" 하니, "오인의 무식에서 기인한 것이라 해도 잘못 반포한 것은 뒤에 큰 폐단이 된다"면서 병조판서 이갑을 처벌하고, 포도대장 조심태를 파직하라고 명했다.

종 · 사 · 묘 · 궁 등의 소중한 곳과, 각 궁방 · 전곡아문과 가로에는 복처伏處라는 초소를 두었다. 이곳은 각각 2명의 수지기가 있었는데, 이를 좌경꾼이라 했다. 이들은 민간에서 징발했고, 대군 · 왕자 · 공주 · 옹주 · 대신 · 국구 · 맹인 및 장정을 거느리지 않고 홀로 사는 독녀 이외에는 비록 종신宗臣이라 할지라도 징발했다. 정1품 경재 · 보국 · 판서 이하 모두 일률적으로 가계의 순서에 따라 응하도록 되어 있었다.

좌경의 수는 유동적이지만 대개 98개로서, 한성부 병방 주부의 관장 사무다. 민간인들은 경수소 · 이문에도 참여했는데, 각 동구에 이문을 설치하여 동리인이 번갈아 숙직하고, 한성부가 이를 감독했다.

4

풍속 교정

기생

기생의 연원은 신라의 원화源花에서 시작되어, 여악 · 창기희娼妓姬 등 기록상에 나타나는 것은 고려 후기다. 무신집권기에 이의민의 아들 이 지영이 삭주 분도장군으로 서북변에 나가 있었는데, 그곳 홍화 · 운중 도 일대에는 양수척揚水尺들이 많았다. 이들은 원래 후백제의 유민으로 서, 고려의 지배를 받지 않고 수초를 따라 여기저기로 옮겨다니면서 수 렵과 유기柳器 제조판매로 생활을 하고 있었다. 이지영이 이들을 회유하 기 위해, 자기 첩 자운선에게 예속시켜 문적을 만들어 보호하고 그들에 게서 물품공납을 받았다.

이지영이 죽은 다음 자운선은 최충헌의 첩이 되었다. 이때 같은 첩인 상림선과 절의 승도들이 결탁하여 양수척에게서 많은 공물을 받아들이

- **기생과 관기**
  기생(왼쪽). 기녀, 창기, 관기 등을 모두 말한다. 이들은 창이나 악기에 재능이 있었다. 관기
  (오른쪽). 앳된 얼굴의 어린 관기의 모습.

자, 양수척 등은 그 고통을 참지 못하고 거란병의 향도가 된 일이 있었
다. 그들은 자운선 등의 처벌을 진정하여 최충헌이 자운선 등을 내쫓고,
양수척을 각 소재지 군·읍의 노비로 예속시켰다. 이때 이들 여종 중에
는 미모로 관원의 총애를 받는 자가 많았는데, 그들이 용모를 가꾸고
가무를 연습하니 이를 기妓로 불렀다. 이것이 그후 번창하여 조선에는
더욱 많이 성행했다 한다.

　당시의 매춘부에는 기생·창기의 2종이 있었다. 기생은 북·노래 등
의 기예가 있는 귀족적인 것으로서 매춘은 2차적인 데 비하여, 창기는
매춘을 전문으로 하는 천직이었다. 그러나 〈경국대전〉에서 창기는 서

* **기생학교**

  기생학교 생도. 어린 나이에 기생학교에 들어온 이들은 노래 · 춤 · 서예 · 그림 · 문장 등을 배워 교양인의 자질을 갖추어야 했다.

울 · 지방 관청의 기적에 올라 관아에 배속된 기생을 말하기도 한다. 또한 은군자라 하여 지방 촌락의 색주가에 있는 작부도 역시 창기에 속했다.

서울에 색주가가 생긴 것은 세종 때 홍제원이었다. 당시 명나라 사절단이 떠날 때 이곳에서 이별하는데, 양반이나 역관은 임시 막사를 이용하나, 그도 아닌 군졸의 경우 전별할 곳이 없어 생긴 것이 색주가였다. 그후 남대문 밖 잰배, 원각사 뒤 낙원동, 동관 대궐 앞 수운동에 색주가가 몰리게 되었다.

색주가의 주인은 대개 왈패들인데, 포도청 포교의 끄나풀이 많았다고 한다. 그들은 정보를 나눠주고 영업을 하는 것이다. 색주가에서 제일 두려워하는 손님은 관에 출입하는 한량패들이었다. 한량패들을 괄시하지 못하는 것은 이들이 내일이라도 무과에 급제해서 포도청의 낭관이 되면, 자기 집 뒷바라지해주는 포졸 같은 것은 당장 목을 자를 수 있었기 때문이다.

기생·창기 이외에 궁중이나 중앙·지방 각 관아에 관기가 있었는데, 궁중 관기 중에는 정3품 이하의 위계를 가진 자도 있었다. 관아의 기생들은 보수 없이 관의 연회석에서 시중하고 지방관의 잠자리에 응할 의무가 있었고, 순번제로 교대 숙직하여 가무위안 등의 봉사를 했다. 기생·관기는 기생청이나 관기청에서 관장하여 입적·교양·낙적, 나아가서는 일종의 징계권까지 행사하고 있었다. 이러한 기생도 홍청·운평 기생의 구분이 있었는데, 홍청을 으뜸으로 쳤다.

당시 매음은 오늘과 달라 공연함이 없이 은밀히 행하여졌으므로 사회풍기에 미치는 영향은 대수롭지 않았다. 우리 나라 사람은 원래 성교 후 필히 세척하는 관습이 있어 성병이 만연되는 일은 없었다고 한다.

기생과 달리 남자인 화랑도 있었다. 이는 남자 예인으로서 가무와 행락을 주로 하는 광대와 비슷한 무리였다. 그들은 유녀·무녀와 함께 취급되어 성내에 살 수 없었으나, 실제 기생이나 색주가와 같이 노는 무리로 인식되었다.

이러한 기생은 한말 기생 제도가 폐지되면서 서울 등 도시로 나와 요정이나 목로주점의 접대부로 나가게 된다.

도박

도박에는 투전·골패·강패·마전·토전 등 그 종류가 허다하고, 복표에는 잡백계 등이 있어 풍기상 폐해가 크므로 당연히 규제됐다. 도박은 장 80에 처했고, 도둑과 연계되므로 어느 시기에도 엄금했다.

- **투전**

  투전은 가장 널리 행해지던 도박의 하나다. 패는 가로 14cm, 세로 1.5cm의 나긋나긋한 유지로 만든다. 모두 40매로, 1에서 10까지의 수로 계산한다. 그림은 〈기산풍속도첩〉에 나오는 투전도.

묘지

유교사상에서 나온 조상 숭배는 조선시대에 각별히 존중되었다. 또한 풍수지리설에 의하여 지덕의 관념이 일반화돼 있어 묘지가 특히 중요시됐다. 그리하여 명당의 침범·강점·암장 등이 성행하고 소송이 잇달았다.

세종 때 경상감사 이항이 "산소山訴가 심하므로 특별한 이유 없이 타

• 골패

골패는 투전과 더불어 민간 놀이기구의 쌍벽을 이루는 것이지만, 놀이의 방법이 복잡하여 널리 보급되지는 못했다. 골패란 뼈로 만들어졌다는 뜻이며, 각 패에는 1에서 6까지의 점수를 섞어 위아래로 새겼으며, 모두 32짝이 한 벌로서 점수는 127점이 만점이다.

인의 입장入葬을 금하여서는 안된다"라는 폐해 교정의 의견을 내놓았다. 후기에 들면서 문벌이 중시되면서 좋은 묏자리를 구하려는 나머지, 지방 소송 사건의 대부분이 이런 유의 사건이었다.

지사가 명당, 길지라고 정해준 자리는, 종가의 땅이건 다른 양반이 잡아놓은 선산이건 가리지 않고 몰래 매장하는 일이 빈번하여 분쟁이 자주 일어났다. 상민과 관계되는 경우 양반가의 횡포는 말할 것도 없었다. 분묘 바로 위에 터를 잡아 지맥을 끊어놓는 일이 있는가 하면, 묘를 파가도록 강요하는 일도 있었다. 권세가의 분묘를 만들 때는 그 지역 명문 양반가도 강제로 이장해야만 했다.

1863년(철종 14) 5월에 경상도에 정배된 죄인 8명 중 6명이 산소 사건이었다. 대명률 발총조에 의하면, 타인의 묘를 발굴하여 관곽을 노출시킨 자는 장 100, 유 3천 리에 해당된다. 분묘는 가계의 흥

• 묏자리보기
풍수를 데리고 묏자리를 보는 그림이다. 묏자리 선정은 가문의 흥망성쇠가 걸린 중대한 문제였다.

망이 직접 관계된다고 보았으므로, 이렇게 큰 희생을 감내하고라도 묘를 잘 쓰려고 한 것이다. 정조 때 한성부에서는, 전 포도대장 신대겸이 자기 아비의 묘를 북부의 금지구역으로 이장하려고 하므로 이를 금지해달라고 국왕에게 건의까지 할 정도였다.

미신

유교 국가인 조선에서도 무당·풍수, 술객과 점쟁이가 번성했다. 태

종은 이들의 미신행위를 엄금하고 책을 불태웠고, 고려 의종 때 함유일 등은 서울의 무녀를 모두 교외에 축출하고 종과 북을 부수었다. 후기에 대원군도 서울의 무녀를 한강 이남에 추방한 일이 있었다.

그럼에도 불구하고 미신은 의연히 추방지인 노량진을 근거로 하여 더욱 성행해, 1891년(고종 28)에는 그 수가 460명에 달했는데, 단속이 느슨한 틈을 타서 다시 서울로 유입했다.

조선 때 미신은 〈정감록〉과 함께 내내 변혁의 근거를 제시하기도 했다. 또한 문둥병 등 전염병이 창궐할 때는 산 사람을 잡아 간을 내먹는 등, 엽기적인 사건도 비일비재했다. 임진왜란 때도 명나라 사람이 생간을 먹는다는 소문이 있었고, 이양선이 자주 출몰하던 19세기에도 외국인을 만나면 잡아먹힌다는 소문이 있었다.

노비

사회의 최하층인 노비는 기자조선 때의 도둑, 전란 때의 포로 등이 주였으나, 고려시대에는 부모가 자식을 매매하고, 혹은 스스로 노비가 되는 자도 있어 점차 그 수가 증가하여왔다.

노비는 공노비와 사노비로 구분한다. 공노비는 주로 포로 · 간통 · 도둑 · 사형수의 유족 및 역적의 처자식 등으로, 관에서 노비로 정해 관아의 잡역에 종사케 한 자들이다. 때로는 무친의 양민도 용자가 미려하면 관비가 되었다. 공노비는 사노비와 달라 매매, 증여됨이 없고, 사람에 따라서는 양민과 결혼할 수도 있으며, 그 자손은 서리 · 군교 등에도 등용되는 일이 있었다.

사노비는 생활난 · 부채 · 천재지변 등으로 인하여 자진하여 노비가

- **노비**

노와 비는 재산과 같이 취급하였다. 특히 비는 무명으로 된 검정 치마에 흰색 저고리를 입었으며 항상 앞치마를 둘렀다.

된 자로서, 조전비組傳婢·매득비買得婢·전래비傳來婢의 3종이 있었다. 다같이 상전인 주인의 상품으로서 우마같이 사역되고 매매되었다. 매매가격은 전란시 최염가로 우마 1두로 노비 10명과 바꾼 때도 있었으나, 보통은 연령·용모 등에 따라 차이가 있었다.

노비 매매 이외에 매매혼, 처 전매 등도 있었다. 처녀를 재례財禮라는 이름 아래 장차 지아비가 될 집에 매각하거나, 처에게 음행이 있을 때 혼인비용 정도의 가격으로 팔거나, 혹은 빌린 돈의 저당으로 매매하기도 했다.

몰락한 농민은 가족의 호구를 위해 자식조차 노비로 팔았다. 그 실

노비에 대한 형벌

1. 노가 양녀를 처로 한 때	장 80
1. 노비가 양인의 처가 된 때	장 90
1. 노비가 양인 구타	경상시 가 1등, 중상시 교살
1. 노비가 가장 구타	참살
1. 노비가 가장을 모욕한 때	교살
1. 노가 가장의 처와 간통	참살
1. 노가 양인의 처와 간통	죄에 가 1등

례로 경상도 김산 안서동의 화순 최씨가 노비를 매입한 경우를 보면, 1876년 12월 박가 성을 가진 어미에게서 우연을 8냥을 주고 사들이고 있고, 1877년 4월에는 점이와 분매라는 자매를 그 아비 이경록에게서 12냥이라는 싼값에 사들이고 있다. 쌀 한 가마 남짓 하는 값이었다. 그래서 흉년이 거듭될수록 지주는 전답이 늘고 그의 노비는 많아지는 것이다.

이와 같이 노비의 인신매매는 공인되어 있었고, 그와 반대로 노비의 잘못에 대한 형벌은 매우 가혹했다.

그럼에도 불구하고 노비의 범죄는 끊이지 않았는데, 광해군 때는 안여눌의 종 세동과 그 미망인이 간통을 하여 사형을 당한다.

포도청이 아뢰기를, "어젯밤 삼경에 동부에 거주하는 고 안여눌 종 대남 등이 본청에 달려와서 말하기를 '양반의 종인 세동이 여주인 김씨와 간통하여 한 방에 들어가 잠을 잘 때에, 상전의 서제 안란과 노비 등이 들이닥쳐 잡게 됐는데, 그때에 세동이 칼을 뽑아들고서 서소문 쪽으로 도망쳤습니다. 여주인은 그 방에 그대로 안치시키고 안란과 다른 여종으로 하여금 단단히 지키게 하고 왔습니다' 하였습니다. 이에 즉시 종사관 최진해, 부장 정효일, 군관 정인영 등을 출동시켜 종 세동을 잡게 했습니다. 세동이 칼을 휘두르며 잡히기를 거부하며 군관 정인영의 소매를 찌르고 그 다음에 목을 찔러 유혈이 낭자하였습니다. 결국 간신히 잡아들여 지금 막 엄중하게 신문하고 있습니다. 그러나 안여눌의 처 김씨는 노비 두 명을 데리고 몰래 도망쳤는데, 안란에게 물으니 양천 지역에 의심되는 곳이 있다 하였습니다. 그녀를 잡기 위하여 종사관 최진해, 부장 정효일 등을 역마를 이용하여 보냅니다" 했다. 그들은 뒤에 의금부로 이송되어 3성이 추국하여 승복받고 사형에 처했다.

조선에 이르러 노비단속 사무는 처음에 형조에서 주관하더니, 세조 13년에 장례원을 두었으나, 오래지 않아 형조 장례사가 관장했다. 그 업무는 노비 보호가 아니라, 도망 방지와 노비 범죄 처벌 등 신분사회 유지와 노비 소유자를 위한 것이었다. 노비의 해방 · 정리 등에 관하여는 조정에서는 물론이고 민간에서도 정약용의 제의 등 많은 시안이 있었다. 그러나 노비제도는 엄존하여 그 출생 · 혼인관계나 기타 소송관계 등 정치 · 사회적으로 많은 문제를 제기했다.

그러나 후기에 들면서 경제환경이 변하고 노비 등이 도주하여 족보를 옮겨 양인 행세를 하는 경우가 늘어나 노비쇄환 제도도 활용되었다. 1655년 노비추쇄도감이 생기자 향리와 산골, 섬들은 노비 추쇄로 들끓었다. 당시 쇠락한 양반들은 이것으로 한몫 잡을 셈으로 시골로 찾아다녔다. 돈을 번 노비가 예전 주인을 따뜻이 반겨주는 아름다운 이야기도 있지만, 찾아오는 주인을 죽이는 예도 비일비재했다. 1700년 겨울, 전 군수 손지는 상주에 가서 종 7명을 잡아오던 중 한 종을 때려 숨지게 했다. 손지는 그 죄로 유배를 다녀와서 다시 상주로 노비를 찾으러 갔는데, 전에 맞아 죽은 종의 아들에게 죽임을 당하고 만다. 이때 의금부에서는 그 종의 아들을 사형에 처하지 않고 효도를 한 것으로 하여 유배에 처했다.

　이러한 노비는 당쟁과도 관계가 있었다. 노론이 집권할 때는 풀어주려는 경향이었고, 영남 중심의 남인은 추쇄하려는 입장이었다. 노론이 남인을 몰아내던 1800년(순조 원년)에 66,000명의 공노비가, 1894년 갑오개혁으로 나머지 사노비가 모두 혁파되었다.

5

기찰 및 신문

포도

포도청을 서울에서는 좌·우포도청이라 하고, 지방에서는 토포청 또
는 토포아문이라 호칭했다. 곳에 따라서는 중영청을 설치하여 영상을
중군이라고 하고, 50명으로 부대를 조직하여 주로 해적·집단도적들에
대처케 했다. 보통 범죄를 취급하는 포도청·토포아문과 사무한계를
나누면서 긴밀히 협조케 했다.

서울은 좌·우포도대장이 병조, 형조에서 분리 독립되어 있었으나,
지방은 관찰사·수령·병사 등의 지휘감독을 받아 처리했다. 지방경찰
의 장인 관찰사는 사법경찰사무도 관장하여 수령을 지휘했다. 그러나
수령의 상위에는 진영장이 있어 중군·군감·병방 등의 명칭으로 사무
를 분장하여, 범죄수사상 수령에 대하여 지휘명령권을 가지고 있었다.

즉, 토포 병방은 수령에 소속돼 있으면서, 진영장 및 중영의 지휘를 받아 범죄조사에 종사했다. 그는 정식 관리는 아니지만 관리에 준하는 지위에 있어, 탕건을 쓰고 중정문의 옆문으로 출입했다. 지역에 따라서는 토포 병방이 수령의 경찰권을 독단으로 행사하여 권력이 상당했다고 한다. 또한 포사捕士가 설치되었는데, 어떤 도에서는 도내의 군 유지들이 자진 협의하여 자치적 조직으로 포사를 두어 범죄조사를 담당했다.

포도청의 군관을 포교라 하고, 군사를 포졸이라 불렀다. 조선 말기에 와서는 포도라 하다가 나중에는 순교巡校라 개칭했으나, 그 명칭은 각 도마다 구구했다. 예를 들면, 순교·수순교·수별순교·순교장·별순교·장교·토포·도토포·포교·행수·포사·토포·병방 등이었다. 순교 등의 정원도 일정치 아니하고, 봉급 또한 일정치 않아 곳에 따라서는 범인체포시의 상금 이외에는 급여가 없는 곳도 있었다. 대체로 중영·순교장·순교 등의 봉급은 계급에 따라 다소의 차이는 있었던 듯하다.

한편, 다모라고 하여 여자경찰을 두었는데, 초기에는 의녀를 활용했다. 중종은, 포도대장을 따라가 사족들의 집을 수색하게 함은 의녀를 둔 본뜻이 아니니 다시 의논하라고 했다. 그러나 후기로 들어오면서 정착된 것으로 보인다.

포도청에 다모를 둔 기록은 없으나, 〈6전조례〉에 의하면 사헌부 1명, 병조 7명, 훈련도감 4명이 있다. 특히 병조는 다군모사茶軍母士라 하여 오늘날 여군처럼 쓰이고 있다. 포도청에서 다모를 뽑을 때는 키가 5척은 넘어야 하고, 쌀 닷 말은 가볍게 들며, 막걸리 세 사발은 숨도 쉬지 않고 마셔야 한다고 했다.

1589년(선조 22) 정여립의 난 때 다모가 최영경을 잡아왔다는 기록이 있으며, 효종 때 김자점과 심기원이 역모를 꾀할 때도 다모가 정탐을 하고 난 후 포교가 범인을 잡아들였다고 한다. 다모와는 다르지만, 여령 女伶이 있었다. 이는 서울의 술집 유녀로서 좌 · 우포도청에 배치됐다가, 궁궐의 가례 · 진연 · 진찬 때에 차비 절차를 해주었다. 갑자기 차출하므로 폐해가 많았다고 한다.

포도청에는 또한 '숙지熟知'라는 직명이 있었다. 1507년(중종 2) 도둑으로 체포된 사람을 숙지로 활용해 사건을 해결하기도 했다. 그러나 성종때 포도장 양찬이 도둑을 잡고자 이미 갇힌 도둑을 이용하자고 건의하다가 비웃음을 산 일도 있었다.

기찰

수사의 실제에 있어, 포도 · 순교 등은 형탐 · 형찰 · 기형 · 기찰이라하여 범죄 내사를 했다. 범죄 발생시에는 순교 · 순교장 등을 통하여 수령에 보고하여 그 지휘를 받고, 지명수배를 할 때는 인상서라는 것을 작성하여 배부했다. 범죄수사에 나설 때에는 순교는 수령의 명령서를 교부받았고, 어느 군에 가든지 그 명령서만 있으면 숙박료 · 음식대 등은 무료였다.

수사의 단서에는 주민의 신고도 있고, 순교 등의 탐지도 있었으나, 미풍양속이라는 견지에서 신고에 많은 제한을 가했다. 즉, 자손 · 처첩 · 노비가 부모 · 가장 · 주인의 범죄사실을 신고하지 못하게 했는데, 이를 신고한 때에는 모반죄 이외에는 오히려 신고자를 교살했다. 그리고 노의 처 · 비의 부가 가장을 밀고한 때도 장 100에 3,000리 유형을 보냈으며, 기타 이와 유사한 신고 내지 고소가 있을 때에는 이유를 불문하고

• 포교의 도박꾼 체포

포교들이 엽탐하여 골패하는 도박꾼들을 체포하는 장면이다. 윤보의 〈형정도첩〉에 있는 그림
이다.

엄중히 처단했다.

　포졸이라고 모든 구역을 마음대로 수사할 수 있는 것은 아니었다. 사
족이나 사대부의 집을 수색할 경우 먼저 계청을 해야 했고, 여성이 있
을 경우 다른 지역으로 옮겨가게 한 후 수색했다. 왕족의 묘가 있는 부
근에서도 도둑을 함부로 잡을 수 없었다. 또한 국왕이 사냥이나 야유를
했던 주요한 곳은 왕기에 금표를 세워 일반은 물론 포도관도 들어갈 수
없었다.

　한편, 도둑을 체포하기 위해서 여러 도에서 일시에 도둑을 잡은 적도
있었다. 예종 1년(1469) 충청·전라·경상 3도에서, 연산군 2년(1496)에
는 전국적으로 하루를 잡아 도둑잡이를 했다.

기찰에는 변언이라는 수사 은어를 사용했다. 밤이 되면 포교가 포졸에게 암호를 지시하고 각 동리의 으슥한 곳에 잠복시켰다. 포교를 민간에서는 나그네라고 불렀는데, 이 나그네는 포졸에게 암호를 주었다. 잡을 사람이 김가면 개비쇠, 이가면 화초쇠다. 박가는 등걸쇠, 조가는 쌕쌕이쇠다. 이름도 암호로 했는데, 이필원李必遠은 '화초쇠 꼭 먼 놈'이고, 조만근趙萬根이면 '쌕쌕이 만 뿌리 놈'이다.

이때 포교는 암등暗燈을 길게 늘어뜨려 거의 땅에 닿게 하고, 쇠털을 댄 미투리를 신고 발소리가 나지 않게 하고, 또 소매 속에는 쇠도리깨를 숨기고 순찰을 했다. "한발 더 놓아라" 하면 속히 가자는 뜻이고, "새벽녘이다" 하면 단서를 잡았다는 말이 된다. 또 "미꾸리다" 하면 새나갔다는 말이다. "먼 산이다" 하면 건너가 보라는 말이고, "우뚝 솟았다" 하면 그 사람이 범인이 틀림없다는 말이 된다. 그러다가 범인을 발견하여 "파리" 하고 소리를 지르면 잠복해 있던 포졸 6명이 나오고, "참새" 하면 데리고온 포졸 전부가 나와서 범인을 포위하고 체포한다. 포교들이 쇠털을 댄 소리 안 나는 신을 신고 다니는 것처럼, 이번에는 도적들이 똑같은 쇠털을 붙인 미투리를 신고 도둑질을 하러 다니다가, 진짜 포교가 뒤를 밟고 있는 것을 알면 이 도둑은 동료에게 "소리개 떴다. 병아리 숨어라" 하고 슬그머니 자취를 감춘다.

포교와 포졸들은 암호로도 서로 의사소통을 했는데, 포교가 갓 왼편을 건드리면 멀리서 바라보던 포졸들이 잡지 말라는 신호로, 갓 오른편을 건드리면 꼭 잡아라는 뜻으로 알았다. 그리고 포교가 범인을 발견하고 확인하면, 뒤따르던 포졸들에게 손을 들어 다섯 손가락을 펴 보인다. 이것은 오라로 묶으라는 신호이다. 포졸들은 오라를 허리춤에 숨기고 다녔다. 포교의 지시를 받은 포졸들은 오라를 던져 범인을 낚아챈 뒤에 꽁꽁 묶어서 잡아갔다. 이때 포교는 늘 허리에 차고 다니는 종이광대를 범인의 얼굴에 씌워 끌고갔는데, 이것은 범인의 얼굴을 보이지 않게 하기 위해 사용하는 용수와 같은 것이다. 눈만 보이게 구멍을 뚫은 것인데, 일제가 들어오면서 짚으로 만든 용수를 머리에 씌웠다. 포교가 이 종이용수를 잊어버리고 다닐 때가 있다. 이때 포교는 "아차! 맨꽁무니구나"라고 말한다.

신문할 때도 "밥을 내라" 하면 고문을 해서라도 불게 하라는 말이고, "모양을 내라" 하면 도망가지 못하도록 잔뜩 묶으라는 말이다. "거문고를 타라" 하면 나무틀에 엎어놓고 고문을 하라는 것이며, "경을 치라" 하면 사정없이 때리라는 말이고, "학춤을 추라" 하면 학이 춤추듯이 두 팔을 뒤로 비틀어 매달아 고문하라는 말이다. "대장으로 모셔라"는 말은 칼을 씌우라는 뜻인데, 포도대장 역시 칼을 차고 있었기 때문에 허리에 차는 칼과 목에 채우는 칼이 발음이 같은 데서 온 말이다.

포교나 다모는 통부를 가지고 다녔다. 이 통부는 길이가 2치, 두께가 1푼쯤 되는 나무에 포도대장의 수결을 새긴 것을 반을 갈라 포교 등이 가지는 것이다. 양반을 잡을 때는 자주통부를 썼다. 이는 선전관청에서 써주었다. 포교가 일단 이 자주통부를 받으면 반납하는 것이 아니라, 그 직책을 가지는 한 계속 사용할 수 있었다.

한편, 다모가 숨기고 다니는 쇠도리깨에는 은실을 박은 것이 있었다. 이는 자주통부紫紬通符처럼 양반이나 고관의 집에 쳐들어갈 수 있다는 것이다. 이 도리깨로 살인을 해도 죽임을 당하지 않고 유배되는 정도였다. 이에 비해 포졸은 붉은 오랏줄인 포승을 차고 다녔다.

이밖에도 추전追錢 · 헐장금歇杖金 · 차사례差使禮가 있었다. 부잣집에서 사건이 발생하면 수사비용 전부, 심지어는 순교의 유흥비까지도 피해자가 부담했는데, 이를 추전이라 했다. 헐장금은 범인을 체포 인치하는 경우에 범인으로부터 쌀이나 돈을 받는 것으로, 고문을 감할 목적으로 주었다. 차사례는 범인으로부터 재물을 징수하는 규정으로, 수사관의 신분에 따라 차액을 두었다.

살인사건이 발생하면 사체의 실지검사도 했는데, 이를 검험檢驗이라 했다. 초검·복검은 물론이고 때에 따라서는 3·4검에까지 이르러 신중을 기했다. 그러나 그 성과여부는 의문이며, 오히려 검험관의 왕복 비용이 과다하여 폐해를 주는 일이 많았다 한다.

그러나 규문糾問주의(범인의 체포·심리·재판을 한 기관이 일괄 처리하는 것) 절차로 범인의 검거율은 극히 양호한 듯이 보이나, 피해자·가해자 등의 재물은 많은 희생을 당하여 형정의 개혁을 부르짖게 되었다.

고신

조선의 소송절차는 대명률을 주내용으로 하는 규문주의 절차다. 따라서 범인의 자백이 증거의 왕이며, 고문이 공인되어 있었다.

고신拷訊이라 함이 바로 이것이다. 그 방법은 3자 3치(위 1자 3치는 지름 7푼, 아래 2자는 너비 8푼 및 두께 2푼)의 신장訊杖으로써 무릎 아래를 때리는 것이다. 이 신장이 〈대전통편〉에서는 대명률과 같이 3자 5치로 길어졌다. 후기에는 너비와 두께를 좀더 두껍게 한 추국신장과 3성신장이 만들어졌다. 신장은 버드나무로 만들도록 했다.

고신과 달리 곤형은 곤장으로 죄인의 볼기와 허벅다리를 번갈아 치는 형벌을 말한다. 〈속대전〉에 처음으로 그 규정이 보이며, 영조 때 창안된 조선시대 특유의 형벌이라 할 수 있다. 〈대전회통〉에는 군무에 관한 일이나 대궐문에 허가 없이 들어간 사람 외에는 곤형을 사용하지 못하게 했다. 군무에 관한 일로서 곤형의 대상자를 보면 다음과 같다.

- 어염세를 받을 때 바닷가 민을 침해한 변장
- 군의 암호인 말마기를 몰래 알려준 자
- 야금을 범한 행인
- 조련할 때 물품을 훔친 군병
- 군사 무기를 검열할 때 사고를 낸 수령
- 군병으로 도망한 자 중 초범과 재범
- 군병을 임의로 동원하여 교외에서 밤을 지낸 군문의 장교
- 대궐문을 난입한 자
- 조관을 지낸 자라도 군무사범일 경우
- 국경에서 청인과 교통 중 장물 매매 사건이 일어날 때의 파수보는 장병
- 산불이 일어나거나 밭이 회진되었을 때 관리하는 감색
- 도성 내에서 말을 타고 달리는 서민
- 신병으로부터 술값을 뜯어낸 제 군문의 장교 및 군졸
- 나루터에서 도강선 등이 파선되었을 때 다른 선원이 즉각 이를 구조하지 않았을 경우에 나루터에 파견된 별장 등이다.

공인된 신문에도 많은 제한이 있었다. 즉, 고신을 함에 있어서는 타격 1회에 30번 이상을 넘지 못하게 했고, 그후 3일 이내에는 재차 고신을 못하게 했다. 죄의 결정은 고신 10일 후에 하도록 제한했고, 범인이 서민 또는 도둑이 아닌 경우에는 범인의 신분 여하에 따라 상사에 보고한 연후에 그 지시를 받아 신문하기로 규정했다.

- **고신 장면**

  고신은 죄인을 의자에 앉혀놓고 손을 뒤로 묶어놓고 신장으로 무릎을 치면서 문초한다. 포교
  가 팔장을 낀 채 묻고 있다.

사형수는 고신하기 전에 먼저 수촌手寸의 도형을 그려놓고 칼을 풀어
야 했다. 수촌이란 왼손의 중지 첫째 마디와, 둘째 마디 사이의 길이를
재어 그림으로 그려놓는 것을 말한다.

1778년(정조 2) 흠휼전칙欽恤典則이 이루어져 형구의 격식이 정해졌다.
이에 앞서 그 전해 여름에 하교하기를, "형방 승지는 법부와 법조에 달
려가 법식과 같지 않은 태·장·칼·추를 모두 거두어 모아다가, 법식
에 비춰보고 조목조목 열거하여 계문하라. 외방 고을에도 또한 마땅히
차례차례로 어사를 보내 바로잡도록 하되, 범칙한 자는 적발되는 대로
엄중하게 다스려 결단코 용서하지 말라. 각 도의 방백 및 주재 신하들

• 형틀과 형구

형틀이 아래 놓여 있고, 뒤에 형구가 나란히 늘어서 있다. 칼·추·차꼬·항쇄·육모방망
이·오랏줄·활이 보인다.

에게도 편비를 내보내 고을마다 적간하여 즉각 이정토록 해, 이 다음에
는 적발되는 일이 없게 해야 한다"고 했다.

또 대신, 병조판서, 5군문의 대장, 좌·우포도대장을 불러 각 영문의
곤장 치수를 물어보았다. 임금이 말하기를, "대장들이 노기가 났을 때
죄의 경중을 논할 것 없이 으레 무거운 곤장을 쓰게 되면 나중의 폐단
이 염려된다. 따라서 포도청에서 도둑을 다스리는 곤장에 있어서는 마
땅히 다른 군문들과 달라야 한다"고 했다.

이때 제정된 형구의 격식은 다음과 같다.

• 태 : 길이를 3자 5치로 하되, 대두는 직경 2푼 7리, 소두는 직경 1푼

7리로 한다. 작은 가시나무의 가지로 만든다.

- **장** : 길이를 3자 5치로 하되, 대두는 직경 3푼 2리, 소두는 직경 2푼 2리로 한다. 큰 가시나무의 가지로 만든다.

  태나 장은 모름지기 마디의 눈을 깎아버리고, 관에서 내린 교판을 가지고 법제에 교감해야 한다. 힘줄이나 아교 따위의 물건을 장치하지 못하도록 한다. 응당 장형으로 다스려야 할 자는 소두로 볼기를 맞게 한다.

- **신장** : 길이를 3자 5치로 하여, 위쪽 1자 5치는 지름이 7푼이 되고, 아래쪽 2자는 너비가 8푼, 두께가 2푼이 되게 한다. 추국 때에는 너비가 9푼, 두께가 4푼이 되게 하고, 3성 때에는 너비가 8푼, 두께가 3푼이 되게 한다.

형장은, 그가 무거운 죄를 범하여 감춰진 증거가 명백한데도 불복할 경우, 공초를 받아 분명하게 문안을 세워서 사용한다. 하단으로 무릎 아래를 때리고 인대에는 이르지 않도록 해야 하며, 1차례에 30도를 넘지 못하도록 한다.

형신이 잔혹하게 자행되기도 하여, 임진왜란 중에는 오히려 명나라 유 총병이 형벌을 완화하여 백성을 보호하도록 간곡히 부탁하고 있다. 비변사에서도, '무신이 오로지 위엄과 사나움을 앞세워 두 손아귀에 가득 차는 큰 곤장을 특별히 만들어, 소금물에 담그고 겉을 빨갛게 칠하여 '군령장'이라 했다. 하인이 응대하는 데 실수하거나, 바치는 게 풍성치 않으면 이 곤장으로 두들기는데, 한두 대로 죽게 된다'고 했다.

같은 형신이라도 담당하는 포졸에 의해 그 정도가 달라질 수도 있었다. 정조 때 포도대장을 오래 한 조심태가 수원부사로 있을 때다. 현인릉 관리들이 정조의 위세를 믿어 포악한 일을 많이 저질러서 그 우두머

군문의 곤제도의 격식

종류	길이	넓이	두께	쓰는 직책
중곤 重棍	5자8치	5치	8푼	병조판서, 군문대장, 유수, 감사, 통제사, 병사, 수사
대곤	5자6치	4치4푼	6푼	위 이외 3군문도조제, 군문별장, 군문중군, 포도청, 토포사, 군무사, 정 2품 이상
중곤 中棍	5자4치	4치1푼	5푼	내병조, 도총부, 군문종사관, 군문별장, 전총금군장,좌우순청영장, 겹영장, 우후, 중군, 변지수령, 변장, 4산참군, 군무사, 정 3품 이상
소곤	5자1치	4치	4푼	군문파총초관, 첨사별장, 만호권관
치도곤	5자7치	5치3푼	1치	포도청, 유수, 감사, 통제사, 병사, 수사, 토포사, 겹토포사, 변지수령, 변장

리를 붙잡아 형을 매기는데, 정조가 어명으로 '매 한 대만 주도록' 명했다. 조심태는 형리를 불러 야무지게 일렀다. 형리는 형틀에 매인 죄인에게 "얏" 하고 벽력같이 달려들었다. 그러나 곤장을 치지는 않았다. 두 번세 번, 죄인은 그것 보란 듯이 미소를 머금고 있었다. 그때 진짜 곤장이 떨어졌다. 곤장 맞은 죄인은 일어나 허허 웃으며 걸어가다가 쓰러져 일어나지 못했다. 치받쳐 때리는 곤장 바람이 방심한 죄인의 항문으로 들어가 간경까지 미쳐 결국 웃다가 죽은 것이다.

형구

〈경국대전〉에는 '사형수에게는 칼을 씌우고 추와 차꼬를 채운다. 유형 이하의 죄수에게는 칼을 씌우고 추를 채운다. 장형 이하의 죄수에게

- **칼을 쓴 죄인**
  형구 중 칼은 기본이다. 장형 이하의 죄인은 칼만 씌운다.

는 칼을 씌운다'라고 규정되어 있다.

칼은 죄수의 목에 씌우는 옥구獄具로서 마른 나무로 만들었으며, 길이 5자 5치, 머리 쪽이 1자 5치였다. 무게는 차이가 있었는데, 사형수는 25근(1근은 0.6kg), 도형과 유형은 20근, 그리고 장형의 것은 15근으로, 각각 그 장단과 경중을 칼 위에 새겨놓았다.

추는 손목에 채우는 나무로 만든 수갑으로, 가로 1자 6치, 세로 약 6치, 두께는 1치였다. 그 모양은 장방형의 나무 가운데에 손목이 들어갈 정도 크기로 두 개의 구멍을 뚫고, 그 판자 가운데를 가로로 이등분한 후, 한쪽 면에는 쇠붙이로 만든 돌쩌귀를 달고, 그 반대쪽 면에는 쇠고리를 달아 자물쇠를 채우게 했다.

대명률에는, 추를 사죄를 범한 남자에게만 사용하고, 유 이하의 죄인과 부녀자에게는 사용할 수 없다고 되어 있다. 그러나 〈경국대전〉에 의

• 추

추는 손목에 채우는 나무로 만든 수갑으로 오른손에 채운다. 그러나 여러 사람인 경우 발에도 채워 차꼬를 대신했다. 프랑스 기메 박물관 소장의 김준근 그림이다.

해 유·도형의 죄인에게도 채운다고 봐야 한다. 〈추관지〉에서는 양손에 못 채우게 했고, 〈대전통편〉에서는 왼손에 채우는 것을 금했으므로 결국 추는 오른손에만 채우는 것이다. 추는 실제 발목에 씌우는 예가 많았다.

족쇄는 죄수의 발에 채우는 쇠사슬로서 고리를 연결하여 만들었다. 이를 차꼬라고도 하는데, 무게는 3근이다. 대명률에서는 도형을 받은 죄수는 이 쇠사슬을 차고 노역한다고 했지만, 〈경국대전〉에서는 사형수에게만 채우고 있다.

항쇄項鎖는 목에 채우는 쇠사슬로서, 쇄항 또는 철색이라고도 한다. 길이는 1발이며, 경죄를 범한 경우에도 채웠다. 다만 의친이나 공신, 그리고 당상관이나 사족의 부녀는 사죄를 범한 경우에만 항쇄를 채웠다. 당하관과 서민의 부녀에게는 항쇄와 차꼬를 채우며, 장형에 해당하면 항쇄만 채웠다. 그러나 종묘와 사직에 관계되는 경우에는 그러한 제한이 없었다.

6

형벌

집행

형벌의 종류로는 태笞·장杖·도徒·유流·사死가 있었다. 이른바 5형이다.

태형은 가벼운 죄를 범했을 때 작은 형장으로 때리는 것으로, 매의 가는 편 끝으로 볼기를 친다. 10에서 50도까지 5등으로 하고, 매 10도에서 형 1등씩을 가감했다.

태형의 집행은 죄수를 형틀에 묶은 다음 하의를 내리고 둔부를 노출시켜 대 수를 세어가면서 집행했다. 부녀자의 경우에는 옷을 벗기지 않았으나, 간음한 여자에 대해서는 옷을 벗기고 집행했다. 나이가 70세 이상이거나 15세 이하인 자와, 폐질에 걸린 자는 태형을 집행하지 않고 대신 속전을 받았다. 임신한 여자도 70세 이상인 자에 준하여 처리했

- **태형**

형틀에 묶어놓고 태형을 가한다. 볼기 맞는 장면이다. 태형은 속전으로 대신할 수도 있고, 매
품팔이도 유행했다.

다.

태형은 갑오개혁 후 장형이 폐지된 뒤에도 오랫동안 존속되다가,
1920년에 가서야 완전히 폐지됐다.

장형은 큰 형장으로 때리는 것을 말한다. 60도에서 100도까지 5등으
로 하고, 매 10도에 형 1등씩을 가감했다. 도·유형에는 반드시 장형이
부과되었다. 장은 하루에 100도를 넘을 수 없었다. 또한 수령은 규정 외
둥근 원장을 쓸 수 없었다.

도형은 중한 죄를 범한 경우에 힘들고 괴로운 일을 시키는 것을 말
한다. 대명률 직해에는 '소금을 굽거나 쇠를 불리게 하는 작업을 부과
시키며, 염장에 보내진 자는 매일 소금 3근을 굽고, 야철장에 보내진 자
는 매일 철 3근을 불린다'고 했다. 그러나 염장이나 철장이 없는 관아에

서는 제지 · 제와 또는 관청의 잡
역 · 역체(역참에서 공문 전하는 일) 등
의 노역을 시켰다. 도형의 기간은
1년에서 3년까지다. 도형수를 감
독관이나 간수인이 고의로 방임
하여 도주하게 한 자와, 삯을 주고
사람을 사서 대신 복역하는 것을
용인하여준 자는, 죄수가 복역해
야 할 기간과 같은 일수를 도형에
충당했다.

유형은 중한 죄를 범한 경우에,
먼 지방으로 귀양보내 죽을 때까
지 고향에 돌아오지 못하게 하는
것을 말한다. 유배는 2,000리에서
2,500리, 3,000리까지 3등으로 정
하고, 매 500리에 1등을 가감했

● **정배**

정배는 2,000리에서 3,000리까지 3등으로
정하고 매 500리에 1등을 가감하였다. 우
리 국토는 3,000리가 안 되기 때문에 유형
은 두루 돌아가면서 유배지에 도착한다.
프랑스 기메 박물관 소장의 김준근 그림이
다.

다. 우리 국토는 3,000리가 안되기 때문에 유형은 두루 돌아가면서 유
배지에 당도하는 방법을 썼다. 그리고 유형에 처하는 자에게는 각 등마
다 장 100을 가했다.

유형의 일종으로서 부처付處 · 안치安置 · 천사遷徙 등이 있었다. 부처나
안치는 활동범위를 일정한 구역으로 제한하는 것으로, 유형 중에서도
중형에 해당했다. 천사는 범죄인을 그 가족과 함께 국경지대로 이주시
키는 형이었다.

이러한 정배는 형조 · 관찰사의 주관 아래, 죄인을 심리하여 검률에
따라 형벌이 확정되고 집행된다. 배소에서는 보수인保授人을 지정하여

침식을 제공하고 감시하나, 도형인 경우 노역을 지정하지는 않으며, 어느 정도 자유스럽게 무위도식했다. 한편 보수인은 신분이 양인인 경우 보량인, 한량인 경우 보한인이라 했다. 그는 면역이 되므로 한 고을에 10인 이상은 둘 수 없도록 했다. 한 보수인이 둘 이상의 죄인을 담당하기도 했다.

사형은 교수형과 참수형으로 집행했는데, 형벌 중 극형에 해당된다. 사형은 3복제에 의하여 3차례의 신문을 거쳐 신중을 기하도록 했고, 사형의 확정은 반드시 왕의 재결을 받아야만 했다. 사죄에 해당하는 사건이 발생하면, 관찰사는 차사원差使員을 보내 해당 수령과 함께 사건을 조사한다. 이어서 차사원 2인을 보내 재심하고, 마지막으로 관찰사가 직접 조사한다. 그래도 사형에 해당한다고 판단되면, 왕에게 보고해서 왕의 판결을 기다린다. 왕은 다시 조사를 명하여 4심, 5심까지도 간다.

사형은 임금이 직접 3복을 하므로 실록에 자주 등장한다. 1703년(숙종 29) 12월이다. 사노비 무명과 그 어미 정해가 이웃집 여자와 싸우다가, 그 여자를 막대기로 쳐서 죽였으므로 모자가 함께 붙잡혀서 형추를 받은 지 오래 되었는데, 무명이 자복하여 사형에 해당되었다. 임금이 말하기를, "무명의 승복에는 새끼줄로 결박하여놓고 막대기로 등을 쳤다고 했고, 시장屍帳의 실인實因은 결박으로 기록되어 있으니, 검시관의 실인과 무명의 승복이 서로 어긋남을 알 수 있는데, 이것이 미심쩍다. 무명이 그 어미와 함께 여러 번 형신을 당하고, 필경에는 살인죄를 그가 스스로 감당하려는 것은 그 어미를 살리려는 의도가 없지 않다. 지금 이 옥정이 끝내 규명하기 어려운 점이 있으니, 마땅히 참작하여 처리하는 방법이 있어야 할 것이다" 하고, 사형을 감면하여 유배하도록 명했다.

사형에는 대시待時집행과 부대시집행이 있었다. 대시집행이라 함은

150

사형이 확정된 후에도 일정기간 대기했다가 추분 이후부터 입춘 이전에 날짜를 정하여 사형을 집행하는 것으로, 일반사형수에게 적용했다. 이에 반하여 부대시집행은 때를 기다리지 아니하고 즉시 사형을 집행하는 것으로, 보통 10악죄에 적용되었다. 그리고 특별히 사형을 집행하지 못하는 금형일을 법으로 제정했다.

현종 때 변영희의 집에 강도가 들어 네 사람을 살해했는데, 이 도적들을 잡고 보니 일당 네 명이 모두 도감의 포수였다. 임금은 마땅히 경계하는 일이 있어야 한다고 여겨, 즉시 진 치는 것을 연습하는 날에 군중에서 조리돌리고 베도록 명했다.

집행 후 저잣거리 등에 머리를 거는 것을 효수 혹은 기시棄市라고 하는데, 조선시대에는 거의 그 자취를 감추었으나, 역모 등이 발생했을 때 간혹 시행된 경우가 있었다. 조선 말기 갑신정변에 실패한 개화파 요인들이 사형 후 효수되었다.

속전

형을 금전으로 대신 납부할 수 있는 제도가 속전이다. 속전은 오늘날 벌금과도 유사하나, 벌금이 재산형인 데 비해, 속전은 본형을 재산형으로 대신한다는 점에서 구별된다. 그러나 모든 형벌을 대신할 수 있는 것이 아니며, 속전할 수 있는 요건은 법률로 정해놓았다.

속전은 조선시대의 신분에 의한 차별, 유교국가적 통치이념이 잘 드러나고 있다. 속전의 유형은 크게 신분에 의한 것, 특수 직업에 대한 것, 부녀 노약자 병자에 대한 것, 상을 당했을 경우나 부모의 봉양에 관계되는 것, 그리고 휼형恤刑으로서의 속전 등으로 구분된다.

〈속대전〉에 등재된 속목전

태	태 10은 포 7자로 하되 전문錢文 7전으로 대신한다. 태 20은 포 14자고 전문 1냥 4전으로 대신한다. 태 30은 포 21자고 전문 2냥 1전으로 대신한다. 태 40은 포 28자고 전문 2냥 8전으로 대신한다. 태 50은 포 1필이고 전문 3냥 5전으로 대신한다.
장	장 60은 포 1필 7자고 전문 4냥 2전으로 대신한다. 장 70은 포 1필 14자고 전문 4냥 9전으로 대신한다. 장 80은 포 1필 21자고 전문 5냥 6전으로 대신한다. 장 90은 포 1필 28자고 전문 6냥 3전으로 대신한다. 장 100은 포 2필이고 전문 7냥으로 대신한다.
도	도 1년은 포 2필이고 전문 7냥으로 대신한다. 도 1년 반은 포 3필이고 전문 10냥 5전으로 대신한다. 도 2년은 포 4필이고 전문 14냥으로 대신한다. 도 2년 반은 포 5필이고 전문 17냥 5전으로 대신한다. 도 3년은 포 6필이고 전문 21냥으로 대신한다.
유	유 2000리는 포 8필이고 전문 28냥으로 대신한다. 유 2500리는 포 9필로 하고 전문 31냥 5전으로 대신한다. 유 3000리는 포 10필로 하고 전문 35냥으로 대신한다.
	형장으로의 추문 한 차례의 속죄금은 장 100의 것을 준용한다. 즉 포 2필이고 전문 7냥으로 대신한다.

*

태 10도에서부터 유 3,000리에 이르기까지 차등을 두어 속목 또는 속전을 내도록 되어 있다.

문무관·내시부·유음 자손·생원·진사는 중대한 죄를 범하지 않는 한, 태장은 속전으로 징수했다. 공신의 자손으로서 강상범죄 이외에 장·유 이하인 경우에도 속전을 징수했다. 상喪 전에 범행한 유 이하의 죄가 상을 당한 후에 발각되면, 10악의 죄를 제외하고는 속전을 받았다. 또 혹한기나 혹서기에 일어난 사건으로 강상의 죄가 아니면 속전을 받았다. 그리고 혹한기나 혹서기에 일어난 사건으로 강상에 관계된 경우라도 남자는 장 60 이상, 여자는 장 100 이상의 형에 해당하는 죄가 아니면 모두 속전으로 징수했다.

속전은 형의 집행기관에서 징수했는데, 중앙은 형조·한성부·사헌부에서 담당했고, 지방은 수령이 담당했다. 징수된 속전은 호조로 이송하여 국가재정에 충당하기도 했으나, 관아에 소속된 관리들의 급료 등으로도 사용되었다. 한편, 속전의 징수를 둘러싸고 관리들의 부정이 많았다. 그리하여 영조 때는 속전에 관한 사무를 전담하는 보민사保民司를 설치했다. 보민사는 10년 동안 존속하면서 중앙 각 기관의 속전징수에 관한 업무를 통합하여 시행했으나, 1774년(영조 50) 이를 폐지하고 형조에 이 업무를 귀속시켰다.

속전으로 인해, 죄를 짓고도 돈만 있으면 매도 맞지 않고 형벌도 받지 않는다는 나쁜 풍조가 만연되었다. 그뿐 아니라, 부호는 재물로 죄를 면하는 것이 이미 일반화되었고, 가난한 자는 옷을 잡히고 솥을 팔아 길거리에서 울고 있을 정도로 당시 백성들은 속전 납부로 인해 큰 고초를 겪었다. 더욱이 형조의 재정이 속전에 의존하자 속전은 더욱 조장되었고, 이로 인해 이례吏隸(관리와 관 소속 노비)들이 송사에서 여러 가지 비리를 자행하는 결과를 낳았다. 매번 백성들이 송사에 들어가기만 하면 이례가 먼저 패를 강요했고, 형조의 관리도 또한 돈을 요구했다. 그리고 죄를 확정하여 법령을 적용할 때에는 관에서 다시 속전을 독촉하는 실정이었다.

형조와 한성부는 금제의 일제단속을 매월 6차례 정기적으로 실시했다. 이때 단속반들은 금난패를 가지고 법으로 금지된 행위에 대하여 엄히 단속했다. 그러나 단속과정에서 뇌물을 주는 자는 법을 어겨도 빼주고, 또 세력 있는 자는 금법을 위반해도 풀어주었기 때문에 피해를 입는 것은 일반 백성들뿐이었다. 이중에서도 가난한 자만이 속전을 못 내 처벌되었다.

매품팔이

수령이 직단할 수 있는 태형이나 그 이상의 장형인 경우, 다른 사람이 대신 맞아주기도 했다. 이것은 후기에 접어들면서 신분사회가 분화되고 경제력이 향상된 서민과, 이와 반대로 몰락한 양반이 혼재되면서 일어나는 현상으로, 법에는 없는 것이다. 판소리 〈흥부가〉에서 흥부가 매 품팔러 가기 위해 호방과 흥정하는 장면이다.

"박생원, 그리 말고 들어온 김에 품이나 하나 팔아보오."
"돈 생길 품이 있으면 팔고말고."
"우리 골 좌수가 영문에 잡혔는데 대신 가서 곤장 열 대만 맞으면 한 대 석 냥씩 서른 냥은 꼽아논 동이요, 마 삯까지 닷 냥 제지題旨(뜻을 냈으니)했으니 그 품 하나 팔아보오."
"매 맞으러 가는 놈이 말 타고 갈 것 없이 정강말(무엇을 타지 않고 제발로 걷는 것)로 다녀올 테니 그 돈 닷 냥, 날 내어주게."

정조 때 성대중成大中은 〈청성잡기靑城雜記〉에서 매 품팔이 얘기 두 가지를 적고 있다.

안주의 한 백성이 볼기 맞는 매 품을 팔아 살아갔다. 외군 아전이 병영에서 곤장 7대를 맞게 되매 돈 5꿰미를 걸고 대신 매 맞을 사람을 구했더니, 그 매 품팔이가 선뜻 나섰다. 집장 사령은 그 자가 번번이 나타나는 것이 얄미워 곤장을 혹독하게 내리쳤다. 매 품팔이는 곤장이 갑자기 사나워질 것을 생각지 못했으므로 우선 참아보았으나, 두번째 매가 떨어지매 도저히 견뎌낼 재간이 없어서 얼른 다섯 손가락을 꼽아 보였다. 5꿰미의 돈을 뒤로 바치겠다는 뜻이었다. 집장 사령은 못 본 척하고 더욱 심하게 내리쳤다. 곤장 7대가 끝나기 전에 이러다가 자기가 죽게 될 것임을 깨달은 매 품팔이는 재빨리 다섯 손가락을 다시 펴보았다. 뒤로 먹이는 돈을 배로 올리겠다는 뜻인 줄 알 것이었다. 그때부터 매는 아주 헐하게 떨어졌다. 매 품팔이는 나와서 사람들을 보고 뽐내는 것이었다. "내가 오늘에야 돈이 좋은 줄 알았네. 돈이 없었으면 오늘 나는 죽은 사람이었지." 매 품팔이는 돈 10꿰미로 죽음을 면한 줄만 알고, 5꿰미가 화를 불러온 것은 몰랐다.

이보다 더한 일이 있었다. 형조의 곤장 100대는 속전이 7꿰미였고, 대신 매를 맞아주는 사람이 받는 돈 역시 마찬가지였다. 매 품팔이로 살아가는 자가 있었는데, 어느 무더운 여름날 100대 매 품을 하루에 두 차례나 팔고 비틀비틀 자기 집을 찾아갔다. 그 여편네가 또 100대 품을 선셈으로 받아놓고 있다가 남편을 보자 기쁜 듯이 말했다. 사내는 상을 찌푸리고,

"내가 오늘 죽을 똥을 쌌어. 세 번은 못하겠네."

여편네는 돈이 아까워서,

"여보, 잠깐 고통을 참으면 여러 날 편히 배불릴 수 있잖수. 그럼 얼마나 좋우. 돈이 천행으로 굴러온 걸 당신은 왜 굳이 마다 허우?"

하고 술과 고기를 장만하여 대접하는 것이었다. 사내는 취해서 자기 볼기를 쓰다듬으며 허허 웃고,

"좋아" 하고 나갔다. 가서 다시 곤장을 맞다가 그 자리에서 즉사하고 말았다. 그후 여편네는 이웃의 미움을 사서 구걸도 못하고 길에 쓰러져 죽었다.

감옥

직수아문은 당연히 자체 감옥 또는 구류간을 두고 있었다. 이 감옥을 관리하는 규정은 〈경국대전〉에도 명시되었다. 즉, 중외의 관리는 옥사를 깨끗이 하고, 질병을 치료하며, 부양가족이 없는 죄수는 관에서 의복과 식량을 급여하도록 규정하고 있다.

세종 23년(1441) 하교에, 2년 전 감옥의 구조를 그려 각 도에 내려보냈는데, 각 고을에서 그대로 지었는지를 조사하도록 하고 있다.

영조는 "각 아문마다 구류간이 있는 것은 실로 폐단이 되기 때문에 지난번에 혁파하라는 뜻을 형조에 분부했었다. 직수아문으로 말하더라도 사헌부 같은 데도 그 폐단이 없지 않으며, 포도청에 이르러서는 강·절도 외에 다른 일로 인하여 또한 구류된 자가 있다. 승정원에서 각별히 신칙하여, 무릇 직수에 관계되는 각 아문에도 혹 구류된 자가 있으면 추찰하도록 하라"고 했다. 정조도 〈홍재전서〉에서, 형조의 구류간을 헐어버리도록 하면서 형조 밖에다 구류하는 방법을 강구하도록 했다. 그만큼 감옥에 대한 배려는 성군일수록 지대했다.

죄수가 입옥되면 주야로 이를 지켰는데, 군사는 주간에는 문을 지키고 야간에는 1경이 지날 때마다 순찰했다. 계호를 담당하는 사령은 서리 4명, 쇄장 5명, 군사 10명이다. 죄수들은 매일 일광욕을 한 후 점검받고, 입방 후에는 계구戒具 및 옥문의 열쇠는 입직하는 관원이 보관했다. 순경巡更은 5명이 각 1경씩 맡아 옥 내외를 돌면서 이상 유무를 확인한 후, 다음날 아침에 입직 관원에게 보고하면, 당직하는 사령은 열쇠를 다시 받아 주간의 업무를 개시했다. 이는 전옥서에 관한 규정이나 다른

- **감옥**

직수아문은 구류간 또는 감옥을 가지고 있다. 사진은 공주 감옥인데, 나무로 총총히 살을 박은 감옥 안에 죄인이 보인다.

구류간 등에도 같이 적용됐다고 봐야 할 것이다.

겨울철에는 거적을 두껍게 급여하고, 뚫린 구멍과 틈 사이는 바르고 막도록 조치가 취해졌다. 추국 죄인의 감옥에 들이는 홰(싸리나 갈대 등을 묶어 화톳불을 놓는 데 쓰는 땔감)와 숯은 9월부터 2월까지는 죄인이 10명 미만일 경우에는 10일마다 숯 1석씩, 10명 이상일 경우에는 5일마다 숯 1석씩 보급하고, 3월부터 8월까지는 주지 않았다. 홰는 봄 여름을 가리지 않고 매달 3동씩 보급했다.

부모 또는 형제가 아니면 면회를 허가하지 않고, 관청의 관리라 할지라도 출입이 허가되지 않았다. 특히 여옥에 있어서는 더욱 엄중하여, 물이나 불 또는 음식이라 할지라도 파수 보는 사람으로 하여금 전하게 하고 함부로 접근하는 것을 금했다.

그러나 부패 관리 · 빚쟁이 · 좀도둑 등이 있는 칸에는 사식과 돈이

들어오고, 면회도 허용되었다고
한다. 모범수로 되면 옥에서도 일
을 해서 먹고살았는데, 특히 전옥
서인 서린옥의 짚신은 신 가게에
서 잘 팔렸다고 한다. 옥졸이 죄수
들을 인솔해서 신을 팔아오는데,
돌아올 때는 옥졸이나 죄수나 모
두 거나하게 취했다고 한다.

수감되어 있는 죄수 중에서 병
이 위독한 자가 있을 경우에는 의
원인 월령月令(관의 당번 의사)은 병
의 증상과 수본手本(자필 보고서)을
구비하여 형조에 보고해야 했다.
병든 죄인이 가벼운 죄일 경우에
는 보석하고, 죄가 중할 경우에는
상당한 약물로써 치료하도록 했
다. 만약 사망한 경우에는 형조에 이첩하고, 형조에서는 낭관이 직접 살
피어 검시한 뒤 한성 당해 부로 보냈다.

옥수는 곧 미결수로서, 형이 확정되기까지 자복하지 않는 한 옥고를
치러야 했으므로 옥수의 체옥이 있게 마련이었다. 특히 살인인 경우 사
죄에 해당되므로, 자백하여 사죄가 되거나 아니면 미결수로서 옥중생
활을 해야 했다. 1706년(숙종 32)에는 죄수의 체옥을 먼 도는 4개월 이내
에, 가까운 도에 있어서는 3개월 이내에 다시 논의하여 처결하도록 전
교를 내리기도 했다.

〈목민심서〉는 옥수의 고통을 첫째는 형틀의 고통이요, 둘째는 토색을 당하는 고통이요, 셋째는 질병의 고통이요, 넷째는 춥고 배고픈 고통이요, 다섯째는 오래 갇혀 있는 고통이라고 지적했다. 옥수의 고문을 당하는 사정은 다음과 같다.

학춤, 원숭이 매달리기, 계란 기름짜기, 추뇌椎腦(목 뽑기, 머리채를 잡아 당겨서 목을 뽑는 것) 등의 고문이 있다. 학춤은 두 손을 등 뒤에 묶고 감방의 대들보에 매다는 것인데, 몸이 돌아 엉덩이가 돌 때마다 몽둥이로 때리는 것이다. 옥졸은 스스로 신장神將이라 부르고, 고참 죄수는 자칭 마왕이라 하면서 굶주린 귀신처럼 서로 물어뜯고 연기를 내뿜고 불길을 토하는 것이 이승 사람들로서는 도저히 상상조차 할 수 없는 것이 많다. 자물쇠 담당에도 내졸과 외졸이 있고, 고참 죄수 중에는 영좌·공원·장무 따위의 칭호가 있다. 낯선 죄수가 들어올 때마다 5가지 형벌을 섞어 사용하는데, 문에 들어서면 유문례가, 감방에 들어서면 지면례가, 칼을 벗으면 환골례가 있고, 며칠 지나면 신참을 면했다고 면신례가 있다. 또 밥이 들어가면 밥을 빼앗고, 옷이 들어가면 옷을 빼앗으며, 대나무 깔개에도 그 값을 징수하며, 기름과 땔감에도 추렴이 있어, 온갖 괴로움과 해독을 이루다 말할 수가 없다.

1839년 기해박해 때는 김효임·효주 자매가 배교를 하지 않는다고 옷이 벗긴 채 알몸으로 강력범이 있는 감방 안으로 던져지기도 했다고 한다.

도둑 무리들이 죄수를 빼내어 도주하거나 스스로 달아나는 경우도 많았다. 숙종 때 충청도 공주 토포영에 갇힌 도적 36명이 옥문을 부수고 옥졸을 때리고서 한꺼번에 달아났으므로, 그 도신·지방관·토포사 등이 추고당하기도 했다.

감옥이 아니면서도 지방경찰기관에서 관리해야 하는 것 중 정배 죄인이 있었다. 이는 도형이나 유형에 해당될 경우 맡는 제도였다. 일례로, 1863년(철종 14) 3월 중 경상도에 정배된 죄인은 모두 12명으로, 발배지는 평안도, 형조, 개성부가 각 1명이고 전라도 3명, 충청도가 5명 등이었다. 죄상으로는 굴총 사건으로 정배된 경우가 4건으로, 묏자리 다툼이 극심했음을 알 수 있다. 송사에 있어 산송의 비중이 큰 것과 같다. 남의 분묘를 발굴하여 관을 노출시키면 유 3,000리이고, 관을 노출시키지 않은 경우는 도 3년으로 정배되었다. 그밖에 이속의 비리가 2건, 신분을 유학이라 속여 면역하고자 한 자, 쟁송을 업으로 한 자, 부훈을 따르지 않고 동리를 시끄럽게 한 자 등이 정배 와 있었다.

금지된 형벌

형벌에는 기본 5형 이외에도 여러 종류의 형이 있었으나, 제도가 정착됨에 따라 차차 금지되었다. 여기에는 관에서 일반화되어 있던 것과, 권세가에서 불법으로 행하여지던 것 등이 있다. 자자·주리·태배·압

160

슬 · 난장 · 낙형 등은 전자에 속하고, 의비 · 월형 · 비공입회수 · 고족 등은 후자에 속한다.

자자형은 신체의 어느 부위에 먹물로 글씨를 새겨 넣는 형벌인데, 주로 도적에게 부과되었다. 대명률 직해는 팔목과 팔꿈치 사이에 매 자를 각 1치 5푼의 네모 안에 매 획의 넓이를 1푼 5리로 하여 글자를 새겨넣도록 했다. 얼굴에 새기는 경면형黥面刑도 도적의 창궐을 막기 위한 방편으로 사용했으나, 실제 시행된 경우는 그리 많지 않았다. 중종 20년, "경면형으로 다스려진 죄인은 다만 2명뿐이다"라고 했다.

- **발가락 불놓기**

발가락 불놓기. 금지된 고문 중 전형적인 것이다. 프랑스 기메 박물관 소장의 김준근 그림이다.

자자형은 평생 동안 전과자라는 낙인을 안고 살아야 하는 가혹한 처벌이다. 1740년(영조 16)에 이르러 자자의 도구를 소각시키고, 다시 사용치 못하도록 전국에 엄명을 내림으로써 자자형은 완전히 폐지됐다. 주리형은 사람의 양다리를 함께 결박하여 그 중간에 2개의 주장을 넣어 가위 벌리듯이 좌우로 벌리게 하는 것이다. 모반 등의 중대사건에서 행해졌고, 일반의 경우는 포도청에서 도적을 다스릴 때 사용되었다.

태배형은 태로 등을 난타하는 형벌인데, 고문의 방법으로 사용되어 목숨을 잃기 쉬운 형이었으므로 세종 때에 금지하는 영을 내렸다. 압슬형은 무릎 위에 압력을 가하는 형이다. 1427년(태종 17) "죄인을 신문

함에 있어 압슬형을 시행할 때 1차 시행에는 2명이, 2차 시행에는 4명이, 3차 시행에는 6명이 하는데, 그 범죄가 10악, 강도살인과 같은 중죄가 아니면 압슬형을 시행하지 못한다"고 했다. 압슬형은 1665년(현종 6) 금지했고, 1725년(영조 1) 영구히 없애라는 영을 내렸다.

난장은 여러 명이 신체를 난타하는 형벌이다. 상·천민으로서 신분이 높은 여자를 범했거나 근친상간 등의 반윤리 죄를 범한 자를 멍석으로 싸서 여럿이 몽둥이로 난타하는 관습이다. 이와 비슷한 것으로 주장당문형朱杖撞問刑도 있는데, 영조 46년 금지시켰다. 낙형은 쇠를 달구어 몸을 지지는 형벌이다. 대역죄인의 신문에 사용되었으며, 권문세가에서는 노비의 죄를 벌할 때 행해졌다. 세종 때 이를 금하는 영을 내렸으나, 완전히 없어지지 않자 1733년(영조 9) 다시 왕명을 내려 폐지했다.

그 외에도 코를 베어버리는 의비형劓鼻刑, 힘줄을 끊어버리는 단근형斷筋刑, 발꿈치를 잘라버리는 월족형刖足刑, 사람을 거꾸로 매달아놓고 코에 잿물을 붓는 비공입회수鼻孔入灰水, 발을 쪼개는 고족형刳足刑 등이 모두 금지되었다.

제4장

朝 鮮

도적과 포도청

警 察

〈경국대전〉 형전에는 형률은 대명률 大明律 을 사용한다고 되어 있다. 즉, 대명률이 보통법이고, 우리 실정에 맞는 특별한 규정은 왕의 교지로서 후에 만들어진 것이다.

1

조선의 범죄

조선의 기본법은 〈경국대전〉이므로, 조선의 범죄도 당연히 이로부터 나온다. 우리가 보는 형법·행정법 같은 규정은 〈경국대전〉 중 형전·병전 등 각 전에 나타나 있다.

그런데 〈경국대전〉 형전에는 '형률은 대명률大明律을 사용한다'라고 되어 있다. 즉, 대명률이 보통법이고, 우리 실정에 맞는 특별한 규정은 왕의 교지로서 후에 만들어진 것이다. 이중 형률에 대해 모은 것이 〈사송유취詞訟類聚〉또는 〈결송유취決訟類聚〉등이다. 이를 보면 조선의 범죄는 대명률에 그 틀이 있다고 볼 수 있다.

대명률이 우리 나라에 처음 전해진 것은 고려 말인 1370년 대이다. 그후 정도전이 〈조선경국전〉을 만들었는데, 그 헌전총서에는 "대명률을 방언으로 옮겨 여러 사람으로 하여금 쉽게 알도록 하고, 모든 단결은 이 율을 사용케 한다"고 쓰여 있다. 이리하여 〈경국대전〉에도 대명률을 쓴다고 규정되었던 것이다.

대명률을 적용하기 위해서 먼저 〈대명률 직해〉를 만들었다. 편찬자인 김지의 발문에는 대명률을 직해한 동기가, 첫째 대명률은 벌의 경중이 각각 마땅함이 있어 집법자의 기준이 된다는 것과, 둘째 독해하는 데 어려움이 많아 이두로 쉽게 풀어서 일반 사대부가 익혀 백성 교도에 도움이 되게 한다고 했다. 이 같은 동기로 김지와 고사경이 명을 받아 축자 직해하고, 정도전·당성이 윤색을 가하여, 서적원에서 100여 본을 인출했던 것이다.

대명률 직해의 편차는 다음과 같다. 먼저 대명률 총목이 있고, 그 다음 명례률名例律과 이률吏律의 목록이 있다. 이는 총목의 목 아래 다시 율마다 세분한 각 조의 목록이다. 이어 도표로 오형지도, 옥구지도 등이 있다. 이어 호률 이하 각 조의 목록이 실려 있다. 본문에는 각 조 이하의 조문마다 준절准折로 시작되는 세부 설명이 있고, 이어 그 조문을 이두로 현토하는 식으로 소자 2행의 직해가 실려 있다. 이와 같은 대명률은 〈경국대전〉과 함께 과거시험의 한 과목이었고, 법 집행자와 지방 수령들에게는 필수의 법전이 되었다. 그러나 정약용이 언급했듯이, 수령들이 이러한 법서를 읽지 않고 아전에게 형률을 맡겨 형정의 피해가 상당했다.

한편, 입법자이면서 사법권자인 왕의 직책상 10악죄나 강상범죄인 경우, 범죄의 구성은 왕의 전권에 속한 경우도 많았다. 그러나 왕인 통치자가 가장 염려하는 범죄는 도적이었다. 조선 전 시대를 통하여 포도·장도贓盜를 강조한 사례는 엄청나게 많다. 먼저 〈경국대전〉의 결정판인 〈대전회통〉의 포도·장도 조항을 보자.

2

포도 및 장도

포도

- 절도 및 소와 말을 도살한 자 1인을 잡은 자에게 면포 10필을 주되, 1인이 늘어날 때마다 2필을 더 주어 50필이 되면 그친다. 한꺼번에 내주어 고르게 나누어 갖도록 한다.

  강도를 잡으면 1인당 50필을 주고, 1인이 늘어날 때마다 5필을 더 주어 100필에 이르면 그치도록 하되, 그중 앞장서서 강도를 잡은 경우에는 상으로 관직을 주고, 원래 관직이 있는 자에게는 관계를 올려준다. 향리와 천인이 앞장서서 강도 2인 이상을 잡은 경우에는 면포 50필을 주고, 1인을 잡은 경우에는 그 3분의 2를 준다.

- 10관 이상 훔친 도적을 5번이나 먼저 신고한 자와, 강도를 3번이나 먼저 신고한 자는 관계를 받는다. 원래 관계가 있는 자에게는 관계

를 올려주며, 그러한 자가 향리나 천인이면 면포 50필을 준다. 무릇 강도를 만난 경우에 소관 관리 및 이웃 사람 원주·역리 등이 구원하지 아니한 경우에는 논죄한다.

- 동리 안에 도적이 살고 있는데도 그 가까운 이웃과 그곳을 관할하는 사람이 알면서도 신고하지 아니한 경우에는 엄중히 논죄한다. 포도장이 지방에서 도적을 잡을 때에는 반드시 범죄의 증거를 가려서 요건을 갖추어 사실을 조사한 후 근거가 있는 자를 체포한다. 만약 죄를 즉시 자백하지 아니하나 반드시 사실 조사를 해야 할 경우에는 역시 포도장에게 질문하도록 한다. 체포된 사람은 모두 소재지 고을에 가두고, 관찰사로 하여금 유무죄를 분간하여 형을 집행하거나 석방하도록 한다.

· 적당이 관련자라고 끌어들인 사람이라도 여러 사람이 도적으로 다 같이 알고 있는 자

· 전에 도적질하여 도망쳐서 잡히지 아니한 자

· 분명히 사건의 상태가 남아 있거나 혹은 장형을 받은 흔적이 있는 자

이외 기타 무고로 끌어들인 부류는 모두 수리하지 아니한다.

- 도적이 잡힌 경우에는 그 고을에서 철저히 신문해서 자백을 받은 후에 토포사에게 이송하며, 이에 위반한 자는 제서유위율制書有違律(제서, 곧 조서에 적힌 임금의 명령을 위반한 죄)로 논죄한다.

- 평안도와 황해도의 치도는 일체 병영으로 하여금 주관하게 한다.

- 적인의 자백에 대한 재조사 결과는 토포사가 직접 임금에게 보고하지 아니하고, 관찰사가 친히 신문하여 재판을 마치고 판결문을 작성한 후에 정리하여 임금에게 보고한다.

· 도적을 잡도록 지시한 사람이나 체포한 사람에 관해서도 사실을

조사하여 임금에게 보고하되, 본토인이 아니면 그렇게 하지 아니한다.

· 적인이 재조사하기 전에 곧바로 죽었을 경우에는 처자의 정속(적몰된 집의 사람을 종으로 박아넣음)이나 지시인 · 포착인에 대한 시상 등의 일은 모두 논의하지 아니한다.

• 명화적明火賊 5명 이상을 잡아서 자백을 받아 임금에게 보고하면, 그 범인을 사형에 처했거나 처하지 아니했음을 막론하고 체포를 지시한 사람과 체포한 사람은 출신과 한량이면 가자하고, 가자의 교지에는 반드시 체포된 도적의 이름자를 써서 그 남발됨을 막도록 한다.

공노비와 사노비는 면천하며, 향리와 역리는 면역한다. 면천 · 면역과 수상은 스스로 원하는 바에 따른다. 한두 사람을 잡도록 지시하거나 체포한 경우에는 그 사람이 과거 출신이면 6품 관직으로 올려주고, 양인과 천인이면 쌀과 베로써 시상한다. 상주는 예는 〈경국대전〉에 있다.

극히 사납고 흉악한 도적은 비록 1명이라도 잡으면 강도 5인을 잡은 예에 따라 상줄 것을 논의한다. 무릇 도적 잡은 이에게 논상할 때에는 도적이 훔친 장물을 모두 합계하여 준다.

• 무릇 지시와 체포로 논상할 사람에 대하여 토포사와 수령이 만약 사사로운 정으로 허위로 기록할 경우에는 임금을 기망한 죄로 논하고 영구히 임용하지 아니한다.

• 적인이 같은 무리를 만약 스스로 고발하여 자백을 받아 처형하게 한 경우에는 고발자에게는 죄를 면제해주고 은 50냥을 주며, 7, 8명 이상 고발하여 처형하도록 한 경우에는 죄를 면제하고 관계와 은 110냥을 준다.

• **죄인회술레**

작은 죄를 지은 죄인을 끌고 다니며 우세를 주는 것이다. 팔을 결박하고 등에다 북을 매달아 치면서 동네나 장터를 돈다.

• 수령을 지시인이나 체포인으로 하여 논상하는 것은 일절 금지한다. 만약 관내에 흉악한 도적이 있어 기회를 틈타 잡는 데 현저한 공적이 있었으면 〈경국대전〉에 의하여 관계를 올려준다.

• 각 읍의 관속이 조포인으로 특별히 정해져서 1년을 통산하여 잡은 도적이 20명 이상인 경우에는 논상한다. 이서와 군졸로서 적당과 교통한 경우에는 군기를 누설한 건으로 논죄한다.

• 포도청에 고발된 사람이 10리 밖에 있으면 반드시 임금에게 계청한 후에 잡아오도록 한다.

• 돈과 곡식이 있는 각 관청에서 주간이나 야간에 당직하는 관원이

조심하지 아니하여 도난을 당했을 경우에는 파직하되, 돌아서서 즉시 도적을 잡은 경우에는 죄를 면제하고, 은폐하여 보고하지 아니한 자는 파직한다. 체포를 지시한 사람과 그 체포인에게는 강도를 체포한 예에 따라 논상한다.

- 익명서를 쓴 죄인을 잡거나 신고한 경우에는 극히 흉악한 도적을 잡거나 신고한 예로서 논상한다.
- 선비로 이름이 올라 있는 자는 비록 추국해야 할 중죄의 정황에 관계되는 경우에도 그를 포도청으로 송치하지 아니한다. 서민도 강도와 절도 이외는 역시 송치하지 아니하고, 비록 강도와 절도라도 마땅히 자세하게 살펴야 한다.
- 포도청은 죄인의 이름자를 빠짐없이 기록하고 죄인을 조사한 월일을 별도로 써서 문서를 작성하여 증빙으로서 뒷날 참고하도록 한다.
· 역적의 부녀로서 연좌해야 될 자는 포도청에 구류하지 아니하고 곧바로 배소로 압송하도록 한다.
· 무릇 추국할 죄수로 계속되어 이미 의금부에서 추문하는 경우에는 포도청으로 내려보내지 아니한다.

장도

- 강도로서 사형에 처하지 아니할 자는 대명률에 의거 논죄한 후 '강도' 두 글자를 자자하되, 재범자는 교수형에 처한다.
· 강도의 처자는 영구히 소재지 고을의 노비로 삼고, 우두머리의 율이 사형까지 이르지 아니하면 논죄 후에 '강와強窩'라는 두 글자를

자자한다. 전 가족을 국경지대로 강제 이주시키고, 3범은 교수형에 처한다. 도적질을 하여 도형과 유형에 처할 자는 평안도와 영안도에서는 각각 그 도의 극변인 각 고을에, 그 나머지 도에서는 멀리 떨어진 외딴 섬인 각 고을에 영구히 소속시켜 노비로 삼는다.

무릇 자자한 자는 자자한 곳을 봉하여 서명날인한 후 죄수를 계속 가두되, 3일이 지난 다음에 석방한다. 군인이 절도죄를 범했을 경우에도 역시 자자한다.

• 불법으로 국경 밖을 나가서 야인의 재물을 훔친 자는 교수형에 처하고, 국내의 물건을 훔쳐서 그곳에서 전매한 자는 금물을 몰래 판 죄로 논하며, 모두 사면대상으로 하지 아니한다.

• 무릇 장물과 속물은 호조로 보낸다.

• 무릇 도난을 당한 자는 잃어버린 물건의 모양과 표식을 상세히 기록하여 관에 신고해서 입안을 받아 증빙으로서 훗날 참고하도록 한다.

• 수랏간의 물건을 몰래 훔친 자는 도대사신어물률盜大祀紳御物律로 논죄한다.

· 내의원의 은그릇을 몰래 훔친 자도 같은 형률에 해당된다.

· 수랏간의 그릇을 임금이 신하에게 내려보낼 때 몰래 훔친 자는 그물건이 전내에 있을 경우와는 다르므로, 멀리 떨어진 외딴 섬에 영구히 소속시켜서 노비로 삼는다.

· 무릇 물건을 몰래 훔쳐서 사형에 처해야 할 경우에도 임금의 소공친으로서 자수하면 죄인을 사형을 면해서 정배한다.

· 관전 뜰에 배열되어 있는 벽돌을 파내어 가진 자는 장 100, 도 3년에 처한다.

· 수랏간의 물건에도 역시 경중이 있으므로 그때그때 임금에게 품의

하여 지시를 받도록 한다.

- 궁중의 창고에 있는 물건을 몰래 훔친 자는 강도율로서 논죄하고, 신고자와 체포자는 논상한다.

· 각 관청의 은이나 포를 훔친 자와 관청 창고에서 도적질한 자는 모두 같은 형률로 논죄한다.

· 각 중앙관청의 창고의 잡물을 몰래 훔친 자는 단지 절도율로 논죄한다.

- 장적帳籍을 훔쳐서 가진 자는 먼 변방지역으로 정배한다.

- 절도의 초범으로서 3인 이상이 무리를 지어 도적질하여 그 장물이 1관 이상 되는 자와, 2인 이상이 도적질하여 장물이 2관 이상이 되는 자 및 재범자는 장물의 다소, 주범과 종범을 가릴 것 없이 장 100을 친 후에 외딴 섬이나 아주 작은 고을의 노비로 삼는다.

- 밤을 틈타서 무리를 모아 인명을 살육하는 자는 재물을 얻은 여부를 막론하고 때를 기다리지 않고 참수하며, 그 처자는 노비로 삼는다.

· 무리를 모아서 도로를 차단하여 타인의 재물을 폭력으로 빼앗는 자는 역시 명화적을 처벌하는 율문으로 논죄한다.

· 비록 횃불을 밝혀 도적질하여도 같은 무리가 원래 적고, 훔친 물건도 많지 않으며, 또 인명을 살육한 적이 없는 경우에는 절도의 예에 따라 외딴 섬으로 보내어 노비로 삼는다.

· 적인의 처자가 사노비로서 본주의 호구 내에 들어가 있을 경우에는 공노비로 삼지 아니하며, 출가한 딸은 역적의 출가녀의 예에 따라 역시 처벌을 논하지 아니한다.

- 강도의 우두머리로서 형률이 사형에 이르지 아니한 자는 장 100을 친 후 외딴 섬의 노비로 삼는다.

· 적인이 14세 이하이면 외딴 섬에 영구히 소속시켜 노비로 삼는다.

• 백주에 시장에서 재물과 돈을 약탈한 자와 여인을 강간한 자는 주범이면 참수하고, 종범이면 그 자신에 한하여 섬으로 귀양보낸다.

· 무뢰배가 시장에 모여서 우마를 절취하여 도살한 경우에는 본율에 의거 논죄한다.

• 중국으로 가는 사신이 가지고 가는 방물을 훔쳐서 청국인에게 몰래 판 경우에는 주범과 종범 모두를 극형으로 논죄하고, 후위하는 영장에게는 장형을 집행한 후 정배한다.

· 통신사가 데리고 가는 사람이 일본에 도착하여 장막이나 잡물을 훔친 경우에는 율문에 의거 처단하며, 우리 경내에서 뇌물을 구하여 어지럽게 한 경우에도 같은 죄로 처벌한다.

• 각 고을에서 상납하는 면포나 마포 각 5동同 이상을 사취하거나 절취한 자는 참수한다.

· 상납하는 면포와 전문을 해당 관청의 서리 집에 맡겨두었을 경우에는 해당 서리를 감수자도율監守自盜律로 논죄한다.

· 색리가 모리배와 결탁하여 몰래 훔친 경우에는 포도청에 이송하여 기한을 정해 걷어들이도록 한 후에 형조에 이송해서 율문을 적용하여 처치한다. 기한이 지나도 끝내 납부하지 아니한 경우에는 결손처분하고, 장물을 계산하여 죄를 정하는 율문에 의거 논죄한다. 만약 수령이 사정을 알면서 양 건의 확인서를 작성하여 보낸 경우에는 잡아다가 문초한 후 죄를 준다.

3
조선의 3대 도적

이익의 〈성호사설〉

이익은 〈성호사설〉에서 조선의 3대 도적으로 홍길동 · 임꺽정 · 장길산을 들고 있다. 조선 중기에 횡행한 이들 대도大盜는 후기에 들어오면서 농민항쟁 등 전국적인 봉기로 이어지고 있다.

이중 홍길동은 가상인물이라고도 하나, 당시 실존했던 인물을 각색한 것으로 보인다. 그는 이후에도 의적 활빈당의 행수行首로서 전설적인 인물로 내려오는 맥을 잇고 있다. 임꺽정은 당시 한양까지 드나드는 적당의 우두머리인데, 3년 여 동안 조정에서도 위기를 느낄 정도로 큰 힘을 가졌다. 장길산은 이에 비해 전란 이후 피폐해진 백성들의 생활고를 가늠케 하는 도적이었다. 이것은 후기에 민란의 시대로 이어오고 있다.

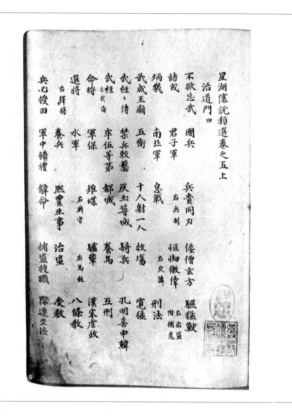

- 성호사설

영조 때 실학자 이익이 지은 〈성호사설〉의 일부분. 여기서 그는 다방면의 실용적 이론을 고증을 들어 제시한다.

홍길동

소설 〈홍길동전〉에서 활빈당이 포졸과 싸우는 장면을 보자.

완전무장한 백여 명의 활빈당원들이 보무도 당당하게 감영 정문에 다다르자, 문지기가 눈치를 채고 어디로인지 도망을 쳐버리고 말았다.

그와 동시에 누가 씨를 터뜨렸는지 모르지만,

"홍길동이가 수천 명의 군사를 거느리고 감영을 습격해왔다."

하는 소문이 퍼지자, 감영 안은 일대 수라장을 이루게 되었다.

계급을 막론하고 치를 벌벌 떨며 갈팡질팡 도망칠 길만 찾았다. 마치 닭의 무리가 솔개의 습격을 받은 듯, 제각기 쥐구멍을 찾기에 허둥지둥 할 뿐이었다.

함경감사 천병준을 서울 임사홍에게 압송함으로써, 간신배들의 가슴을 한번 서늘하게 해주자는 생각이었던 것이다.

홍길동은 이내 필묵을 가져오게 하여, 임사홍에게 다음과 같은 글월을 썼다.

"함경감사 천병준이 워낙 포악무도하여 백성들의 고혈을 착취함으로써 민생을 도탄에 빠지게 하는 죄가 큰지라, 이제 그를 체포하여 그대에게 보내노니, 그대는 죄를 다스려 백성들의 원한을 너그러이 풀어주도록 하라. 활빈당 행수 홍길동"

홍길동은 활빈당원 두 사람으로 하여금 천병준을 서울로 데려가라는 분부를 내렸다.

〈홍길동전〉의 시대배경은 세종 때다. 서얼 출신인 홍길동은 활빈당 행수로서, 신출귀몰한 꾀로 동에 번쩍 서에 번쩍 하면서 탐관오리들을 습격한다. 그리고 탈취한 재물은 빈민들에게 나누어준다. 조정에서도 그를 당해내지 못하여 병조판서에 임명하지만, 그는 활빈당원들을 이끌고 서해안 율도국에서 이상향을 건설한다는 이야기다.

저자인 허균이 광해군 때 실제 국청을 받고 역모죄로서 능지처참을 당하지만, 당시 공모했다는 박응서 등의 공술·조사 내용은 실록에 자세히 나와 있다. 한편, 허균이 모델로 한 실존 인물 홍길동은 1500년(연산군 6) 10월 28일 실록에 나온다.

의금부가 아뢰기를, "엄귀손은 죄가 마땅하니, 곤장 100대를 때려 3,000리 밖으로 유배하고 직첩(벼슬아치의 임명 사령서)을 모두 회수해야 되겠습니다" 하니, 정승들이 의논하였는데, 한치형이 의논드리기를,

"엄귀손은 본래 탐욕이 많은 사람으로, 선왕 때에 포도대장 이양생이 엄귀손의 홍천 본가에 가서 황당한 물색을 수색해냈으나, 그때 겨우 면했었는데, 지금 또 홍길동의 음식물을 받았고, 또 일찍이 주선하여 가옥을 사주었으니, 홍길동의 범한 짓을 어찌 모르겠습니까. 형벌을 더하여 실정을 알아내어 죄를 결정하는 것이 어떠하리까?" 하여 그 의논대로 했다.

의적으로 표현되는 활빈당은 조선 후기에 와서는 명화적의 대명사가 되었다. 1885년 호남에서는 활빈당이라는 비적이 상당한 규모로 활동했으며, 1900년에는 전국적 규모의 활빈당이 조직되어 극성을 부렸다. 이들은 마중군·맹감역을 자칭하며 활빈당으로 활약했다. 그러다가 1905년 이후 일본군 헌병이 대거 들어오면서 급격히 사라지고 만다. 이는 한말, 망하는 왕조에 대한 백성들의 저항이라고 볼 수 있을 것이다.

임꺽정

서림이가 포교들이 잡아 꿇리는 대로 부장청 계하에 꿇어앉아서 대장을 쳐다보니, 중각에는 포도부장 한 사람이 화로를 끼고 앉았고, 서원인 듯한 사람이 지필을 앞에 놓고 앉았다. 부장이 굽어보며,

"묻는 말에 바로 대지 않으면 당장에 초죽음을 시켜놓을 테니 그리

알아라!"

하고 첫마디에 으름장을 놓는데, 서림이가 목소리는 나직하나 분명한 말로,

"아는 일이면 다 이실직고하옵지 일호라도 기망할 길이 있소리까."

하고 대답했다.

"네 성이 무어냐?"

"엄가올시다."

"성이 무엇이야?"

"엄할 엄자 엄가올시다."

"초죽음을 하구 싶어서 성부터 외대느냐?"

"엄가 아닌 걸 엄가랄 리 있소리까."

"네 아비는 서가구, 너는 엄가냐? 이놈, 죽일 놈 같으니!"

부장이 서림이를 호령한 뒤 서림이 옆에 섰는 포교들더러,

"그놈을 다듬어 가지구 만져야겠다. 한바탕 톡톡히 내려라!"

하고 말을 이르더니 방망이질이 시작된 뒤 얼마 안되어서 그치었다. 부장이 다시 성명을 묻는데 이번에는 바로,

"네 성명이 서림이지?"

하고 물었다.

"어떤 놈이 저를 서림이라고 밀고했는지, 그놈이 아마 저하구 불공대천지수가 있나 봅니다."

부장이 다시 포교들더러,

"그놈이 설맞아서 바로 대지 않는다. 이번엔 아주 반쯤 쳐죽여놔라!"

홍명희의 소설 〈임꺽정〉에 나오는 장면이다. 이 이야기는 실록에도 자세히 나와 있어 사실성이 상당하다. 그가 도둑으로 활동한 시기는

1559년부터 1602년 사이다.

임꺽정은 경기도 양주에서 버들고리를 만들어 팔던 백정 출신이다. 당시 황해도 봉산·재령 등지의 갈대밭을 진전이라고 하여, 내수사에서 관리하게 되었다. 이로 인하여 갈대로 삿대, 고리짝을 만들어 팔던 농민과 소상인들의 불만이 몹시 커졌다. 그것이 직접적인 요인이 되어 임꺽정 일당은 이 지역에서 도적으로 활동하게 된다. 이들은 관청을 습격하고, 관물을 빼앗으며, 관군과 맞서 싸우는 등, 조정에서도 묵과할 수 없는 형세가 되었다.

1560년(명종 14) 3공·영부사·병조·형조가 함께 의논하여 올렸다.

"황해도의 적세가 흉포하여 사람을 약탈·살해할 뿐 아니라, 심지어 대낮에도 관문을 포위하고 수령의 나졸을 사살하며, 옥문을 부수고 수감된 일당을 빼앗아가는 실정입니다. 관인이나 누구를 막론하고 그들의 종적을 말하면 모조리 잡아 배를 갈라 위엄을 보이고, 또 사신을 영후迎候하는 관군을 살해한 뒤에 그 패자牌字를 아문에 걸어놓고 관에다 고발한 사람을 겁초刦招합니다. 서울에서 가까운 지역을 횡행하면서 일찍이 대장을 역임한 사람을 추축하는 등, 조금도 두려워하거나 꺼리는 빛이 없이 흉포가 극심하니, 그들을 모조리 잡아죽여서 생령에게 해를 끼치지 못하도록 해야 합니다. 그런데 그곳의 수령들이 이를 막지 못하고 그들이 출몰하는 대로 놓아두고 있으며, 살륙의 환을 보고도 그들의 보복이 두려워 직무를 유기하고 도리어 숨겨주어 적세가 그처럼 창궐하기에 이르렀으니, 앞으로 제어하기 어렵게 되었습니다. 또 전략을 잘못 세워 양민을 몰아다가 적으로 빠뜨렸으니, 어찌 통탄할 일이 아니겠습니까. 추포하는 전략도 늦출 수 없지만, 회유하는 계책도 병행하여, 한편으로는 조정의 위엄을 펴고, 다른 한편으로는 불안한 백성의 마음을 안정시켜야 합니다."

그리고 계책을 제시했다.

1. 도내의 수령 중에 계책을 세워 도적을 포착할 수 있는 자는, 그 고을 균정의 다소를 헤아려 30~40명 혹은 50~60명의 용맹스런 자를 엄밀히 뽑아 각기 거느리고 서로 약속을 정한다. 적괴의 소재를 들으면 피아를 막론하고 번거로이 군사를 동원시키지 말고 기관을 만들어 포착하고, 만약 적당이 소굴에 모여 있으면 때 맞춰 병력을 합쳐 공격할 것.
1. 사정을 잘 아는 사람을 뽑아 항상 신변보호를 해주어 해를 입지 않도록 한 뒤에 도적의 자취를 탐지, 도적을 포획하게 되면 양인은 나만세의 전례에 의하여 군직에 부치고, 천인은 면천·면역해주고, 또 도적의 재산을 지급할 것.
1. 각 관의 수령들은 무재와 재간이 있는 자를 가려 포도장으로 차정하여 요해처를 지키다가, 만약 도적이 나타나면 서로 은밀히 연락하여 즉시 힘을 합쳐 하나도 빠짐없이 포착하게 한다. 마음을 다해 추포한 현저한 공이 있는 자는 포고한 자의 전례에 의하여 논상하고, 적당의 소재를 알고도 즉시 심포尋捕하지 않은 자는 엄중히 징치할 것.
1. 수령으로서 마음을 다해 조치하여 괴수를 잡게 되면 가계하고, 자격이 된 자는 특별히 당상으로 승진시키며, 혹 미루거나 태만하여 심포하지 않은 자는 계문하여 잡다가 중벌로 다스릴 것.
1. 적당 중에 혹 가난에 쪼들리거나, 침탈을 견디지 못해서거나, 죄가 두렵고 부역을 피하기 위해서거나, 도적의 위협에 의하여 도적이

된 자가 그 일당을 설득하여 함께 돌아오면 그 두목까지도 이전의 범죄를 불문에 부치고 안착을 허가하여 무휼을 힘쓸 것.

1. 잘못을 뉘우치고 자수하는 자는 면죄와 아울러 본업으로 돌아가도록 하고, 그 일당을 죽였거나 혹 죽이지 못했더라도 즉시 고발하여 적당을 포착하게 한 자는, 양인은 상을 주되, 포를 받기 원하면 법에 의해 지급해주고, 향리·역졸과 공사노비는 면역·면천과 아울러 도적의 재산을 지급할 것.

이상과 같은 열거 진술한 내용을 황해도 감사에게 내려, 힘껏 조치해서 군민軍民을 효유하고 적당을 모조리 무마하거나 포착하도록 했다. 또 큰 길거리의 원이나 깊은 산 사찰에도 이를 언문으로 써서 게시하여, 적당으로 하여금 화복을 모두 알도록 했다.

"또 듣건대, 한 백성이 적당을 고발한 일이 있었는데, 하루는 들에 나가 나무를 하다가 도적들에게 붙잡혀 적들이 살해하려 했습니다. 그 아들이 산 위에 있다 달려와서 적들에게 말하기를 '너희들을 고발한 것은 나요, 아버지가 아니니, 아버지를 대신하여 죽기를 바란다'고 했습니다. 적들이 곧 그 아비를 놓아주고 그 아들을 결박하여, 촌가에 도착하여 밥을 짓게 하고는 둥그렇게 둘러앉아 배를 갈라 죽이고 갔다고 합니다. 이 사람은 나라를 위하여 적을 고발했을 뿐만 아니라, 그 아비를 위하여 대신 죽고 아비는 면하게 했으니, 그의 충성과 효도가 지극히 아름답습니다. 본도 감사에게 아울러 찾아내 치계토록 하여 포상하소서."

"경기·황해·평안·함경·강원도 등 5도에 각각 대장을 차정하면 소란스러워질 것이니, 병조로 하여금 종 2품 무신 2인을 가려서 순경사라고 이름하여 황해·강원도 두 도에 내려보내게 하소서. 황해도는 경계가 평안도와 닿아 있고, 강원도는 경계가 함경도와 이어져 있으므로, 도적의 종적을 찾기만 하면 도계를 넘어가서 잡을 수 있습니다. 경기는 서울과 아주 가까워서 자연히 도적의 기별을 들을 것이므로, 즉시 개성으로 가기만 하면 도사가 무관으로 군사를 맡고 있으니 끝까지 가서 잡을 수 있습니다."

그리하여 1559년 감사 신희복이 해임되고 순경사로 황해도에 이사증이, 강원도에 김세한이 종2품 무신으로서 파견되었다. 그러나 순경사는 역로를 피폐하게 만들고 백성에게 부담만 준다고 하여 곧 철수되고, 남치근을 토포사로 파견했다. 토포사 남치근에 대하여는 일찍부터 비난이 많았는데, 이번에도 무고한 양민들을 잡아가므로 토포사의 철수를 주장하는 의견이 있었다. 이번 토벌 과정에서 개성부 포도관 이억근이 죽었고, 부장 연원령도 살해되었다.

임꺽정은 허무하게 잡혔다. 그가 관군에 쫓겨 어느 집에 들어갔는데 그 집 노파에게 "도둑이야" 하며 달아나게 하고, 자기도 비를 들고 뒤쫓다가 관군이 왔을 때 도둑은 이미 도망갔노라고 속였다. 이때 그를 알아본 서림에 의해 그는 붙잡혔다. 명종은 선전관·금부낭장 및 포도군관을 보내 잡아오게 했으나, 그를 문초한 기록은 남아 있지 않다.

장길산

소설 〈장길산〉의 줄거리는 이러하다.

숙종 때, 만삭이 된 채 쫓기던 여인이 헛간에서 아기를 낳은 후 숨을 거둔다. 광대 장충은 자신의 핏줄이 아닌 아기를 몸소 받아내어 예성강 변을 빠져나와 고향인 문화 재인말로 간다. 장길산張吉山은 이렇게 태어 났다. 길산은 친구 갑송이와 재주를 팔러 장터에 나갔다가, 신복동이네 패거리와의 싸움에 가담하다 결국 잡혀버리고 만다. 그러나 길산은 박대근의 술수로 길산 대신 다른 이가 그의 이름으로 참형을 당하고 그는 살아난다. 박대근은 양반의 서자로 적서차별의 불만을 품고 가출하여 송도 거상 배대인의 차인差人(점원)이 되었다가, 뛰어난 상술로 인해 배대인의 사위가 되어 후계자가 된다.

길산에게는 묘옥이라는 사랑하는 사람이 있었다. 그녀는 길산이 죽었다는 소식에 재인말을 떠나면서 이경순을 만난다. 그는 사분원私分院(개인이 가진 사기砂器 만드는 곳)을 가지고 있으며, 그곳에서 제작된 사기류나 그릇류를 3남지역에서 관북까지 판매하는 부유한 양인이다. 이경순은 활빈도와 살주계 등 비밀조직에 화승총과 화폐를 사주私鑄하여 유통시키며 긴밀한 관계를 유지한다. 그러나 살주계와 검계는 진정한 미륵세상을 도모하던 중 그만 관의 추적을 받아 대부분의 조직원들이 체포되고 계는 와해된다.

그 동안 길산은 박대근과 긴밀한 연락을 취함과 동시에 마감동·우대용·강선홍 등의 의형제들과 함께 활빈활동을 한다. 부패한 양반이나 관리들의 재물과 곡식을 빼앗아 헐벗고 굶주린 양민들에게 나누어 주었다. 길산은 살주계·검계의 잔여세력과 승려세력을 규합하여 미륵신앙의 이념 아래 역성혁명을 계획하고, 여기서 이경순을 처음 만나게 되어 묘옥과 재회도 한다. 그러나 길산과 활빈도의 역모는 최형기라는 토포장에 의해 실패로 돌아가고, 그들은 다시 정 진인眞人을 추대하여 2차로 거사계획을 시도하게 된다. 최형기는 활빈도의 활동이 시작되자 다시 토포장에 임명된다. 그러나 길산과의 결투에서 결국 목숨을 잃는다.

그후, 길산과 활빈도는 의적 활동을 계속하게 되며, 그들의 행방에 대해서는 소문만이 무성할 뿐이다.

1692년 조정에서는 평안도 양덕 부근에서 활동하는 장길산을 체포하러 포도청의 장교를 보냈으나 실패한다. 이후 그는 함경도 서수라에서 활약한 것으로 보이나, 전국 곳곳에서 그의 활약으로 보이는 명화적이 나타난다. 1695년 철원읍에 명화적 수십 인이 나타나 총을 쏘며 약탈했으나, 철원부사는 겁이 나서 잡지 못했다. 당시 검계와 살주계가 유행했는데, 이는 노비쇄환을 위해 노비추쇄도감이 생기자 더욱 성해졌다.

임진왜란 후 신분사회가 동요되고 경제환경이 변해가자, 노비가 도망하여 양인 행세를 하게 되니 주인들이 노비를 잡으러 다닌 것이다. 이러한 상황에서 노비들은 비밀결사를 맺게 되어 양반을 능욕하는 일이 많아졌다. 1684년(숙종 10)에 이들에 대한 대대적인 체포 지시가 떨어졌으나, 반년 동안 겨우 계원 10여 명만 잡았을 뿐이었다. 이들 노비들이 당시 명화적으로 이름을 날렸는데, 영조 때는 각자 단호團號까지 가질 정도였다. 즉 서울의 후서강단, 평양의 폐4군단이 유명했고, 유민·걸인의 유단, 광대·재인의 채단도 있었다. 이들은 또한 19세기 말 이후 체제변혁을 외치는 활빈당으로 이어졌다.

1697년(숙종 24) 정월에 이영창 등의 역모사실이 발각되었다. 그는 장길산과 금강산에 있는 승려 운부와 함께 역모를 꾀한 것으로 되어 있다. 곧 장길산과 운부雲浮에 대한 체포령이 내려졌다. 이 일로 설간에 큰 소란이 일어났고, 한때 도적의 활동이 뜸해지기도 했다. 장길산은 그후 이름을 드러내지 않았고, 끝까지 잡히지 않았다.

조선 후기에 들면서 경제여건이 변하고 신분질서가 재편되면서 다양한 범죄가 나타난다. 이에 따라 포도청도 도둑을 잡는 기관에서 사회질서 전체를 바로잡는 기능을 맡게 된다. 그것이 포도청의 직무에서 나타나는 여러 금조에 해당된다. 대표적인 예를 들어 본다.

1763년(영조 39), 경희궁 홍화문에서 5부의 백성들을 모아놓고 금주령을 엄중하게 신칙했다. 포도대장 정여직을 남양으로 귀양보내고, 형조와 한성부의 여러 당상들을 파직시켰다. 이때 술을 금하는 법령이 엄중하여, 이를 범한 사람은 모두 무거운 죄를 받았다.

전 부사 최홍보의 기첩이 금주령을 범한 것 때문에 부관에게 태형을 받자, 이를 수치스럽게 여겨 홑이불로 얼굴을 덮고 스스로 도랑물에 빠져 죽었다. 영조는, 술과 여색은 모두 사람을 미혹시킬 수 있는 것인데, 최홍보의 첩은 기류로서 금제를 범했으니, 음성淫聲과 난색亂色은 이목耳

目에 접하게 해서는 안된다는 〈예기禮記〉의 뜻을 따라, 사대부 가운데 기첩을 데리고 있는 사람은 자식이 있는 경우를 제외하고 모두 원적으로 쇄환시키라고 했다.

가짜 윤음 사건이 있었다. 영조가 죽고 정조가 즉위한 시기에 충주·여주를 비롯하여 평안·강원도까지 가짜 윤음이 퍼졌다. 그 내용은 과거제도를 고친다는 것 외에, 관리가 뇌물을 받으면 사형에 처한다는 것, 헛되이 유명 양반에 올라 있는 자는 충군한다는 것, 양인도 옛글에 능통하면 가려 쓴다는 것 등이었다. 또 시험관이 농간을 부리면 역률로 다스리고, 술은 망국의 폐가 있으니 절대 금한다는 것, 군포를 없애고 호포를 실시한다는 것 등이었다. 정조는 이를 진화하기 위해 그런 일이 없다는 역 윤음까지 반포했다.

족보를 위조하거나 직첩을 가짜로 만들기도 했다. 종실의 자손이 자기 가문에 대대로 물려받은 〈선원보략〉 8권을 팔면 100냥의 돈을 받을 수 있었다. 이 진본을 사들여 그 후손이 끊긴 파에, 제 할아비의 이름을 접속시켜 그 서체를 모방하고 새기는 법을 흉내내어 감쪽같이 기록하는 것이다. 한편, 한번 벼슬한 사람이 평생 받은 고신告身(직첩)은 많으면 수십 장이요, 적어도 10여 장이 되었다. 그가 죽은 후 자손이 가난해지면 물려받은 직첩들 중 높은 벼슬의 직첩은 보관하여 가보로 삼고, 나머지는 모두 내다팔았다. 양인과 천민들 중 같은 성을 가진 자들은 모두 그 직첩을 비싼 값에 사서 호적을 고친 것이다.

조선시대에는 과거로 인한 문제도 많았다. 선조 때는 과거장의 많은 응시자를 감시하겠다고 좌포도청이 상계하여 허락을 받았다. "지금 과거장에 응시자가 전일에 비해 갑절이나 모여 마을의 집에 가득하고 심지어는 노숙하는 자도 많이 있습니다. 이런 때를 당하여 도적질하고 축재하는 폐단이 없지 않을 것이니, 군사를 충원하여 계속 감시하고, 또

• **활쏘기**

활쏘기는 무과의 하나며, 정신수양으로도 많이 애용되었다. 봄 · 여름 · 가을 수시로 궁술대회
가 열리기도 하였다.

군관과 군사를 증가시켜 과거가 끝날 때까지 순찰하겠습니다."라고 했
다.

과거에 대신 참여하거나 부정하는 방법도 점차로 발달되어 차작借作
과 대필이 성행했다. 시험관과 내통하면 시험도 치르지 않고 답안지를
집에서 대필, 차작으로 만들어 그날 밤에 보내준다. 그러면 시험관은 그
것으로 장원을 매기고 여러 시험지 속에 넣어준다. 또는 사령들을 매수
하여 합격이 된 자의 시권에 자기의 이름을 기입하도록 하며, 혹은 시
험 답안지에 암호를 넣어 내통하는 법과 문제를 미리 아는 방법 등 가
지가지였다. 이러다 보니 엉뚱한 사람이 합격되는 경우도 있었는데, 이
를 '천락수天落水'라고 했다.

무과의 폐단은 더욱 많았다. 정약용은 격축擊逐 · 공로空老 · 징포徵布 ·
만과萬科 · 무액無額 5가지를 들었다. 격축이란, 시골에서 올라온 활 잘 쏘
는 응시자들을 어두운 골목에서 지키고 있다가 시비를 걸어 몽둥이로

두둘겨패 과거에 응할 수 없도록 하는 것이다. 식년 증광시는 열 가지 무예와 한 가지 병서의 강론으로 널리 모든 무예를 시험하므로, 한 가지 무예만을 취하여 뽑는 정시 만과보다 훨씬 우월하다. 시험장에서 많은 점수를 주는 것은 철전과 목전을 멀리까지 쏘는 것에 달렸으므로 이미 높은 점수를 얻은 시골 사람을 골라 행패하는 것이다.

이리하여 비단옷 입은 연약한 자들이 모두 1등으로 급제하여 풍악을 울리며 준마를 타고 과장을 나오고, 억울하게 낙방한 사람들은 고향으로 돌아가 활을 부수고 화살을 꺾으며, 자손에게 무과에 응시하지 못하게 했다.

공로란, 세력 있는 집안의 사람은 만과 출신이라도 아침에 발령받아 저녁에 승진하고, 남북의 군적을 두루 거쳐 10년도 안 가서 병사의 자리에까지 오르지만, 시골 출신은 식년에 등과한 사람일지라도 좌우에서 그 출세를 막고 방해하므로 늙도록 승진을 못하고 뒤처져 10대에 걸친 가산이 객사에서 탕진되고 마는 것을 이른다. 우리 나라에서는 무과에 급제하고도 벼슬하지 못한 사람을 더욱 천하게 여겼다. 집안의 내력에 이 한 가지 누만 있어도 자손들로 하여금 3사에 통하지 못하게 되니, 이런 까닭으로 자손에게 무예를 익히지 말라는 훈계를 내린 것이다.

징포란 무과 출신의 아들·사위·아우·조카까지도 모두 군적에 실리어 유청有廳 군관이라는 명분으로 매년 포 1필씩을 바치게 하는 것이다. 그리하여 문중에 한 사람이 무과에 급제하면 3족이 모두 피해를 입는다. 과거에 급제함은 영광인데, 영예를 구하려다가 얻지 못하면 도리어 재앙과 욕을 당한다.

만과는 과거 합격자 수가 1천 명을 넘기도 하고, 심지어 수천 명에 이르는 일을 말한다. 화살 하나만 명중시키면 누구나 급제하니, 누구든지 무예를 익히지 않고서도 운만 좋으면 급제한다.

무액이란 응시자의 정원이 없기 때문에 생기는 폐단을 말한다. 오늘날 무과에 합격하는 자들을 보면 모두가 대리 응시를 한다. 돈 있는 자는 활 쏘는 방법조차도 모르면서 어린 나이에 등과하고, 돈 없는 자는 아무리 활을 잘 쏘아도 백발이 되도록 구지레하게 지낸다.

당시 소매치기도 유행했다.

김경화는 동래부 사람이다. 칼을 애호하는 버릇이 있어, 일본 단도 한 자루를 순금 30냥 값을 치르고 3년 만에 구입했다. 칼 서슬에다 털을 놓고 불면 끊어질 정도였다. 이에 속향襟香으로 칼집을 만들고 주석으로 장식을 한 다음 차고서 서울로 놀러갔다. 김경화는 새문안의 박씨 집에 사관을 정했는데, 박씨 또한 칼을 좋아하는 버릇이 있었다. 그 단도를 보고 욕심을 내어서 만이천 전으로 바꾸자고 청했다. 김경화가 승낙을 않자, 박씨는 "서울에는 주머니를 채가는 도둑이 많다오. 조심하지 않으면 만이천 전을 잃어버리리다. 나에게 일찍이 덕을 보이느니만 못할 것이오" 하였다.

김경화는 웃으며 대답했다.

"내 팔뚝은 떼 갈지언정 나의 칼은 훔쳐갈 수 없을 것이오."

"내가 만약 누굴 통해서든 그 칼을 얻으면 당신 어쩔 테요?"

"값을 안 받기로 약속하지요."

박씨는 이에 곧 소매치기 셋을 불러들였다. 술을 먹이고 사람과 칼을 보인 다음, 3일 내로 꼭 칼을 가져오면 너희에게 상금을 두둑이 주겠다고 말했다. 소매치기들이 어렵게 생각하는 기색도 없이 하겠다고 나서는 것이었다. 김경화는 그래도 설마 했다.

김경화가 비록 믿어지지는 않았지만, 그래도 염려스러워서 세 발짝에 한 번씩 칼을 내려다보았다. 앉으나 서나 걸으나 누우나 그의 오른손은 칼로부터 떨어질 때가 없었다. 이튿날까지 칼은 무사했다. 사흘째 되는 날 소광통교를 지나갈 때 마주친 사람이 있었다. 외양이 아주 조심성 있어 보였고 의관도 거룩하고 선명했다. 김경화를 보고 혀를 차고 지나가며 말하기를

"쯔쯧, 점잖은 분이 남 보는데 이를 붙이고 다니다니…."

김경화가 자기 옷을 둘러보니 왼쪽 어깨에 이란 놈이 바야흐로 굼실굼실 기어가고 있지 않은가. 김경화는 창피해서 얼른 오른손을 돌려 이를 잡아버렸다. 그리고 몇 걸음 걷다가 칼을 내려다보니 어느새 칼은 벌써 없어졌고, 칼을 매단 곳의 옷이 반이나 잘려나가 있었다. 아까 그 사람이 훔친 것으로 생각되었으나 또한 분명히 단정할 수도 없었다.

사관에 돌아와서 박씨에게 말하자 박씨는 웃으며

"당신 칼을 감히 누가 도모했겠소?"

하고 상자를 열어 꺼내 보이는데, 아직 매달린 옷 조각을 풀지도 않았다.

그 칼은 마침내 박씨의 소유가 되고 말았다.

사기꾼도 많았다.

백통(백철白鐵로 되어있음)은 천은天銀 같고, 염소 뿔은 화대모, 곧 거북의 등껍데기 같고, 주식토朱埴土는 한중향漢中香 같고, 조서피浻鼠皮는 회서피灰鼠皮 같고, 황구의 털은 이리의 꼬리 같다. 장판에서 간교한 무리들이 그것을 팔아서 시골 사람을 많이 홀린다. 술수가 아주 묘한 데 이르러는 비록 서울 토박이 경아리(닳아빠진 서울사람)라도 오히려 그 술에 빠지게 된다.

이생은 서울 성서에서 태어나 자란 사람으로, 서울의 장사치도 감히 자기를 속이지 못하리라고 자부했다. 하루는 서문시장을 지나가는데,

한 아이와 중늙은이가 서로 다투고 있다. 가만히 엿들어보니, 중늙은이가 말하기를

"열 푼을 줄 테니 그 물건을 내게 다오."

"이 어른이 눈이 있소? 내 물건이 어찌 겨우 열 푼밖에 안된단 말이오?"

아이의 말이었다.

"너 이걸 어디서 났니? 네가 틀림없이 점방에서 훔쳐왔겠다. 열 푼도 오히려 공돈인걸, 값을 따지고 말고 할 것이 있느냐?"

"내가 훔쳐오는 것을 영감이 언제 보았단 말이오? 이 어른이 정히 내 욕받이 되기 알맞겠구려."

"쥐새끼 같은 녀석이 버르장머리 없이…."

중늙은이가 소리를 빽 지르자 아이도 등을 돌리고 으르렁댔다.

"강도 같은 늙은이!"

중늙은이가 한 대 쥐어박으려고 덤비자, 아이는 달아나며 욕설이 입에서 떠나지를 않았다.

이생이 은근히 그 물건을 보니 화대모였다. 유리처럼 맑고, 순금처럼 빛나고, 박처럼 단단하고, 닭 눈깔처럼 동그랗고, 고리 위에 오화烏花 둘이 영락 제자리에 박혀 있었다. 사정해서 열 두 푼에 그것을 샀다.

사가지고 오는 길에 바로 점방 주인에게 보였더니 염소 뿔이라고 하는 것이었다. 이생은 수치스럽게 여기었다. 그 아이를 찾아 몰래 뒤를 밟아 가보니 아까 그 아이는 중늙은이의 아들이었고, 그 중늙은이는 장판에서 물건 위조를 업으로 하는 자였다.

5

형률의 개혁

왕도정치

영정조 이후 왕권이 확립되면서 왕도정치의 일환으로 백성을 편하게 하는 정책이 펼쳐진다. 형률 개혁도 이때 나타나는 대표적인 업적 중의 하나다.

1726년(영조 2) 우승지 조영세가, "청주 영장 남태적이 보고하기로, 도적 여덟 명이 잇달아 병폐했다고 했습니다. 흉년에 걸식하는 무리가 혹시 곡물이나 의복을 훔친 일이 있으면 무조건 지목하여 강도로 만들어, 난장과 악형으로 기어이 자백 받은 뒤에 그만둡니다. 비록 살옥하더라도 동추同推하게 하고 또 확인을 거쳐서 비로소 결안을 만들어 계문하고도 오히려 3복을 하는데, 영장이야 더욱 단옥을 신중히 살피고 오로지 치도를 신중히 해야 합니다. 그런데 영장이 혹독한 형벌을 써서 한번에

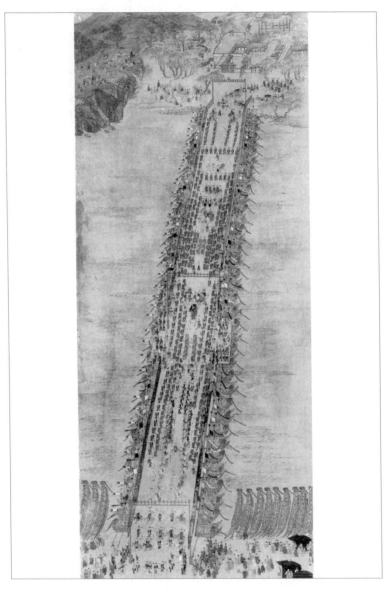

- **주교도**

  원행을묘정리소계병 8폭 중 마지막 장면인 주교도는 정조가 노량진에서 한강을 건너오는 장
  면을 그린 것이다. 주교는 이때 처음 만들어졌으며, 이는 강력한 왕권의 상징이기도 하였다.

194

자복받아 급작스럽게 계문하고 형을 집행하니, 나라에서 인명을 중히 여기는 뜻이 과연 어디에 있단 말입니까? 감사로 하여금 한번 친히 물어 자세히 진상조사를 한 연후에 감영에서 조율한다면, 혹시라도 죄 없이 억울하게 걸리는 폐단을 없앨 수 있을 것입니다" 하니,

"포도청 및 토포영에 들어간 자가 어찌 승관하지 않는 사람이 있겠는가? 도적질을 어찌 즐겨서 하겠는가? 다만 굶주림과 신역의 괴로움으로 인하여 잠시 살기 위하여 그런 것이니, 그 원인을 궁구한다면 이 몸의 허물이 아님이 없다. 이미 선으로써 백성을 인도하지 못하여 악에 빠지게 한 뒤에 다스리니, 장계를 볼 때마다 일찍이 슬프지 않은 적이 없었다. 감사가 친히 묻는 계청이 좋지 않은 것이 아니나, 죄 없는 자가 이로 인하여 죽음을 면함은 좋다. 그러나 만약 죄가 있어 취복한 자로 하여금 이에 따라 말을 고치게 하여 다시 신문하게 된다면 또한 폐단이 없지 않다. 우선 특별히 각도의 감사 및 토포영에 신칙하라"고 했다.

또 영조는 포도청의 문서에 아들이 아버지를 증거 대고, 종이 주인을 증거했다고 형조 당상과 포도대장을 파직하기도 했다. 그리고 포도청에서 판결을 오래 미루어 미결수가 많이 생겼다고 양 포도대장 장지항과 조완을 귀양보내기도 했다. 또한 압슬형·낙형·자자형 등을 금지했다.

새로운 사회변화 속에 왕권이 안정을 찾으면서 백성들의 가장 큰 고통인 형률의 개혁을 찾는 것은 당연하다 할 것이다. 특히 정조 때는 〈흠휼전칙〉의 제정 이후, 5년(1781)에는 역대 형사제도의 집대성인 〈추관지〉가 이루어졌다. 또 〈경국대전〉·〈속대전〉과 〈속대전〉 이후의 단행 법령을 통합하는 법전 편찬에 착수하여 9년(1785)에 〈대전통편〉을 완

성, 1786년 1월 1일부터 시행했다. 이어 〈전율통보典律通補〉를 수정하고 〈증수 무원록언해〉를 간행했다. 그리고 〈심리록審理錄〉을 계속 제정하여 〈홍재전서〉의 큰 부분을 차지하고 있다.

정약용은 이와 달리 민의 입장에서 형률의 병폐를 적시하여 형률 개혁을 주창하고 있다.

심리록

심리록은 정조가 대리청정을 시작한 때로부터 사죄 사건에 관하여 손수 내린 결정을 모은 것으로, 정조 즉위 직후부터 어제 편집 작업의 일환으로 추진되었다.

심리라 함은 살옥 사건이 발생한 경우에, 죽은 피해자나 살아 있는 범인이 억울한 일이 없게 하기 위하여 명확히 진실을 밝히는 절차를 뜻하는 사죄 3복을 일컫는다. 사죄 3복과 검험제도가 제대로 행해진 것은 정조대에 비롯된다. 정조는 한 사람이라도 억울한 자가 없도록 하기 위하여 각 도에서 올라온 사죄 옥안을 일일이 검토했다. 날이 저물도록 해도 권태의 빛이 없을 정도였다고 한다.

정조는 전국의 옥안 작성 방식이 자세한 것도 있고 간략한 것도 있어 원칙이 없으므로 정식을 만들어 준수하도록 했다.

- 어느 고을의 죄수 아무개는, 구타하여 혹은 발로 차서, 혹은 칼로 찔러서 등과 같이 범행방법을 적고, 며칠째에 치사되고, 모년 모월 모일에 수금되어 형문은 몇 차례 받았다고 적는다.
- 시친의 고장告狀 또는 면임이나 이임의 자필 보고서인 수본을 적는

다.

- 초검에서 나온 상처와 실인實因(사인), 그리고 검험을 실시한 날짜를 적는다.
- 시친屍親(살해된 사람의 친지) · 정범 · 간범干犯 · 간련干連(관련된 범죄) 등의 초사에 관해서는 질문사항인 문목問目을 빼고 적되, 이들의 초사 가운데 긴요한 것만 적음으로써 번잡함이 없도록 한다.
- 초검관이 어느 고을 수령 아무개임을 표시하고 결사結辭를 적는다.
- 도신道臣(관찰사)의 성명을 표시하고 결사에 대한 제사題辭를 적는다.
- 복검에서 나온 상처, 실인과 복검을 실시한 날짜를 적는다.
- 복검에서 행한 초사는 초검의 예와 같이 한다.
- 복검관이 어느 고을 수령 아무개임을 표시하고 결사를 적는다.
- 만약 3검, 4검을 행했으면 그 상처 · 실인, 각 인들의 초사, 검관의 결사는 초검 · 복검의 예와 같이 한다.
- 동추同推의 초사招辭는 긴요하여 특별히 적을 필요가 있는 것만 적고, 그렇지 않으면 처음 동추했을 때의 초사만 적는다.
- 주 추관이 어느 고을 수령 아무개임을 적는다.
- 감영에서 의심스러운 점을 조사했거나, 또는 추관이 의견을 적어 보고한 경우에는 이를 모두 적되, 도신과 추관의 성명도 모두 적는다.
- 시친이나 정범의 가족을 조사하게 되었으면, 그 원정原情, 형조의 회계, 본도의 발사, 형조의 복계와 함께 연월일을 상세히 기록한다.
- 현직 도신의 발사를 적는다.
- 계본 가운데 어느 고을의 죄인 아무개라는 이름 위에는 노란 쪽지를 써붙이고, 읍호 · 인명 · 상처 · 실인 및 각 인들의 초사, 도신의 제사, 검관 · 추관의 결사 위에는 모두 작은 노란 쪽지를 써붙인다.

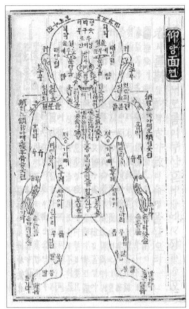
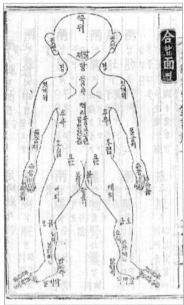

- **검시앞과 검시뒤**
  〈신주무원록언해〉에 있는 시체의 검시장 앞·뒷면이다.

- 각 도의 사형수에 대한 동추를 완결한 경우에는 즉시 녹계錄啓하는 것이 법례이므로 완결 즉시 수계한다. 심리하라는 명령을 기다린 뒤에 비로소 수계할 필요가 없다.
- 심리할 때 심리하는 죄인들은 하나의 장계에 함께 기록할 것이며, 만약 녹계로 할 만한 경우라 할지라도 하나의 장계에 연서한다.
- 심리한 것의 녹계는 하나의 계본에 함께 기록할 것은 없다.

그리고 한성부와 형조 관리가 검험을 매우 소략하게 하므로, 13개 조에 달하는 상세한 경사京司·검험檢驗·신정사목新正事目을 제정하여 그대로 따르도록 했다. 또 형조가 한성부의 검험 결과를 완결할 때에도 지연하지 않고 진상조사할 일이 있으면 빠뜨리지 말도록 했다. 만일 어길 경우 당해 당상관을 파직시키고, 낭관을 파면한 뒤 의금부로 이송하여 처벌하도록 했다.

정조는 특히 검험을 중요시하여, 실인이 상치되어 이치에 맞지 않은 경우에는 초검관 · 복검관 · 3검관을 추고하거나 의금부에 넘겨서 처벌한 예가 많았다. 각도에서는 사죄인을 빨리 녹계하지 않고 시일을 끌거나, 녹계하기만 하면 판결이 내릴 것으로 알고서 심리하라는 명령이 없으면 다시 거론하지 않는 폐단이 있었다. 이에 정조는 관찰사는 녹계 문안을 잘 살펴서 의심스러운 점이 있으면 바로 돌려보내고, 그에 대한 관찰사의 의견을 적어서 보고하도록 정했다.

정조 재위기간 중 처리한 사죄에 대한 판부 등이 거의 2,000건으로 추측되는데, 이는 25년 여 동안 매월 평균 6, 7건의 사죄 사건을 다룬 것이다.

흠흠신서

정약용은 경세학으로서 〈경세유표〉(1817년), 〈목민심서〉(1818년)에 이어 〈흠흠신서〉(1819년)를 지어 조선조의 형정에 대한 개혁을 주장하고 있다.

〈목민심서〉에서 형전에 청송 · 단옥 · 신형 · 휼수 · 금폭 · 제해 등 6조를 설정하여, 수령의 형정에 관한 일반적 수칙을 비교적 간략하게 서술했다.

이어서 〈흠흠신서〉에서는 목민관이 어떻게 과형을 해야 하는가를 상세히 적시하고 있다. 〈흠흠신서〉의 흠흠欽欽이란 조심하며 불쌍히 여긴

다는 뜻이며, 그것을 단적으로 표현한 것이 "경기사敬其事하고 애기인愛
其人한다(일은 엄하게 하고 사람은 사랑한다. 즉 죄는 다스리되 죄인은 불쌍히 여긴다)"
는 '흠휼欽恤'이라는 말이다.

　이와 같이 정의의 원천은 하늘에 있고, 목자의 과형은 천권을 대행하
는 것이므로, 범죄의 처단은 흠휼을 기본으로 해야 한다고 하는 정약용
의 형정의 기본이념은 유교의 교천敎天사상과 인정을 구현한 것이라고
할 수 있다. 즉, 정약용은 인명은 하늘에 매여 있는 것으로, 목자가 천
과 백성의 사이에서 선악을 구별하여, 선인은 육성하고 죄인을 제거하
는 것은 하늘의 권능을 나타내는 것일 뿐이라고 했다. 그러면서 사람이
하늘의 권능을 대행함에 있어서는 마땅히 조심하고 두려워하는 마음을
가져야 할 것이라고 서술했다.

　그는 범죄를 처단함에 있어서 형벌은 엄정하여야 하지만, 죄인에 대
해서는 조심하고 불쌍히 여겨야 한다고 했다.

　정약용은 법의 존중과 법률지식을 강조하여, 범죄를 처단하는 법은
형법전에 따라야 하며 법률규정을 함부로 왜곡 적용해서는 안된다고
했다. 그는 법조문을 왜곡 적용하여 백성에게 해독을 끼친 자는 대부분
그 인생의 종말이 좋지 않았다고 하면서 법률의 올바른 집행을 강조했
다.

　다음에는 범죄수사에 있어서 구체적 진실의 발견이 요구된다고 했
다. 동서양을 막론하고 근세 이전에 있어서는 범죄수사에 있어서 규문
주의를 택했다. 규문주의란 피의자를 고문하여 자백을 얻어 그 자백에
의거하여 형벌하는 것을 말한다. 고문에 의하여 강제로 자백된 사실을
토대로 처벌하면 원죄冤罪(억울한 죄)가 생기게 된다. 정약용은 이와 같은
원죄의 방지를 위하여 규문주의를 지양하고, 구체적인 범죄사실을 오

랜 경험에 입각해서 신중을 기하여 밝혀야 한다고 말했다.

정약용은 사대부가 율서를 읽지 않아서 사부에만 능하고, 형정에는
어두운 것이 커다란 폐단이라고 했다. 대명률이 범죄를 상세하게 규정
하고 있으므로 이것만 잘 익히면 범죄처리에 문제될 것이 없다. 그러나
당시의 사대부들은 대명률이나 〈속대전〉 같은 율서를 읽어보지도 않고
지방관이 된다. 그러다 갑자기 옥사를 만나면, 크게 당황하여 서리와 총
애하는 기생의 말만을 듣고 옥사를 처리, 백성이 억울하게 당하는 일이
많다고 비판했다. 그리하여 법률지식을 익히기 위하여 〈흠흠신서〉를 저
술한다고 했다.

〈흠흠신서〉는 경사요의 · 비상준초 · 의률차례 · 상형추의 · 전발무사
등으로 구성되어 있다.

경사요의經史要義는 고훈이나 고사를 인용 보충하여야만 해석될 수 있
는 법률정문을 골라서, 고훈과 고사를 기초로 하여 풀이한 것이다. 여기
서 128항목에 걸쳐서 많은 사례를 제시해주고 있다.

비상준초批詳雋抄는 질의 · 응답을 쓴 것이다. 수령과 그 상사인 형조
는 법전정문이나 사실인정 문제에 관한 질의 · 응답을 하게 된다. 중국
에서는 상사上司의 비판은 비라 하고, 수령의 신상申詳을 상詳이라 했는
데, 조선에서는 비판을 제사題詞, 신상을 첩보牒報라 했다.

그런데 중국의 비 · 상은 전아 · 정엄하고, 조선의 첩보 · 제사는 너
무도 비속하여 보는 이가 염증이 나게 되어 있었다. 그리하여 정약용은
조선에서도 전아한 문장으로 형정을 질의 · 응답할 수 있도록 중국의
명비상을 신택하여 본보기로 서술했는데, 그것이 비상준초다. 여기서는
140항목에 걸쳐서 많은 사례를 제시해주고 있다.

의률차례擬律差例는 형벌의 차등과 그 차등하는 이유를 명확히 이해시

키기 위하여 중국의 각 판례를 수집하여 해설한 것이다. 살인죄만 하더라도 대명률에서는 6등급으로 구별되고 있으며, 그 죄질의 경중에 의하여 형벌에도 많은 차등을 규정하고 있다. 그러나 조선조의 법전은 대명률과 같이 자세하게 구별하지 않기 때문에 범죄와 형벌의 차등과 차등하는 이유를 명확하게 서술한 것이다. 그러나 정약용은 범죄와 형벌은 사정에 따라서는 세분되어야 하겠지만, 무조건 대명률을 따름으로써 조선의 실정을 외면해서는 안된다고 부언하고 있다.

상형추의詳刑追義는 정조의 판결례를 간행한 어판御版(임금이 지은 간행물) 100권에 대하여 추의追義(추가하여 설명을 한 것)를 붙인 것이다. 정조 사후 사관은 정조의 어판을 참작하여 상형고 100권을 만들었다. 정약용은 정조의 어판에 지방관이 범죄 처리에 있어서 참조할 수 있도록 추의를 붙인 것이다. 여기서는 144항목에 걸쳐 서술하고 있다.

전발무사剪跋蕪詞는 그가 형조참의로 있으면서 경외의 옥사를 다루게 되었던 경험을 토대로 만든 것이다.

朝 鮮

제5장

왕권과 포도청

警 察

조선은 신분을 바탕으로 유교를 숭상하는 왕조다. 신분사회인 만큼 왕을 정점으로 하는 위계질서는 엄격하며, 유교를 숭상하는 만큼 삼강오륜에 반하는 죄는 용서하지 않는다.

10악죄와 강상범죄

조선은 신분을 바탕으로 유교를 숭상하는 왕조다. 신분사회인 만큼 왕을 정점으로 하는 위계질서는 엄격하며, 유교를 숭상하는 민큼 3강 5륜에 반하는 죄는 용서하지 않는다.

10악죄는 모반謀反·모대역謀大逆·모반謀叛·악역惡逆·부도·대불경·불효·불목·불의·내란을 말하는데, 구체적 내용은 다음과 같다.

- **모반** : 사직을 위해하려는 것.
- **모대역** : 종묘·산릉·궁궐을 훼손하려는 것.
- **모반** : 자기 나라를 배반하고 외국과 내통하거나 따르려는 것.
- **악역** : 조부모나 부모를 구타하거나 죽이려는 것 및 백숙부모·고

모 · 형 · 누님 · 외조부 · 남편을 죽이려는 것.
- **부도** : 한 집안 식구 중 사죄死罪를 지은 이 아닌 3인을 죽이는 것 등을 말하나, 일반적으로 부도덕 또는 반인륜적인 것을 말함.
- **대불경** : 대사大祀 때 천신에 바쳐진 물건이나 임금의 물건 등을 훔 치거나 어보를 위조하는 것 등.
- **불효** : 조부모나 부모 등을 고소 · 고발하거나 욕지거리하는 등.
- **불목** : 유복친을 죽이려 하거나 구타 · 고발하는 등.
- **불의** : 소속 관장을 죽이는 등.
- **내란** : 소공小功 이상 친을 간하거나 부모의 첩을 간하는 것.

10악죄의 경우 왕은 친국을 한다. 국청은 임시로 설치됐기 때문에, 죄인을 잡아오고, 참고인을 대는 것은 포도청을 비롯한 지방 감사 · 수령들이 맡았다. 한편, 죄인의 질에 따라 친국에서는 곤장은 물론이고, 압슬형 · 단근질 등 고문이 자행되기도 했다. 그러나 영조 때부터는 친국에도 압슬형을 금했다.

10악죄와 강상범죄는 대부분 사형에 처해졌다. 사형은 3복제로, 사형 집행을 엄격히 하려는 배려이기도 했으나, 그 동안의 옥수 생활에 드는 비용과 뒷바라지에 백성들은 피폐해졌다. 어떤 경우 53년을 감옥에서 기다리는 경우도 있었다.

힘들기는 왕도 마찬가지였다. 영조는 사형을 판결하면 꼭 손을 씻었 다고 하는데, 어떤 때는 사도세자를 불러 그런 궂은일만 대신 하게 했 다고 혜경궁은 〈한중록〉에 쓰고 있다.

이러한 10악죄나 강상범죄가 생긴 고장은 강등시키는 것이 관례였 다. 마찬가지로 수령도 파직되었으나 후에는 이 규정을 없앴다. 그래서 그런 죄의 판결이 오래 가게 되어 영조는 엄하게 주의 주기도 했다. 한 번 강등된 고장은 10년이 지나야 겨우 회복될 수 있었다. 조선에서 이렇게 강등된 예는 무수히 많다. 예컨대, 충청도의 지명이 변경된 현황을 보자.

- **연산군 11년(1505) 충공도** : 청주 출신 환관 이공신의 반역
- **명종 4년(1549) 청홍도** : 충주에서 이홍윤의 난
- **광해군 5년(1612) 공청도** : 충주에서 유인발의 모반
- **인조 6년(1628) 공홍도** : 충주에서 안집중의 모반
- **숙종 7년(1681) 공홍도** : 충주에서 아비를 죽인 강상의 변
- **영조 5년(1728) 공청도** : 청주에서 이인좌의 모반

왕과 포도대장

왕조에 있어 조선처럼 신권이 강한 경우도 드물 것이다. 초기에는 정도전을 극복한 왕자의 난, 김종서를 제거한 세조의 정난을 통해 왕권이 확립되었다. 그리하여 그 다음 왕들인 세종과 성종의 업적이 두드러졌다. 왕권이 안정되었을 때는 포도사목이 제법 잘 지켜졌다.

그러나 4대 사화를 기점으로 왕권은 신권에 의해 제약되기 시작한다. 연산군을 몰아낸 중종반정이 대표적이다. 신권이 우세하면 조정의 부패도 싹트게 되며, 조정이 썩으면 지방에서는 도적이 횡행한다.

중종·명종 때는 도적이 극성했던 시절이다. 이때는 양반 출신, 서리를 포함한 여러 층의 신분층이 연결되어 도적이 되었다. 중앙에서 토포사가 파견되어도 오히려 그 피해를 들어 빨리 토포사를 철수시키자고

- 정조의 화성 행차 반차도를 한영우 교수가 재구성한 그림 중 일부다. 앞에서 호위하는 금군 별장 유효원은 우포도대장이며(왼쪽), 뒤에 수행하는 선기별장 조규진은 좌포도대장이다. 각 자 포졸 둘을 앞세우고 있다. 그 외에도 종사관·군관 등이 따랐다.

할 정도였다. 그런 바탕에서 왜란·호란을 맞게 되자 당연히 추스릴 힘이 없었고, 이후도 광해군을 몰아낸 인조반정으로 신권은 더욱 확립되어왔다.

효종의 북벌정책이 유명무실해지자 결국 각 지방의 진영장이 토포사를 겸하게 되어 왕조의 안정이 회복되어갔다. 숙종 때 장길산 무리를 잡지는 못했지만 더 큰 도적은 나타나지 않았다. 그리하여 숙종 이후 영·정조시대를 통하여 왕권은 신권을 누르게 되었다.

왕은 포도대장을 통하여 왕권을 더욱 확립시켜 나간다.

1694년(숙종 20) 포도대장 장희재의 집에 이시도가 쳐들어가 행패하자, 숙종은 처남인 포도대장을 추궁한다.

이시도는 "내가 수금에서 벗어난 날에 종을 보내어 문안했더니, 장희재가 서로 만나기를 바라므로, 황혼 때 그에게 갔습니다. 장희재가 술을 마시다가 가까이 앉더니 나를 변변치 못하다고 책망했습니다. 언짢게 수작할 즈음에 장희재가 갑자기 크게 노하여 사람을 시켜 나를 끌어내 묶어서 안마당에 놓고 발에 매를 쳐서 발가락이 죄다 부러졌습니다. 이어서 포청에 잡아가서 칼을 씌웠습니다. 장희재가 다시 자기 집으로 메어가게 하여 매를 맞는 것을 살펴본 뒤에야 놓아보냈습니다"라고 분개했다.

이어 이시도는 밤중에 종 네 놈을 거느리고 장희재의 집에 곧바로 들어가 가슴을 잡고 욕하고 패도를 뽑아 찌르려 했는데, 노복들이 일제히 달려들어 실패했다.

숙종은 "이시도가 정배된 죄인으로서 곧 길을 떠나지 않고 대장의 집에서 변을 일으켰으므로 일이 매우 놀랍다. 그러나 장희재가 이시도와 대좌하여 서로 이야기했다면 불쑥 들어온 것이 아닌데, 감히 조정에 품하지 않고 마음대로 형벌을 썼으므로 방자하고 꺼리는 것이 없으니 멀리 귀양보내라"고 했다.

영조는 도둑이 포도대장 이태상의 배를 칼로 찔렀다고 하자, "이웃 나라에 알려지게 해서는 안된다"고 하면서

"한나라에 잠팽岑彭 내흡來歙 의 사건이 있었으나, 적국과 대치하고 있을 때의 일이었다. 당나라에는 무원형武元衡의 사건이 있었는데, 그게 비록 회서淮西의 일로 말미암아 발생한 일이지만, 그 사실 역시 특별한 기록이다. 오늘날 비록 기강이 없다고 하지만 어찌 300년 동안 없었던 망측한 일이 있단 말인가? 그를 잡지 못하면 나라의 기강이 있다고 말할 수 있겠는가? 좌·우포도청으로 하여금 현상금을 걸어 금일 안으로 잡

아들이도록 하라"고 했다.

그리고 이태상의 세 아들인 전라 좌수사 이한창, 대구 영장 이한정, 길주 목사 이한풍을 경질시켰다. 이태상의 포도대장 직임도 사임을 허락하고, 약물을 하사하여 치료하도록 했으며, 김성우로 대임시켰다. 또 우포도대장 윤태연을 파직시키고 구선행으로 대임시켰다.

그뒤 포도청에서 이태상의 종 이남이 비첩을 놓고 주인과 다투다가 틈이 생겨 해치고자 한 실상을 알아냈는데, 그날로 이남을 효수하라고 명했다.

정조는 "근래에 비리를 적발하는 사자의 행차가 있을 경우에 장신이나 포도대장이 은밀히 친비를 내보내어 몰래 염탐하게 하니, 이것만도 관계된 바가 가볍지 않다. 그런데 대궐 밖 각 문에다 교졸을 숨겨두어 문의 동태를 정탐하고 있다가, 선전관 이하가 만약 수상쩍은 자취가 있으면 반드시 추적하니, 그 의도가 과연 어디에 있는지 모르겠다"면서, 금위대장 이경무의 관직을 삭탈하고, 포도대장 서유대를 귀양보냈다.

그러면서도 포도대장은 도적을 잡도록 강조하기도 했다. 1792년(정조 16) 초 도적이 들끓자, "포도대장을 두었다 장차 어디에 쓰겠는가. 우선 중하게 추고하고, 묘당으로 하여금 엄하게 조처하도록 하라. 만약 괄목할 만한 성과가 없으면 대장은 초기로 죄를 논하고 군관들은 엄하게 다스려라. 지방 고을에서 도적을 엄하게 다스리지 못하는 것은 또한 영장이 태만하기 때문이니, 여러 도에 엄히 신칙하여 앞으로 도적이 하나라도 생기면 병사로 하여금 우선 영문에 잡아다가 곤장을 쳐서 징계 혹은 파직시키고, 잡아다 심문할 것을 장계로 청하게 하라. 호서가 더욱 힘쓰지 않았다는데, 병사로 하여금 가장 용렬한 자를 조사해서 잡아다 곤장을 치게 하라"면서 포도대장과 지방의 토포사를 엄히 신칙하고 있다.

정조 독살설

왕세제 시절부터 독살음모에 휩싸였던 영조는 반대파인 남인을 제거하면서 노론 중신의 정치를 편다. 1728년(영조 4)에 일어난 이인좌의 난은 몰락한 남인들에 의해 이미 그 전해 겨울부터 괘서를 통한 유언비어로 난의 징후가 나돌기 시작했다. 그것은 경종이 영조에 의해 독살되었다는 것이다. 이 난을 진압하고 난 후, 영조는 강력한 왕권을 기하기 위해 탕평책을 펴 특정집단의 독주를 막고 있었다. 그러나 집권층인 노론의 힘은 언제나 왕권을 견제하는 편이었고, 이는 사도세자의 죽음으로 나타났다.

정조도 마찬가지다. 역적인 사도세자의 아들로서 왕위에 오를 수 있는 기회가 없을 수도 있었다. 결국 사도세자를 불쌍히 여기는 시파의 도움으로 왕위에 오른 그도 탕평책 아래 시파를 등용하는 정책을 편다.

그리하여 영·정조 때는 강력한 왕권 아래 포도를 다스리고, 포도청을 확실히 운영하여 금제를 확립하는 데도 기여한다. 오히려 왕도정치의 형률 개혁에 가장 앞장섰던 시대이기도 하다. 이때의 포도청은 포도뿐만이 아니고, 사회질서의 전반적인 안정을 기했다.

그러나 정조는 장위영을 개설하고 수원행성을 완성하는 등 왕권이 강화되자 남인을 등용시키면서 사도세자 문제를 다시 제기하기 시작했다. 그러다가 1800년 6월 28일, 40대의 정조는 갑자기 돌아갔다. 곧 이어 노론 벽파에 의한 대대적인 남인 축출로 정조에 의해 총애받던 인물들이 숙청된다. 그래서 당시 정조 독살설이 많이 유포되었다고 한다. 실제 인동부사 이갑회가 보고한 것과, 조정에서 내려간 이서구가 조사한 기록을 보면 다음과 같다.

장시경은 7월 20일경 서울의 국상 소식과 유언비어를 듣고 의심을

- **채제공 초상**

  이명기가 그린 채제공 초상화. 1791년 정조의 명으로 다시 그리기도 했다. 채제공은 11년 독상
  獨相으로 남인의 지주였다. 그 아래 정약용, 이가환 등이 그나마 출세할 수 있었다. 1799년 그
  가 죽자 정조도 힘을 잃어버려 이듬해 서거하고 만다. 만인소까지 올린 영남 남인으로서는
  엄청난 타격이었다.

품었다. 이때는 정조가 죽고 대비가 수렴청정을 시작한 지 한 달도 안
된 때로서, 정치권에서는 노론이 득세하고 남인이 밀려난 상황이었다.

8월 15일 추석 저녁, 장시경은 마을 사람들을 불러모아 "지금 조정에서 임금님에게 약을 과도하게 써서 갑자기 하늘이 무너지는 슬픔을 당하게 되었다. 어린 세자가 왕위를 계승하고 노론이 득세하게 되자, 남인은 남김없이 쫓겨났으며 민생은 날로 고달프게 되었다. 이렇게 국세가 외롭게 되었는데 나와 너희들이 어떻게 앉아서 보고만 있을 수 있겠는가?" 하면서 봉기를 선동했다. 이때 그는 참가한 무리들에게 상으로 돈 1백 냥씩을 지급하기로 약속했다고 한다. 이때 모인 인원은 약 20명 내외였고, 그중에는 반대하는 사람도 있었으나 어쩔 수 없이 따라갔다.

장시경은 이들을 데리고 인근 각암촌으로 가서 무리 8명을 불러모았고, 다시 도토곡으로 가서 20인을 더 모았다. 그의 아들 장현경이 10여 명을 데리고 뒤따라왔다. 수십 인이 관아 정문 밖에까지 갔을 때는 새벽이 가까운 시각이었다. 장시경 등 4명이 관아의 문을 두드리면서, 사촌이 남에게 맞아죽었으므로 관가에 고발하려 한다고 핑계하고, 문을 열어줄 것을 요구했다. 그러나 문지기가 완강히 거부하고 들여보내지 않았다. 일이 실패한 것을 깨달은 장시경 형제는 도망가다가 낭떠러지에서 떨어져 자살했는데, 위의 두 형제는 죽고 장시호만 살아남았다는 것이다.

다음은 세월이 무수히 흘러 정약용이 전하는 이야기다.

원래 장시경과 부사 이갑회의 아버지는 먼 친척간으로서 가끔 관아에서 만나 세상일을 이야기하는 처지였다. 세상 이야기 중에는 당시의 정승이 의원 심인을 추천하여 정조의 병을 치료했는데, 독약을 바쳐서 임금이 죽게 되었다는 말도 있었다. 이때 장시경은 비분강개하여 눈물을 흘리기까지 했다. 그런데 이갑회는 국상의 공식 애도 기간이 끝나기도 전에 부친의 회갑연을 열고 기생을 불러 가무를 즐기면서 장시경 부자를 초청했다. 장시경은 임금이 돌아가신 이런 때에 잔치를 베푼다고 거절했다. 이갑회는 자신이 탄핵될 것을 염려하여 장시경을 모함하려고 감영에 거짓 보고를 올렸다는 것이다. 도망간 장현경의 아내와 자녀들은 전라도 신지도로 귀양갔는데, 거기서 그의 가족은 한 군졸에게 핍박을 받다가 아내와 큰딸이 바다에 투신자살했다고 한다.

이 사건은 경종 독살설을 주창한 이인좌의 난과 일맥상통한다. 당시 노론은 이를 빌미로 남아 있는 남인을 핍박한다. 죽은 채제공의 아들 전 승지 채홍원을 배후로 봐 치죄할 것을 영남의 유생 강낙 이름으로 상소한 것이다.

이처럼 당시는 신권이 왕권을 등에 업고 경쟁했다. 그 결과 세도정치가 탄생된 것이다.

세도정치

19세기에 들어와서는 왕권도 신권도 아닌 세도정치가 시작되어 나라를 잃을 때까지 계속되었다. 세도정치는 정조 초기 홍국영이 4년간 집권한 것이 처음이지만, 안동 김씨 김조순이 1802년(순조 2) 왕의 장인이 되자 그 일가 중심으로 세도를 잡았고, 헌종 때는 김조근의 딸을 왕비로 삼아 헌종 말기 10년(1839~1849)의 풍양 조씨 세도를 빼고 50여 년간을 독단했다.

세도정치 아래는 포도대장도 왕의 친위대라기보다는 세도가의 한 일파로서 권력을 독단하는 데 기여했다. 포도대장도 권력에 아부하지 않을 수 없었던 것이다.

1818년(순조 18) 부교리 김교희가, "신은 포도대장 이석구의 일에 대하여 놀랍고 통탄스러운 바가 있어서 감히 아룁니다. 이석구의 사람된 품이 원래 망령되고 괴팍한데다, 교만하고 포악한 자로서 세상의 지목을 받은 지 오래 됩니다. 그런데 요즈음 들리는 소문에는 갈수록 더욱 심하다고 합니다. 언제나 술에 취하여 춤을 추면서 오직 황음만 일삼고 있다 합니다. 심지어 여항의 유부녀를 위력으로 강간하여 추악한 소문이 길에 가득합니다. 포도대장이란 직책은 오로지 도적을 잡는 데 있는 것인데, 사소하게 기뻐하고 노여워함에 따라 함부로 포졸을 풀어서 백성들을 침해하고 그들에게 가혹한 형벌을 가하니, 마을 거리가 소란합니다. 포교가 강을 넘어가는 일은 원래 금하고 있는데도 사방으로 쫓아나가서 잡아들이니, 주군이 모두 소란스럽습니다. 수치도 모르고 법을 무시하니, 실로 한심합니다"라고 하자 왕도 어쩔 수 없이 삭직시키고 만다.

이러한 세도정치 아래서는 매관매직을 통한 관직의 부패가 극심했다. 그리고 이를 보충하려는 관리들의 부정으로 백성들은 도탄에 빠져 도적이 성행하고 민란이 빈번해졌다. 포도청과 지방 관아에 있는 포졸들도 마찬가지였고, 이들에 대한 백성들의 저항도 대단했다고 봐야 한다. 한편, 천주교 탄압과 외세의 침략 등으로 인한 금제 위반도 포도청이 맡아 왕권 강화에 더 많은 역할을 했다.

2

금제

〈대전회통〉에 보이는 금제는 아래와 같다. 국경에 관한 것과 의복 조
항은 생략한다.

- 엽관운동하는 자로, 이조와 병조의 관원, 당상관인 제 장, 이방승
  지와 병방승지, 사헌부와 사간원의 관원, 판결사 등의 집에 동성
  8촌 · 이성 6촌과 처친 6촌 · 혼인가 · 이웃 사람 등이 아니면서 출
  입하는 자는 장 100, 유 3,000리에 처한다.
- 역말을 함부로 탄 자와 사사로이 내어준 자는 모두 장 100, 유
  3,000리에 처한다. 말의 수를 더 내준 자, 길을 돌아서 간 자, 역을
  지나면서 말을 바꾸지 아니한 자, 과거 시험장에서 응시자로서 남
  이 지은 글을 빌린 자, 남에게 대신 글을 지어준 자는 모두 장 100,
  도 3년에 처한다.

• 괘불

유교국가로서 조선은 불교 행사를 억제했다. 남녀 중으로서 한양 도성에 함부로 들어오거나 여염집에 승려가 유숙하는 것도 금했고, 유생이나 부녀가 절에 올라가거나 야제 · 산천제 · 성황제 · 사묘제를 직접 하는 것, 거리에서 불공을 드리면서 혼령을 부르는 것도 금지된다.

- 사사로이 관부에 출입한 자
- 부·모·서·형·제는 이 제한에 해당되지 아니한다.
- 역에서 사사로이 관부에 출입한 자를 금하지 아니하고, 침손한 경우에는 침손자를 장 80에 처한다.
- 유생이나 부녀로서 절에 올라간 자(비구니가 있는 절도 같다), 조관이 궁중에서 내보낸 궁녀나 무수리를 처첩으로 취한 자, 문서를 헐어서 다시 종이를 만든 자(종이를 쓴 사람도 같다)는 2등급을 감형하여 논죄한다.
- 도성 안에서 야제를 행한 자, 사족 부녀로서 산간수곡에서 놀이 잔치를 벌인 자, 야제와 산천제·성황제·사묘제를 직접 행한 자, 과거시험장에서 이전이나 복례가 문제를 누설하거나 왕래한 경우 및 그것을 고의로 점검·조사하지 아니한 자는 모두 장 100에 처한다.
- 공물을 대납한 자는 장 80, 도 2년에 처하고 영구히 임용하지 아니하며, 그것을 들어주고 따른 수령을 제서유위률로 논죄한다. 그 물건은 관에서 몰수한다.
- 헌수·혼인·제향 이외로 유밀과를 쓰는 자, 거리에서 불공을 드리면서 혼령을 부르는 자, 상주나 서민·승으로서 도성 안에서 말을 타는 자(노인이나 병자 및 양종판서는 금하지 아니한다), 신속인, 즉 새로 임명된 관료를 침해하고 학대하는 자 등은 모두 장 60에 처한다.
- 모든 금령에 위반한 재물을 관에서 몰수하지는 아니한다. 오래 된 무덤을 장지로 쓰는 경우에는 발총률에 의하여 논죄한다. 무덤을 파헤치도록 허용한 자 및 지사도 이와 같이 한다.
- 사노비와 전지를 절이나 무당·박수에게 시주하여 바친 자는 논죄한 후 그 노비와 전지를 관청 소유로 한다.

- **금산패**

    궁의 산을 지키는 산지기의 증명패다. 4산의 금표 내에서는 나무뿌리나 잔디뿌리를 채취하거나 토석을 파가도 처벌한다.

- 선비로서 윤상을 무너뜨리거나 수뢰·횡령죄를 범한 자와, 사족의 부녀로서 행실이 바르지 못한 자(3명의 지아비를 다시 맞이한 자도 이와 같다)는 문안에 기록해두고, 이조·병조·사헌부·사간원에 공문을 보낸다.
- 서울 도성 안에 무당·박수가 거주하는 경우와 여염집 안에 남녀 승려가 유숙하는 경우에는 논죄한다. 양식을 구걸하거나, 부모나 형제자매를 만나거나, 재물을 수송하는 남녀 승려는 금하지 아니한다.
- 지방관은 탐오죄를 범하거나, 백성을 침학하는 경우 이외에는 풍문만으로 허물을 들어 조사할 수 없다.
- 수령이 공무 외에 관할 경계를 넘은 경우에는 제서유위율로 논죄한다.
- 이미 혼사를 받아놓고 다시 다른 사람에게 허혼하여 성혼시킨 경

우에는 그 주혼자를 논죄하고 강제로 이혼시킨다.

〈속대전〉을 제정할 때 추가된 규정은 다음과 같다(일부생략).

- 서울 도성 10리 내에 입장入葬하는 자는 원과 능의 수목을 도적질한 율문으로 논죄한다. 강제로 기한을 정하여 파 옮기도록 한다. (《대전통편》) 능침의 화소 외안의 금표 내에 몰래 장사지낸 자는 사형을 감형하여 정배한다.
- 빈 궁궐의 소나무를 도벌한 자는 연한을 정하지 아니하고 먼 변경으로 정배하고, 서울 도성 10리 안의 소나무를 불법으로 베는 자는 대명률에 의하여 죄를 정한다.
- 각 도의 봉산의 금송을 불법으로 베는 자는 엄중히 논죄한다.
- 엽관운동으로 도목정都目政(매년 행하는 버슬아치의 인사고과)이 정해진 이후 이조와 병조의 당상관 집이나, 도목정이 지난 후 서경署經하기 전에 양사의 관원 집에 동성 6촌과 이성 4촌 및 사돈집이 아니면서 출입하는 자.
 · 소와 말을 사사로이 도살하는 자
 · 도성 내에서 서민으로서 말을 탄 자.
 · 귀신에게 제사하는 자.
 · 모여서 술 마시는 자(3인 이상이 안주와 반찬을 갖추어 함께 술을 마시는 경우에는 단지 변주, 즉 음식물 제공자만을 치죄한다).
  그러나 금군에게는 금하지 아니한다.
  (《대전통편》) 길거리에서 술주정하는 사람은 장 100에 처한다.
- 남녀 중으로서 도성에 함부로 들어오는 자는 장 200을 친 후 아주 작은 고을의 노비로 영원히 소속시킨다. 그들을 받아들인 사람은

• **우시장**

우금 정책에 의해 소는 도살이 금지된다. 허가할 때도 유수부, 도마다 5일에 한 마리를 초과
하지 못한다. 그러니 밀도살이 빈번했는데 그만큼 소도둑도 많았다. 사진은 1900년대 평양의
쇠장이다.

제서유위율로 논죄하며, 처녀로서 비구니가 된 자는 그 죄를 다스
리고 속세로 돌려보낸다.

· 중으로서 공사公事가 있는 자는 금하지 아니한다.

(《대전통편》) 공사를 막론하고 모두 금한다.

모두 금단하고 옛 제도를 엄하게 펴서 외람되지 않도록 한다.

• 시중의 물가를 간사한 꾀로써 올리는 자, 말과 되를 법이 정한 기
준에 맞지 않도록 한 자, 나무로 만든 절구를 써서 쌀을 나쁘게 한
자, 외상이라고 하면서 진인으로부터 물건을 강제로 산 자.

· 평시서에서 모두 주관하되 저자 마을의 금령 위반자에게는 본서에
서 속죄금을 징수할 수 없고, 형조에 보고하여 죄를 과한다.

(《대전통편》) 도고와 계방을 행하는 자에게는 형장을 친 후 귀양보낸

다.

- 전안에 등록하지 아니하고 난전을 하는 자.

· 난전행위자는 시전인으로 하여금 붙잡아서 보고 · 추문하여 죄를 다스린다. 압수한 난전의 물건은 그 값을 정하되, 속전에 미치지 못하면 속죄할 수 없고 장 80을 치도록 한다. 여러 궁가의 소속인 으로서 난전행위가 특히 심한 자는 법사에 가서 고발하도록 하여 엄중히 그 죄를 다스리고, 그 물건은 관에서 몰수한다.

· 사대부의 노복이 난전행위를 하다가 적발된 후 금리禁吏(단속요원)를 구타하고 시전인을 구류하며 속전을 도로 받아낸 경우에는 그 가 장을 적발하여 율문에 의거 죄를 정한다.

· 여러 군문의 군병이 손으로 만든 물건은 난전으로 취급하지 아니 한다.

(《대전통편》) 상부관청에 여러 군문의 소속인의 송옥이 계류되는 경 우에는 한편으로 그 소속 군문에 사유를 통지하고, 한편으로 그 사 건을 처결한다.

· 시전민이 난전이라 칭하면서 지방에 폐를 끼쳤을 경우에는 관찰사 가 발각하는 대로 엄중히 형을 과한다. 난전인을 구박하는 자에게 는 장형을 집행하고 금난전권을 행사하지 못하도록 한다.

· 난전의 물건은 속공시키지 않으며, 이에 위반한 자는 제서유위율 로 처벌한다.

· 호위청 소속인으로서 난전행위를 하는 자에 대해서는 법사에서 곧 바로 형을 과하여 죄를 다스린다. 소속 군문에 통지하는 진래進來의 법규정은 적용하지 아니한다.

(《대전회통》) 가게를 닫아걸고 철시하면 해당 상인의 두목에게 형장 을 친 후 귀양보낸다.

• **난전**

허가 없이 가게를 열거나 화매하는 모든 행위를 난전이라 한다. 금난전권에 의해 난전은 엄격히 단속되다가 정조대 이후 완화되었다. 장터를 한 마당 앞선 자리에는 난전이 벌어지고 중재 상인들이 여기서 물건을 사고 판다. 여기는 짚신 장수가 한몫 보는데 오고가는 장꾼들이 짚신을 갈아 신는다.

　　모두 금단한다.

•법사는 집과 혼야에 금령을 낼 수 없다. 서울 도성의 금표 밖에서 금령을 낼 수 없고(난전도 같다), 금조 이외로 다른 조문을 만들어낼 수 없다. 시각을 양정했으면 그 시각을 넘어설 수 없다.

·먼저 금조로서 거듭 엄중히 타이르고 격려한 후에, 매달 6차 금령을 내되, 4계절 명절에는 모두 금령을 해제한다. 금리가 금령을 빙자하여 함부로 사람을 잡는 경우에는 장 100에 처한다.

·금리를 가칭하고 여염 마을에서 난폭한 행위를 하는 자는 멀리 귀양보내는 율로 논죄한다.

《대전통편》 3법사에서 목패 이외로 지패를 더 만드는 것을 일절 엄금한다.

《대전회통》 감찰의 출패는 일절 금단한다.

- 여염집을 빼앗아 들어간 자는 도 3년으로 정배한다.

· 그것을 빌렸다거나 전세내었다고 했을 경우에도 같은 율에 해당된다.

· 매월 부관이 그 범법 유무를 조사하여 한성부에 보고하고, 한성부에서는 입궐하여 임금에게 보고한다. 그것을 덮어두고 보고하지 아니하는 경우에는 제서유위률로 논죄한다. 지방에서는 관찰사로 하여금 조사하도록 하여서 모두 죄주도록 한다.

- 스스로 그 몸을 판 자는 매처율賣妻律로 논죄한다. 산 자도 같은 죄를 준다.

- 화랑이나 유녀 및 무녀가 성중에 머물러 살고 있는 경우에는 모두 적발하여 논죄한다. 화랑과 유녀가 있는 곳에서 적발했을 경우에 그가 양가의 자녀이면 쇠잔한 고을의 노비로 영구히 소속시키고, 그가 공사노비면 장 100·유 3,000리에 처한다.

· 무녀가 성중에 있으면 모두 찾아내어 내쫓되, 그들을 검거하지 아니하는 관원은 파직하여 내친다. 무녀를 데리고 사는 관리는 3사와 다른 관청 소속임을 막론하고 모두 장형을 친 후 귀양보낸다.

- 여복으로 변장하여 인가에 출입하는 자는 장 100을 친 후 절해고도로 정배한다. 양천을 가리지 아니한다.

- 호강품관豪强品官(지방의 힘깨나 쓰는 관리)이 향곡을 무단하여 백성을 침범하고 학대하는 경우에는 장 100·유 3,000리에 처한다.

- 향전鄕戰(마을간 패싸움이나 여기서는 서얼과 적손간의 패싸움)을 하는 자는 피차를 막론하고 모두 장 100을 친 후 먼 곳으로 정배한다.

- 수령이 민가와 민총民塚(개인의 무덤)에 가시 울타리를 쳐 출입을 막

224

는 경우에는 제서유위률로 논죄한다.

(《대전통편》) 시골 백성이 절벽·누대·돌에 글을 써서 수령에게 아첨하는 경우에는 주창자는 형장을 친 후 귀양보내고, 수령은 엄중히 그 죄를 따져묻는다.

- 집을 헐고 향리에서 내쫓는 것을 일절 금단한다.

(《대전통편》) 민가를 강제로 허는 자에게는 자기 방옥을 고의로 태운 형률로 논죄한다.

- 각 중앙관청의 관원 및 하리 등속이 면신벌례나 허참례 등의 일로 징책하는 경우에는 관리가 재물을 받고 법을 굽히지는 아니한 율문에 의거, 받아먹은 주·식의 금액을 합산하여 논죄한다. 그러한 자들을 검거하지 아니한 관원은 파직한다. 또 지방에서의 향교나 향소의 임원 및 관속 등이 범법한 경우에는 각 중앙관청의 예에 의거 논죄한다.

여러 군문의 장교 및 군졸이 면신례라 하면서 징검하는 경우에는 엄중히 곤장을 친다. 그것을 발각하지 못한 장령은 엄중히 논죄하고, 범법을 한 당사자는 군율에 의하여 처벌한다. 지방의 장교와 군관 및 군졸이 범법한 경우에는 여러 군문의 예에 의거 논죄한다.

〈대전통편〉을 제정할 때 추가된 규정은 다음과 같다.

- 능·원·묘의 나무를 불법으로 베는데도 적발하지 못하면 불법으로 벤 사람 및 능관을 경중으로 나누어 논죄한다.
- 능·원·묘의 아름드리 대목 1주가 도벌되었으나, 적발하지 못하면 능관을 도 3년에, 능군은 유 2,000리에 처한다. 2주 이상이면

차례로 형의 등급을 더하여 유 3,000리에 그치도록 한다. 솔 대목과 잡 대목이 1주 이상이면 능군은 장 100에, 4주 이상이면 도 2년에, 7주 이상이면 도 3년에 처한다. 능관은 5주 이상이면 파직하고, 7주 이상이면 군계를 3등급 강등하며, 10주 이상이면 능군은 유 3,000리, 능관은 도 3년에 처한다.

· 중목이 10주 이하면 능군은 장 80, 10주 이상이면 장 100, 20주 이상이면 도 1년, 30주 이상이면 도 2년에 처한다. 능관은 50주 이상이면 탈고신 3등, 30주 이상이면 파직한다.

· 소목이 10주 이상이면 능군은 태 40, 20주 이상이면 장 60에 처한다. 그러나 도벌자를 적발하여 형조에 보고하면 논죄하지 아니한다. 능에 속한 자가 도벌하는 경우에는 대명률에 의하여 형을 3등급 가중한다.

3

포도청 등록

주요 내용

포도청의 사건기록을 정리한 것이 〈포도청 등록〉이다. 이를 통하여 당시의 사건을 알 수 있다. 19세기 한 세기를 통해 포도청이 담당한 역할도 훑어볼 수 있다.

현재 규장각에는 〈좌포도청 등록〉 18책, 〈우포도청 등록〉 30책, 〈좌우포도청 등록〉 2책 등 50책이 있다. 〈우포도청 등록〉이 〈좌포도청 등록〉보다 내용도 풍부하고 유루도 적다. 수록 연대는 1775년(영조 51)에서 1890년(고종 27)까지이나, 실제 1807년(순조 7)부터 시작된다. 고종연간은 당시의 주요한 사건이 거의 망라되어 있다.

〈좌·우포도청 등록〉은 임오군란 무렵 2년 여가 주로 수록되어 있는데, 1책과 2책이 시대가 바뀌어 있다. 그것은 2책을 뒤에 별도로 덧붙였

- **포도청 등록**

  포도청의 사건 기록과 왕의 전교, 자체 인사 등을 수록한 방대한 등록이다. 임신년(1872) 2월 8일 사학죄인 아가다·마리아 등을 취조한 내용이다.

기 때문으로, 2책 1882년 12월 25일자에 그런 내용의 부전이 붙어 있다. 이것은 군란 직후의 조사가 대원군의 일시 득세와 관련되어 다시 재사 再查하여 고쳤음을 말한다.

등록의 내용은, 첫째 순라 통부 및 자체의 인사 관계 기록, 둘째 왕의 전교 및 비답, 정원 및 관계기관의 상언 상계와 관련기관과 왕복한 관문·이문 등이다. 가장 중요한 기록은 절도 명화적을 비롯하여, 주금· 우금·송금의 3금이다. 그밖에 사학죄인과 역모, 엽전사주, 당백전 관련 범죄 및 잠삼潛蔘 사역私易 등 죄인에 관련된 부분이다. 하나의 사건은 해사該司의 초기草記, 공초, 결안, 포도청의 계목, 전, 치죄·발배와 지방 관의 보고순으로 처리된다.

228

주요 사건에 있어서는 다른 전적과 중복되어 수록된 죄인의 공초가 상당한 분량으로 나타난다. 사학죄인의 관련기록이나 고성욱 고변의 옥사, 이필제의 조령 역모 등이 그러하다. 이들에 관한 것은 하급기관인 각 감영의 등록, 그리고 상급기관인 의금부의 추안 및 국안에도 수록되어 있다.

각 등록별로 주요 사건을 적시해본다. 다른 자료도 참고했다.

좌포도청 등록

이는 1775년(영조 51) 6월부터 1884년(고종 21) 11월 사이의 것이다.

- **제1책** : 1775년(영조 51) 6월~동년 윤 10월.
  어보위조·도서위조, 5부와 교외의 결막 및 좌경소의 장정 직숙에 대한 감결.
- **제2책** : 1807년(순조 7) 1월~1808년 3월.
  성중 실화 때 금도禁盜 무사 보고, 무과 때 장소 금란, 평안도 선원록 모록, 심야에 궁궐에 들어온 자 치죄, 평안도 선원보략 밀매 및 각 성 족보 변환 매매 죄인.
- **제3책** : 1818년(순조 18) 3월~1819년 6월.
  명릉 금패 안 화소火巢 설치하여 은 채취, 떠돌이 중.
- **제4책** : 1820년(순조 20) 2월~1824년 3월.
  도망 죄인 추포에 관한 것, 향곡에서 작당하여 요언으로 평민을 현혹한 자들에 관한 것, 궁가의 사물을 잃어버린 것.
- **제5책** : 1843년(헌종 9) 3월~1844년 8월.

궁궐에 몰래 들어온 자, 의금부 적간패 분실사건, 산릉·우물山陵右物 (능에 따르는 물건)을 군을 모집·호송, 서광근 등 하궤下軌(역적질) 도모한 것.

- **제6책** : 1844년(현종 10) 8월~1845년 12월.
  서광근 등에 연루된 자들의 공안, 방화범, 소나무 장작 금지령, 흉서 죄인.

- **제7책** : 1850년(철종 1) 12월 20일.
  하교에 따라 육상궁 등에 대령 군관의 정송을 포도대장이 지시한 것.

- **제8책** : 1851년(철종 2) 9월~동 10월.
  황해도 장연 고성욱이 고발한 모역에 대한 25차에 걸친 계목.

- **제9책** : 1853년(철종 4) 10월~1855년 8월.
  규장각에서 〈조보朝報〉 축과 서책을 잃어버린 건, 중부 신석범의 발고사건, 노상에서 칼을 휘두른 죄인 건, 전라도 금성옥 등의 괘서·투서사건, 거사군 모군에 관한 사항.

- **제10책** : 1855년(철종 6) 8월~1861년 1월.
  궁궐에 몰래 들어온 자, 원례 등이 무리지어 행패한 것, 각 강에서 삼해주三亥酒(찹쌀·멥쌀가루 등으로 빚은 술의 한가지) 주조를 금지하는 명령, 사직신주에 들어간 사람, 여항의 적당을 기한 내로 잡도록 한 것, 군물을 훔쳐 암매한 건, 모역군의 나인 겁간미수 건.

- **제11책** : 1861년(철종 12) 3월~1862년 11월.
  고변인 이재두 건, 잠삼·잠도살에 관한 건.

- **제12책** : 1862년(철종 13) 11월~1865년(고종 2) 4월.
  인신위조범, 묘소방화범, 명화적에 대한 대책.
  포도청관제 이정, 신정절목을 새로 정하여 포도청의 권한이 확대되고, 이후 포도청 등록이 자세히 기록됨.

- **제13책** : 1865년 6월~1866년 4월.

프랑스 주교 등 기독교 신자에 대한 건, 양인을 붙잡은 군관 등의 논공행상.

- **제14책** : 1866년 4월~1869년 10월.

사학죄인에 관한 사항, 이양선 밀통 죄인.

- **제15책** : 1866년 11월~1869년 9월.

사주전, 이치상 괘서, 가자첩 위조 죄인, 김병립 발고 건, 각 진영에 절도 전담부서를 설치하여 잡범을 다스리게 한 것, 사령·군관의 삭료에 관한 절목.

- **제16책** : 1869년 9월~1871년 12월.

중궁전 등에서 의복 등을 잃어버린 것, 사학죄인, 내시부 서원이 계자를 위조하여 관록을 훔쳐먹은 것.

- **제17책** : 1877년 10월~1880년 5월.

전라도 해안지방에서 왜와 연결된 변란계획에 대한 발고, 육상궁 실화 건, 사당의 신주를 훼손한 건.

- **제18책** : 1881년 4월~1884년 11월.

광희문 밖 승도가 제를 지낸 건, 충주 전만근 고변, 반인들이 작당하여 포도청을 친 것, 동묘 은기를 잃어버린 건, 사주조.

우포도청 등록

이는 1807년 1월부터 1882년 사이의 것이다.

- **제1책** : 1807년 1월~1808년 6월.

떠돌이 죄인 송국인 등의 건, 선원보도를 발매한 죄인, 추국시 금부 나장이 관령을 칭탁하여 포교를 유인하여 구타한 일.

포도청 인신 새로 제조, 군호 반포시 포교 하참에 따른 포도대장 교체, 포도청의 액수, 순라 자내, 출사, 기찰, 수직, 유직, 녹막 및 고립, 금조 등에 관한 규정(1808. 윤 5).

- **제2책** : 1839년(헌종 5) 12월~1841년 4월.

사학죄인, 경모궁 악기 유실, 위조 홍패 · 마패 죄인, 남초(담배) 매매에 관한 것.

- **제3책** : 1843년 3월~1844년 4월.

요금문 난입, 전라도 태인 이만서의 무고 건, 도총부의 적간패를 도둑맞은 일, 약방의 은정 절도, 과장 작간 죄인.

- **제4책** : 1844년 4월~1845년 6월.

산청현 패서 죄인 김유선, 어보를 위조하여 위첩을 만든 건, 서광근의 고변, 충화적, 철물 절도범.

- **제5책** : 1845년 6월~1847년 4월.

신택의 흉언서 입수, 육의전 및 연품 초기 정식 외 각전 난전 명색 일절 엄금에 관한 것, 상주 박홍수의 진정서 고변, 황해도에서의 김대건 등 체포에 관한 것, 어보 및 계자 위조범, 호변 주출 죄인.

수록군관 및 가출군관 명단, 송금 · 우금신칙.

- **제6책** : 1851년(철종 2) 2월~1853년 5월.

뚝섬사건 : 포교가 범인을 체포해가던 중 유막에서 수백 명의 뚝섬 주민에게 탈취당함.

육상궁의 조총 · 병풍 절도, 과장 작간, 홍패 · 가자첩 위조, 노상에서 난자한 강도, 세곡 방납범, 광흥창 실화 사건.

- **제7책 · 제8책** : 각각 1851년 9월, 1851년 10월

신해 해서옥사 상·하, 고성욱의 발고로 채희재·김응도·기덕우·유희균 등이 처형된 건에 대한 포도청의 계목들.

- **제9책** : 1853년 10월~1854년 9월.

  신석범의 발고(김수정·홍영근 등), 완영에서 압송한 투서 흉변 죄인 선조규 취초.

- **제10책** : 1853년 6월~1856년 2월.

  밀도살·삼해주 금령 신칙, 남사당패 단속, 규장각루 아래 창고에 있던 조보 축을 절취하여 시중에 전매한 것, 방납기찰군관 및 각 강 가설군관에 관한 사항.

- **제11책** : 1856년 2월~1858년 6월.

  인릉 천봉에 관한 사항, 무녀의 화변 주출, 충화적, 후원·육상궁 난입한 괴한.

- **제12책** : 1858년 5월~1859년 8월.

  사난에 난입·투절한 괴한, 영도교에서 난자한 강도, 파주의 익명서, 신주적神主賊.

- **제13책** : 1859년 2월~1860년 윤3월.

  위첩죄인(어보위조, 거주지 조회), 명화적, 반촌 강도.

- **제14책** : 1860년 5월~1860년 10월.

  목수가 떼지어 좌우포도청에서 시위한 일(이 책 처음에 기술된 내용임), 여인이 전 포도대장 집에 돌입하여 행패한 일, 창의문 괘서, 내궁방 절도.

- **제15책** : 1860년 10월~1861년 12월.

  방납죄인, 명화적, 보령옥사, 직부첩 위조 죄인, 개성 잠삼 죄인.

- **제16책** : 1861년 12월~1862년 8월.

  호서(신창·온양 등지)화적, 의정부 은인銀印을 훔친 도적, 소영원 제기 절취, 노상 살인범, 고변(김순성), 토포사 설치에 관한 것.

- **제17책** : 1862년 8월~1863년 9월.

  잠삼(관의 허락 없이 밀매하는 홍삼) 죄인, 죄인을 잘못 잡아옴(김순성의 자 복용으로 오인), 휘경원 천봉에 관한 사항, 남단 홍살문 실화, 홍패를 잃어버린 건.

- **제18책** : 1863년 9월~1864년(고종 1) 6월.

  답통 묘소 변란, 난언 고변(김귤→장기형), 안중달이 비결을 새긴 돌을 광화문 공사장에 암매하여 탈역하려 한 일, 도고 금단, 철종의 상葬에 관한 사항, 각전 실화로 종각이 불타 북으로 대행한 것, 각궁 대령록과 영감 건.

- **제19책** : 1864년 6월~1864년 11월.

  인천 잠삼, 경희궁 월랑 철물 절도, 석실 화적, 신정절목(포교·군관 등).

- **제20책** : 1864년 11월~1865년 9월.

  석실 화적, 주전을 가칭하여 인신을 위조한 건, 진주의 진상 청어 등 피탈 건, 경복궁 중건시 원납전, 찬집청소송성책(포도대장의 수가·참국 등의 임무, 종사관의 담당사무규정·녹·액수, 8패의 복처, 부장·군관에 관한 규정, 집포, 금조 등 포도청에 관한 제반 규정).

- **제21책** : 1865년 9월~1866년 4월.

  남종삼·장경일 등을 비롯한 천주교도 탄압, 붙잡은 군관 논상, 위조 비기秘記 죄인(홍길유).

- **제22책** : 1866년 4월~1867년 3월.

  강화도 이양선과 밀통한 죄인, 개성 잠삼, 남종삼·장경일 등과 관련된 천주교도 탄압.

  1/16 – 좌·우포도청에서 옥에 갇혀 있는 장경일(시메온), 백유시도

(마리아), 서몰레(벨나도), 김맥다록(베드루)—이상 4명은 프랑스인—

홍봉주 · 이선이 · 정의배 · 최형 · 전장운 등을 의금부로 압송해감.

1/23 - 형조에서, 최형 · 전장운이 도저히 뉘우치지 않는다고 즉시

참형에 처할 것을 건의.

7/18 - 강화도 이양선과 내통한 안춘득, 장치경, 이두성을 포도청

에 압송하고, 좌 · 우포도대장이 합좌하여 신문하도록 함.

8/18 - 인삼을 비밀 수출한 홍인보 · 문국보를 목을 달아매어 경계

하라고 지시. 이는 개성유 수의 장계에 따른 것임.

10/3 - 불순한 학문을 한 최수 · 김인길 · 김진구 등을 총융진에 넘

기여 목을 달아맴으로써 경계하도록 함.

10/17 - 불순한 학문을 한 성연순과 원윤칠을 순무영에 넘겨주어

목을 달아맴으로써 경계하도록 함.

- **제23책** : 1867년 3월~1868년 4월.

사주전 · 이사선 등 해도에서 당백전 사주 미수, 남연군묘 도굴에

관한 사항, 사학죄인. 10. 28 예수교를 믿은 이제현을 군영에서 목

을 달아맴으로써 경계하도록 함.

- **제24책** : 1868년 6월~1869년 8월.

3군부 응행 단자, 교통 당선唐船범, 나인방 절도, 황재두가 정덕기

등을 발고한 건, 김병립이 심홍택을 발고한 건.

- **제25책** : 1871년 7월~1874년 3월.

이철근 등 상납 색리를 찌른 건, 태경진 등 위조 계자 · 내시록패,

이필제 조령모역 건, 해주 저주.

- **제26책** : 1872년 11월~1875년 7월.

위과僞科, 포도군관이 전루하는 군인을 구타한 일, 별감들이 반가에

서 행패한 일, 사학 금단.

- **이양선**
  당시 이양선이 자주 출몰하여 민심이 불안했다. 무단히 이양선과 잠통, 교통한 자는 처벌하였다. 1866년 신미양요 때 프랑스 배와 밀통한 죄인은 효수되었다. 사진은 1853년 부산을 통과하는 최초의 미국 이양선으로 가장 오래 된 사진이다.

- **제27책** : 1877년 12월~1879년 1월.

  서양인 리델 이복명을 잡아 청으로 회송한 일(양인 물건 출급기 및 양인

사학책 진언 등본 소화기 등), 최요한, 이루시아 순교.

철종비 상에 관한 사항, 왕대비전의 도적.

- **제28책** : 1878년 7월~1879년 6월.

당적 신준이 등에 관한 것, 화약 사무역.

- **제29책** : 1879년 윤3월~1880년 10월.

공주에서 잡은 프랑스 선교사 최원돌(위뜨르)을 청으로 환송한 일
(양인 최원돌 물건 환출급기 등), 보부상 신주적.

- **제30책** : 1880년 12월~1882년 12월.

구월산 산적 김수련 옥사, 광희문 밖 정토승 기도, 홍삼 잠매, 고변
(이풍래), 신설아문 절목, 통리기무아문 추절목.

그 외 좌우포도청 등록 2책이 있다.

- **제1책** : 1888년 3월~1890년 10월.

유아유괴, 어음사기 사건, 반란사건.

- **제2책** : 1882년 7월~1887년 4월.

임오군란으로 체포된 죄인 김장손 · 허욱 · 유복만 · 강명준 · 정의
길 등의 공안.

4

조선 말기의 포졸

19세기에 접어들면서 안으로는 세도정치가 기승을 부리고, 부정과 부패가 만연되는 사태에 이른다. 천주교 탄압도 자주 생기고 더불어 대외적으로는 외세에 대응하는 사건이 많이 일어난다. 이 시기에 생긴 사건들을 〈포도청 등록〉 중심으로 살펴보면서, 말기의 포졸 활동을 짚어본다.

민란과 화적

민란의 시대

순조 무렵은 가뭄이 극심하여 경향 각지에 도둑이 들끓었다. 백주에 남을 강탈하고 돈을 주지 않으면 밤에 집에 불을 지르고 달아났다. 지방에서 먹고살기 힘들자 서울로 모두 모여들었다. 포도청에서는 도둑을 기민饑民이라고 하여 체포하는 것까지 포기하자, 시중에서는 "포도청이 아니라 양도청이다"라고 비난했다.

　정약용은 그 전 1794년 겨울에 암행어사로 적성현의 시골 마을에 이르러, 살아가기 힘든 비참한 현실을 빗대어 다음과 같은 시를 지었다.

　시냇가의 허물어진 집은 사기 접시 같은데
　북풍에 이엉이 날아가 서까래만 앙상하네
　묵은 재는 눈에 섞여 아궁이는 싸늘한데
　뚫린 벽 틈으로 별빛 새어드누나
　집안의 살림살이 너무도 빈약하여
　다 내어다 팔아야 7, 8푼도 못되네
　세 가닥 조 이삭은 삽살개 꼬리 같고
　매운 고추 한 두름은 닭 창자를 닮았네
　깨진 항아리는 베로 발라 새는 구멍을 막았고
　찬장과 시렁은 새끼줄로 묶어 떨어지지 않게 했네
　구리 수저는 오래 전에 이장에게 빼앗겼고
　쇠 냄비마저 이웃 토호에게 탈취당했네
　다 해진 푸른 무명 이불 한 채뿐이니
　부부유별이란 말이 이 집엔 통하지 않네
　어린애 적삼은 구멍이 나 어깨와 팔꿈치가 드러나고
　태어난 이래 바지도 버선도 알지 못하네
　다섯 살 난 맏아들은 이미 기병으로 첨정되고
　세 살 난 작은애는 군관에 입적되었네
　두 아들의 군포가 1년에 5백 푼이니

하루빨리 죽기를 바라는 터에 항차 옷가지에까지 마음을 쓰겠는가

늑대와 호랑이가 밤마다 울 밖에서 으르렁대네

남편은 나무하러 산으로 가고, 아낙은 방앗간에 품팔이 가니

대낮에 사립문 닫힌 모양 참담하기 그지없네

아침 점심 두 끼는 굶고 밤에야 돌아와 불을 지피며

여름에는 다 해진 무명옷에 겨울에는 베옷 입네

들녘의 냉이는 이미 싹이 묻혔으니

땅이 풀려 새싹 나기만을 기다릴 수밖에 없고

술지게미라도 얻어먹으려니 남의 집 술 익기를 기다릴 뿐일세

지난봄 향미 닷 말을 꾸어먹었는데

그 일로 금년에는 살아남지 못할 것이 뻔하구나

나졸이 사립문에 들이닥치면 겁이 덜컹 나지만

동헌에 끌려가 곤장 맞는 것을 걱정하지는 않네

이런 상황이니 말기에 접어들면서 전국적으로 민란이 일제히 일어난
다. 대표적인 난이 1862년(철종 13) 진주민란이다. 그리고 1869년 광양란
과 이필제의 난도 대단한 거사였다. 전국에서 요원의 불길처럼 일어난
민란은 3정 문란이 그 원인이라 하여, 이정청을 설립하여 한 해 반짝 고
치는 듯했으나, 고질적인 병폐는 나아지지 않았다.

이러한 민란을 포도청이 처리했다. 그리고 포도청은 지방에서 도주
한 민란 관련 죄인을 체포하여, 다시 그 지방의 감영에 돌려보내 조사
처리하도록 조처하기도 했다.

더 나아가 각종 역모사건과 괘서 투서가 빈번하게 발생했다. 고종 때
의 역모와 괘서사건을 보면,

240

1876년 전 병사 신철균이 화적의 두목으로서 비류를 모아 난을 도모했다 하여 체포 조사를 받았다.

1877년 6월 대역부도죄로 이계호 등을 처리했으며,

1877년 10월 전라도 완영에서 발생한 호남 역모사건을 포도청에서 조사하고,

1881년 5월 이만손의 상소문을 개조한 양반 유생들을 취조했으며,

1881년 8월 이풍래가 포도청에 고변한 이재선 역모사건의 관련 범인들을 붙잡아 신문했다. 이풍래를 비롯하여 강달선 이철구 권정호 등 관련자를 체포 조사했다.

1882년 4월 충청도에서 발생한 왜구 토벌을 표방한 역모사건 관련자들을 소환하여 조사했다.

1884년 3월 종각 괘서사건이 발생하자 이를 방지하지 못한 책임으로 좌·우포도대장을 간삭刊削의 율律에 처했다.

1890년 10월 평안도 위원군 사람들이 모반 작란을 꾀하고 있다고 고변함에 따라 관련자들을 모두 포도청에 압송하여 조사했다.

도적 창궐

3정 문란이 극에 달할수록 어려운 민생은 도적으로 변해간다. 지방은 물론이고, 특히 서울은 화적과 도적의 발호가 극심했던 것을 알 수 있다. 이 시기 서울 자체에서 배출된 일정한 생업이 없는 무리와, 토지에서 이탈한 이농인들의 서울 유입으로 생활이 불안정한 계층이 만연되어 그중 일부가 화적과 도적질로 생계를 유지하고자 했던 것으로 보인다.

이러한 화적행위에는 몰락양반 등이 끼어 있었으며, 하급군인 관가

이속 등이 가담하여 범인 색출을 어렵게 했다. 또한 포졸·시전상인 등이 연결되어 장물을 처리하고 있다.

1878년 10월 포도청에서는 명화적 김천순을 체포했다. 그는 동료 3명과 함께 공모하여 20~30명 내지 60~70명의 무리를 모아 수십 차례 도적질했다. 이들은 서울을 비롯하여 경기 강원 충청 황해도 멀리는 평안도에까지 활동한 것으로 드러났다. 서울에서의 절도행위는 김천순 혼자 또는 10명 이내의 소수가 참여하고, 다른 지역은 수십 명의 무리를 모아 활동했다. 그가 경복궁 덕수궁과 매우 가까운 송정동에 근거지를 마련하고 전국적으로 행적했다.

1881년 3월 체포된 김수련은 남문 밖 이문동에 살면서 조개장사를 했으나, 생업으로 하지 못하고 사방으로 유리하면서 화적에 가담하여 행적했다. 그는 구월산에 터를 잡으면서 잡혀왔으나, 우포도청에서 장살되었다.

1884년 1월 송파 장시 등을 무대로 활동하던 신천강두 화적 수십 명이 상인 돈 680냥을 겁탈했다. 이중 박정실·김사웅 두 명이 포교에게 붙잡혔다. 이들을 심문한 결과, 4대문 안인 동문 내 근거지에 동 당 10여 명이 있다는 것을 알아내고 습격하여, 이창술·임창손 등 7명을 체포하고, 돈 150여 냥을 회수했다. 이들은 근거지를 동문 내에 두고 서울 경기지역의 장시 등을 무대로 약탈했고, 대낮에도 수십 명씩 무리를 지어 재물을 탈취했다.

1889년 죽동의 인세경 집에 화적 5, 6명이 침입했으나, 집안 사람들이 모두 창과 활로 무장하고 있어 도망갔다고 한다. 죽동은 4대문 안으로 덕수궁과 매우 가까운 거리에 있는 곳이다. 1892년 12월 마포 시장에서 청국인을 살해한 혐의로 화적 13명이 체포되었는데, 이중 두 명은 효수형에 처해졌다. 당시 외국인에 대한 일반인의 적개심이 커 조정에서 매우 엄중하게 대처한 것을 알 수 있다.

단순한 도둑도 많아 전문적인 신주털이로부터 생활용기를 훔치는 좀도둑질에 이르기까지 다양했다. 1769년(영조 35) 육상궁의 장막을 도적질한 변괴가 있자, 포도대장을 파직시키고 수직 궁관 등을 처벌토록 했다. 1878년 10월 대왕대비전의 기물을 훔친 차비군 4명을 체포했는데, 이들은 수년간에 걸쳐 기물 등을 훔쳐 백목전·지전 등의 상인에게 매매했다.

1879년 3월 저동궁과 연희궁에서 은기와 돈을 훔친 이수천이 경기도 장단에서 장물을 매매하다가 붙잡혔다. 1883년 통상아문에서 금고에 넣어두었던 은화를 잃어버렸는데, 범인은 바로 그 아문의 청차廳差였다. 왕실과 관청의 절도범은 상당수가 궁과 관청에서 잡일을 맡아 하는 하례들로서, 급료를 자체 해결하는 관습과, 한탕하려는 배금 풍조가 만연된 것이기도 했다.

1896년 탁지부에 도둑이 들어와 은화 7,790원을 가져갔다. 이외에도 좀도둑이 많아 김윤식은 속청음사에서 솥 냄비 등 부엌의 살림도구를 도둑맞았다고 쓰고 있다. 1899년에 도둑이 선조 때의 명신 윤두수의 신주를 훔치자, 그의 집에서 7,000냥을 주고 되돌려 받았다. 이때 이황의 서원에도 도둑이 들어 그 신주를 가져가므로, 예안군수를 축출하라는 명을 내렸다.

당시에 영남의 활빈당들이 통도사를 약탈한 후 운산사에 모여 있었다. 이때 유언비어는 토비들이 재산을 약탈하여 동래 왜관으로 보낸다고 했다. 그것은 박영효가 그의 일당을 귀국시켜, 한편으로는 모금을 하게 하고, 한편으로는 백성들을 소란하게 했다고 한다. 정부에서는 지방대를 파견하여 그들을 토벌하게 했으나, 그들의 소란이 도둑 떼들보다 더 심했다고 한다.

1901년 11월 도둑이 법부를 침입하여 관리의 의복과 물품을 약탈하자, 치도율을 개정하여 장물 50관 이상과 재범 3범에 대해서는 불문곡절하고 교형에 처하기로 했다.

1904년 11월 지리산의 비적 두목 김태웅이 복주되었다. 그들이 탄로난 것은 진주부에서 정찰을 했기 때문이다. 체포되어 서울로 압송된 적도는 모두 7명이었다. 그중 정씨는 손바닥에다가 먹물로 '왕'자를 새기고 있었다. 양남 산촌민들 중에서 그들이 내통하고 있는 사람이 많았으나, 관찰사 김영덕은 그들을 불쌍하게 생각하여 석방해준 사람이 많았다.

근래 몇 년 동안 절도사건이 빈번하여 서울로부터 변방에 이르기까지 솜에 불이 붙듯 계속 번졌다. 또 기근까지 들어 그들은 공공연히 약탈을 자행하므로, 행상들의 발길이 끊겨 치도율을 무겁게 했지만 결국 금지하지 못하고 말았다. 이때 서울에서는 대낮에 약탈사건이 빈번하므로 10가작통을 시행하여 서로 감시했으나, 끝내 그들을 저지할 수 없었다.

지방에도 얼마나 화적들이 들끓고 있었는지 길 다니기가 어려워 마을이 조용할 정도였다. 밤중에 부잣집을 들이쳐 재물만 빼앗아갈 뿐 아니라, 주인을 협박하고 때려서 유혈이 낭자하였고, 심지어는 살인을 하고 집을 불사르기까지 했다. 화적을 한번 만나면 패가에 이르는 경우가 많았다. 더 기가 막히는 일은 부자만 골라 선대의 묘를 파헤치고 시신의 일부를 가져가서 금품을 요구하는 행위였다. 이러한 변은 어쩌다 일어나는 일이 아니고, 각 군현의 부자들이 모두 당하고 있다고 할 만큼 어디서나 흔하게 발생했다.

사회 경제사범

조선은 말기로 들어오면서 신분제의 동요와 함께 과거제의 문란이
극에 달하였고, 매관매직이 성행했으며, 이와 관련한 문서 위조가 매우
많았다. 민간에서는 백패 홍패를 위조하여 판매하는 행위가 비일비재
했다.

중종 때 포도대장 김기의 형 김주가 홍주에 사는 백정 천산 등 9명을
도적떼로 무고하면서 포도대장의 관자關子(공문서)를 거짓으로 만들고,
포도대장과 부장의 서명을 위조하여 홍주읍으로 하여금 체포토록 했
다. 아우인 포도대장의 인신을 훔쳐 찍고, 관자를 일가 종 은동에게 주
어서 천산 등을 공갈 위협하여 재물을 빼앗은 것이었다. 일이 탄로되자
김주는 즉시 도망했으며, 포도대장 김기가 형의 죄를 덮어주려고 스스
로 이문移文(동등한 관공서 사이에 보내던 공문)을 만들어, 홍주 관가로 하여금
은동 등을 추문하지 말고 천산 등을 체포하도록 했다. 의금부가 김기를
추국하자, 중종은 장 80으로 벌을 주면서 아울러 속전하도록 명하고 있
다.

1734년(영조 10)에는 어보를 위조하고 남을 악역으로 모함한 죄인 서
진적이 복주되었다. 서진적은 바로 전임 장례원의 아전이었다. 어보를
위조하여 공명첩을 만들어 몰래 함경도에 매매하려다가 발각된 것이
다. 1879년 1월 어보를 위조하여 교지를 마음대로 발행한 자들이 체포
되었으며, 같은 해 6월에는 군속인 강수길이 직부첩과 홍패를 매매한

• **삼일유가**

과거에 급제하면 3일 동안 좌주·선배·친척을 찾아 인사를 올린다. 맨 앞에 급제 표시인 홍
패를 들었으며, 행차를 알리는 악대가 뒤따른다.

혐의로 체포되었다.

1881년 4월 5위장의 공명첩을 위조하여 판매한 자들이 체포되어 조
사를 받았으며, 1881년 홍천의 동점銅店 개광開鑛을 위한 관문을 위조한
자들이 체포되어 조사를 받았다. 1888년 3월 인신을 위조하여 진사 백
패를 발행하여 판매한 자들이 체포되었다.

과거가 문란한 것은 예로부터이나 고종 때는 더욱 심했다. 1885년 식
년과의 생·진·회시를 치를 때, 고종은 100명을 더 선발하여 2만 냥씩
받고 매도하라는 명을 내렸다. 이때 초시를 매매하기 시작하여, 그 가격
은 200냥에서 300냥으로 동일하지 않았으나, 500냥을 호가하면서 사

람들은 혀를 내둘렀다. 그러나 1894년 갑오개혁 이전 두 식년 동안은 1,000냥씩 했으나 사람들은 태연했고, 회시는 대충 10,000냥씩 했다. 그것은 화폐가 많아져서 화폐 가치도 점차 떨어졌기 때문이었다.

고종은 놀기를 좋아하여 과거를 유희로 생각했을 뿐만 아니라, 그 비용도 조달할 겸 거의 매월 과거시험을 치렀다. 어떤 때는 한 달에 두 번씩 과거시험을 치르기도 했고, 걱정이 있거나 무료하면 과거장을 설치하라는 명을 내리므로, 서울 선비들은 조금 소원한 사이라도 만나기만 하면 "오늘은 과거 보라는 명령이 없었습니까?"라고 먼저 물어보았다. 이에 지방 선비들도 과거 보는 관광을 즐겨 1년 내내 쌀을 요구하는 사람도 있었다.

1900년 봄, 세자의 마마가 완치되어 증광과를 설치했다. 그러나 재상의 자제들만 급제하여 물의를 빚자 고종은 이를 파방했다. 낙제한 시골 선비들은 "파방, 파방 또 파방했으니 파방이 되지 않을까 두렵다"라는 노래를 부르고 다녔다. 고종은 은밀히 이 노랫소리를 듣고 다시 파방하려고 했으나, 한 번 파방하는 것도 거창한 일인데 다시 그런 일을 할 수 없어 불문에 부치고 말았다.

1881년 4월에 백련사 승들이 광희문 밖에서 여러 날 설제設齋하여 포도청에 체포, 조사를 받았다. 승들의 치제致齋 행위는 원칙적으로 금지되어 있었다. 이 치제에는 천 상궁이 돈 50냥과 쌀 5석을 제공하여 위세를 과시하기도 했다. 또한 승들이 탁발을 빙자하여 무리를 거느리고 민으로부터 늑탈 토색하는 것을 단속했다.

이 시기 서울에는 남산 북한산의 골짜기에 절이 많이 있었고, 무뢰배들이 중 행세를 하면서 부녀자를 상대로 음탕한 짓을 하거나 포략질을 많이 했다. 그들은 액정시의 관속과 친분을 맺고, 혹은 강도와 내통하여 약탈하다가 종종 체포되기도 했지만, 민비가 교지를 내려 석방했으므로, 도난금지령이 아무리 엄하여도 결코 도적들은 줄어들지 않았다.

포도대장 신명순은 이러한 도적 13명을 고종의 석방 명령에도 불구하고 일시에 처형했다. 그는 도둑의 소굴을 없애야 한다며, 암자를 헐고 불상을 새끼로 묶어 종로 거리를 끌고 다니게 해 구경꾼들이 길을 메웠다. 그는 곧 해임되어 얼마 후 사망했다. 한편, 승의 서울 출입 금지는 1895년 4월에야 해제되었다. 김홍집이 승금 해제를 경연에서 아뢰어 이 명을 내린 것이다.

민간에서 성행한 점과 굿도 포도청의 단속 대상이었다. 왕비인 민비도 무속에 빠져 밤마다 광대놀이·무당굿·소경놀이 등이 그칠 새가 없었다. 당시에는 개광 채금에 즈음하여서도 산천에 기도를 드리는 경우가 많았다.

1880년대 들어 도박이 성행하여 사회 문제화되었다. 옛날부터 경향 각지에서는 투전과 골패라는 도박이 있었다. 이것은 마조馬弔와 강패江牌 같은 것이다. 이 시기 서울에 노름이 없는 곳이 없다고 할 정도로 유행했으며, 도박에서 꾸어준 빚은 부형에게서 대신 받기도 했다.

1888년에는 내반원의 군사들이 잡기를 하다가 살인까지 했다. 도박에는 양반 자제를 포함하여 관가 이속들이 끼어 있는 경우가 많았으며, 심지어 법사나 포도청 하속들이 접주가 되는 경우도 있었다. 그러나 갑오개혁 이후 도박놀이는 자연히 중지되었다. 일본인들이 서울과 각 항구에 화투국花鬪局을 설치하여 지폐를 놓고 도박을 하면서, 한 판에 많은 돈을 따고 잃었으므로, 미련한 신사와 밑천이 적은 상인들의 파산이 줄을 이었다. 일본인들은 요술같이 기교를 부려 사람들의 이목을 현란하게 했는데, 이로 인해 도성에서는 절도가 매우 많았다.

계로 인하여 서민들이 피해를 입는 경우도 많았다. 양반가의 하례들과 무뢰배들이 무명의 계를 만들어 민폐를 끼치는 정도가 심각하여, 의정부에서는 좌우포도청·형조·한성부에 그 단속을 명했다. 이에 따라 포도청에서는 계를 만들어 서민을 사취하는 자들을 붙잡아, 계책을 불태우고 주모자를 엄형으로 다스렸다.

포도청에서는 궁중에서 연회 등 행사가 있을 때 여염집의 여자를 여령女伶(진연 때 시중드는 기생이나 여종)으로 차출하는 업무도 맡았다. 6전조례에는 술집 유녀를 뽑도록 되어 있지만, 민가에서 막 뽑아 항의가 빈번했다. 1882년 동대문 동민 작료사건도 이 때문에 발생했다.

여령은 아니지만, 시녀로 쓸 미녀를 뽑게 한 일이 효종 때도 있었다. 즉, 경관을 양계에 나누어 보내 나이 적은 미모의 시녀를 각각 3, 4명씩 가리게 하고, 서울은 포도청으로 하여금 여염의 아름다운 여자를 찾게 했다. 이는 청나라로 보낼 시녀들이다. 뽑힌 자 중에는 스스로 삭발하는 자도 있었으며, 부모와 형제가 도로에서 울부짖었다. 이를 피하기 위해 당시 7, 8세 되는 아이는 거의 모두 혼인시켰을 정도였다.

성안에서의 구걸도 단속했다. 영조가 좌·우포도대장 구선행·이의풍을 불러 성안에서 걸인이 남에게 재물을 억지로 요구하는 것을 금하게 했다. 정조도 빌어먹고 다니면서 길거리나 마을에서 밤에 추위를 호소하는 무리들은, 나타나는 대로 움막 속에 집어넣고 전혀 나오지 못하게 특별히 준엄하게 명령했고, 또한 포도대장을 직접 만나 신칙하기도 했다. 며칠 후 정조는 길거리에서 떨고 있는 사람들을 살피지 못한 책임을 물어 포도대장을 추고하라고 했다.

포도청은 궁녀와 밀통한 자를 체포 조사하는 일, 왕족의 장례시 소요되는 여사군轝士軍(인산 때 대여·소여 등을 메던 가마꾼)의 모집과, 품삯 지급 그리고 양반의 서민 침탈에 대한 것도 취급했다. 어음 사기사건을 처리

하기도 했고, 법으로 금한 화약과 전립을 제조 판매한 자들도 체포 조사했으며, 서울 주변의 산목을 남벌하는 것도 단속했다.

포도청에서는 각종 경제사범도 취급했다. 쌀·인삼과 소고기의 밀매를 특히 엄격하게 다루었다. 미곡은 세곡 흠포죄, 미곡 집적, 방납의 농간, 방곡 관련범을 단속 처리했다.

이 시기 미곡이 집중되는 경강변에서는 부상들의 미곡 집적 모리배의 농간으로 인한 미곡 유출, 관가 하례들과 권세가 하속들의 수탈 등이 일반화되어 있었다. 지방에서는 아예 경강까지 오지도 않고 근기 지역에서 쌀을 처리하는 경우가 많았다. 이러한 현상은 서울의 식량 사정을 더욱 악화시켜 서민들의 저항을 불러일으켰다. 포도청에서는 이들을 모두 단속했다. 평시서보다 미곡을 둘러싼 불법행위들을 단속하는 포도청이 미곡의 수급과 곡가 형성에 더 영향력을 미쳤다고 한다.

삼해주의 밀조 또한 포도청의 단속 대상이었다. 쌀 생산량은 한정적인데 서울로 들어오는 많은 쌀이 술을 만드는 데 사용되어 이를 금한 것이다. 특히 흉년이 들어 도성의 쌀 부족현상이 가중될 때는 단속이 더욱 심했다. 그런데 궁이나 양반가에서 밀주를 대량으로 전매, 유통시킴으로써, 포도청에서 단속하기에는 한계가 있었다.

화폐제도 문란으로 받는 생활고도 심각했다. 1874년에 청전淸錢 혁파 후 전황錢荒현상이 대두되고 재정상태가 악화되어가자, 1883년부터 당5전을 발행하여 관가 이속들과 하급 군인의 급료로 지급했다. 그러나 당5전은 명목가치는 상평통보의 5배였으나, 실질가치는 2배 정도에 그치는 악화였다. 이후 민간에게도 주전을 허락하여 위조화폐가 남발했으며, 여기에 일본인도 광통전행에서 당5전을 주조 유통시켜 화폐 문란을 가중시켰다.

1884년에는 주전 변수로 일했던 자가 다른 사람과 공모하여 사주조를 하다 적발되어 참형에 처해졌다.

인삼은 예로부터 제조·수출교역 등을 철저하게 국가에서 관장했다. 그러나 경제적 이권이 큰만큼 각종 부정과 부패가 만연되어 있었나. 개성상인들은 홍삼이나 인삼을 제조하여 동래 책문 등지에서 어렵지 않게 화매 교역했다.

1878년 9월에는 잠조홍삼죄로 현학명이 체포되었으며, 그를 체포하기 위하여 동래부까지 포교를 파견하기도 했다. 그는 서울 출신으로서 사역원 생도를 지냈는데, 판찰관인 현석운 가에서 홍삼 1,000근을 밀조하여 동래부에 보냈던 것이다.

조선시대에는 현방에서 소를 잡고 판매하는 전권을 갖고 있었다. 현방 이외의 도살은 사도私屠라 하여 법적으로 금지되어 있었다. 그러나 민간의 밀도살은 빈번하게 발생했다. 밀도살에는 양반이 전주가 되어 돈을 제공하고 그 하속들이 관련되는데, 그럴 경우 포도청 등 관에서도 결탁되었다.

서울에서 밀도살을 자행하면 이로 인하여 교외, 특히 수원과 광주에서는 소도둑이 빈번하게 일어났다. 이에 대해 경기감영은 관할하지 않고, 서울의 포도청은 그 관할범위가 미치지 않아 피해가 컸다. 그리하여 조정에서는 포도청으로 하여금 광주 · 수원 등지에서 일어나는 소도둑 행위를 근절할 것을 명했다.

천주교 탄압

조선 왕조는 성리학 이외의 학문이나 종교에 대해서는 이단시하고 배척해온 결과, 천주교는 신분제를 기반으로 하는 봉건적 왕조질서를 정면으로 위배하는 사상으로 인식되었다. 천주교도들이 실제로 어떤 반체제적인 책동이나 난을 일으키지 않았음에도 불구하고, 기존의 다른 어떤 종교보다도 위험한 것으로 간주했다. 그들은 천주교를 절륜패살의 도당, 황탄괴설의 외도로 규정짓고, 천주교도들을 무부무군無父無君, 금수, 패륜나상의 무리로 불렀다.

정조 때 남인을 배척하는 노론은 천주교를 계속 비방하는 의논을 냈다. 그러나 정조는 〈천주실의〉가 조선에 들어온 지가 근 200년이나 되는데 이제 새삼 의논할 이유가 없고, 오히려 정론을 펴서 사학을 막을 수 있다고 강조했다.

그러나 1800년 정조가 돌아가고 11월 11일 장례가 끝나자마자, 11월 17일 바로 조정에서는 사학을 금하는 교서를 내리게 된다.

1801년의 황사영 백서에는, "정조의 계조모인 대왕대비 김씨가 한 패
인 벽파를 거느리고 그 반대파를 몰아내니 일찍이 교회를 해치던 악
한 놈들이 벽파와 손을 잡고…"라고 쓰고 있다. 그리하여 일어난 신유
사옥으로 인하여 남인들이 대거 연루, 이가환 · 정약종은 옥사하고, 정
약전 · 정약용 형제는 흑산도와 강진으로 각각 귀양갔다. 1801년 신유
박해는 천주교도 300명을 처단했으나, 뿌리는 더욱 깊어갔다. 그러나
1804년 정순대비의 수렴청정이 끝나고 시파인 안동 김씨 김조순이 세
도정치를 폄으로써 천주교에 대한 탄압은 완화되었다.

1835년(현종 1) 겨울 프랑스 신부 모방은 얼음이 언 압록강을 건너 이
듬해 1월 서울로 들어왔다. 이후 늘기 시작한 교인은 1839년 기해년에

는 1만여 명을 넘어섰다.

기해박해는 그 전해 1838년 겨울부터 시작하여 1840년 봄까지 1년 넘게 지속되었다. 포도청에서는 그해 1월부터 2월까지 천주교인 수십 명을 잡아 형조로 이관, 이들에게 배교를 종용하고 배교를 하지 않는 자는 처형했다. 조정의 관료와 재야의 유생들이 평소에 혐의와 원한이 있던 사람들을 천주교를 기화로 삼아 죽이든지 귀양보냈다. 겉으로는 천주교 배척을 내세웠으나, 안으로는 원수를 갚으려고 했던 것이다. 3월에는 우의정 이지연이 척사정책을 강력히 추진할 것을 대왕대비 김씨에게 요청했다.

동년 5월 25일 대왕대비는 교도의 체포에 총력을 기울이라는 새로운 명령을 내렸다. 6월 10일에는 이광렬과 여자 교도 7명이 서소문 밖에서 처형되었다. 주교 앙베르가 7월 3일 수원에서 자수했다. 이어 모방과 샤스탕 신부도 자수하자 즉각 서울로 압송되었다. 이들은 포도청에서 8월 5일과 7일 신문을 받았다.

대왕대비는 1801년 신유박해 때 주문모를 처형한 예에 따라 프랑스 신부의 목을 베어 백성들에게 경종을 울리라고 했다. 이어 유진길·정하상·조신철이 처형되었다. 12월 박종원·이문우 등 10명이 사형에 처해졌다. 한 해 동안 70여 명이 처형되었다. 그 가운데는 여자들이 과반수가 되었다. 1839년 기해박해는 풍양 조씨가 주도했다. 그래서 이 박해를 계기로 안동 김씨가 정계에서 실각하고 풍양 조씨가 실세를 잡게 되어, 1849년 철종이 즉위할 때까지 10년 동안 계속되었다.

철종대가 되자 천주교에 관대한 태도를 보였고, 그러한 분위기에서 베르누 등 12명의 프랑스 신부가 입국하여 교세가 점점 늘어갔다. 김좌근 대신 정원용이 영의정이 되어 임태영·신명순을 좌·우포도대장으로 삼았다. 임 대장은 1846년 병오박해 때 우포장인 임성고의 아들이고, 신 대장은 1801년 신유박해 때 좌포장인 신대현의 손자였다. 이들은 교우들을 많이 체포했으나, 오히려 왕의 노여움을 사 파면되었다. 후임 포도대장은 허계·신관호가 맡았다. 이때가 1860년 5월 10일이었다. 1860년 영·불 연합군의 북경점령 사태는 서양의 군대가 조선에도 쳐들어오리라는 의구심을 불러일으켜, 조선에서는 그로 인해 천주교에 입교하려는 사람들이 더 많아졌다.

고종이 즉위할 때 대원군은 현실적이었다. 프랑스와 동맹을 맺어 러시아의 남침을 저지하려고 했다. 그러나 지방에 가 있던 다블뤼 주교와의 연결이 지체되어 진행에 차질이 생겼고, 북경을 다녀온 동지사 이흥민도 청국에서 천주교도를 탄압하고 있다는 보고를 했다. 1866년 1월 5일 베르누 주교의 하인 이선이와 전장운·최형 등이 체포되었다. 무시무시한 고문이 가해졌다. 베르누·다블뤼 등 프랑스 신부 9명과 홍봉주·남종삼은 물론, 정의배·전장운·최형 등의 주요 신자들과 수천 명의 교인들이 서울 등 전국에서 체포되었다. 이들 모두 서울의 새남터와 충남 보령의 갈매못 등지에서 순교했다. 박해의 현장은 참으로 처참했다.

전국을 일제히 수색하여 포승에 묶여 끌려가는 모습이 길가에 연이었고, 포도청 감옥은 만원이 되었다. 그중에는 아낙네, 어린아이들과 같은 철없는 사람들이 많았다. 포졸들이 민망하여 배교할 것을 타일러도 신자들은 말을 듣지 않았다. 매로 때려서 기어코 회개시키고자 하니 피부가 터지고 피가 포도청 마루에까지 튀어올랐다. 죽일 때마다 교를 배반하겠는가고 물으면 어린아이들도 그 부모를 따라서 천당에 오르기를 원했다. 대원군이 듣고 다 죽이라고 명하면서도 어린이들만은 살려주라고 했다.

대원군 때는 살육이 빈번하여 사학·도주전 이외에도 비방·주오

• 상복입은 신부
신부들은 신분을 감추기 위해 상주로 변장
하여 상복을 입고 선교 활동을 했다.

註誤· 무고 등으로 처형된 사람이 1,000여 명이나 되었다. 포도청의 형졸들도 살인하기에 염증을 느껴 백지 한 장을 죄수의 얼굴에 붙이고 물을 뿌리면 죄수의 숨이 막혀 순식간에 죽곤 했다. 이를 '도모지塗貌紙'라고 한다. 이 병인박해로 인하여 바로 병인양요가 일어난다. 이후로도 천주교 박해는 계속 이어졌다.

개항 이후인 1877년 12월, 프랑스인 리델을 비롯하여 최지혁·신치욱·전순룡 등 천주교도들이 우포도청에 체포되어 조사받았다. 두 번에 걸쳐 조선에 입국한 리델 이복명은 청의 주선으로 청으로 곧 돌려보냈으나, 최지혁 등은 처형당했다.

1879년 윤3월 25일 공주지방에서 배교자의 밀고로 드게트 신부와 14명의 천주교도가 우포도청에 체포 구금되었다. 이때 고종은 청·프랑스 등 열강의 간섭을 우려하여 드게트 신부를 청나라로 돌려보냈으나, 다른 신도들에 대해서는 어떻게 처리했는지 알 수 없다. 이때 고종은 프랑스 신부를 잡은 것을 언짢게 생각하여, 이교헌·오하영을 좌·우포도대장으로 바꿨다. 그럼에도 불구하고 천주교도에 대한 박해는 여전했고, 포도청에서는 천주교도를 기찰하는 것을 게을리하지 않았다.

그러나 1882년 조미수호조약이 체결되면서 기독교도에 대한 박해가 약해졌으며, 1886년 조불수호조약에 의하여 한정된 범위에서나마 종교적 자유가 인정되었다. 이후 천주교도에 대한 박해사건은 일어나지 않았다. 이는 청이 북경사건 이후 천주교를 용인했기 때문인데, 프랑스 신부를 죽인 조정에서는 북경에서 무슨 소리만 들어도 벌벌 떠는 형편이었다. 이후 외국 신부들은 상복을 입고 다니면서 지방에까지 자유롭게 전도하고, 신도들도 마음대로 행동했다.

당시 리델 주교가 갇혔던 감옥의 모습을 그의 기록에서 옮겨본다.

조선의 감옥은 온갖 괴로움이 모인 곳이었다. 법률상으로 허락되어 있는 고문, 그것은 큰 박해를 경험하여온 교우들에게는 그리 두려울 것이 못되나, 가장 두려운 것은 옥중에 머물러 있는 것이었다. 높은 담벽으로 둘러싸인 뜰 가운데 감옥으로 쓰여지는 움막집이 있는데, 거기에는 들창 하나 없고, 오직 낮고 좁은 문으로부터 빛을 받아들일 뿐이었다. 굶주림과 목마름은 끊임없는 고생이었다. 때로는 잘 때에 베개로 썼던 썩은 볏짚을 씹어 먹기도 하는 일이 있었다.

서울의 감옥에는 의금부의 감옥과 포도청의 구류간이 있는데, 각각 50명씩의 포졸을 가지고 있고, 이밖에 고약한 얼굴 생김새의 회자수劊子手(망나니) 및 옥리들이 속해 있었다. 포졸들의 권세는 참으로 큰 것이었다. 귀족들에게 때로 욕을 먹거나 푸대접을 받는 일이 있을 뿐으로, 그밖에는 누구도 그들에게 감히 대항하지 못했다. 그들의 손에 들어간 백성들은 참으로 불쌍했다. 그들이 베푸는 복수는 말할 수 없이 잔인하여, 특히 사사로이 욕을 먹었거나 또는 부잣집의 재물에 눈을 붙인 때에는 더욱 그러했다. 이치를 따지는 일은 전혀 없고, 무턱대고 고문을 쓰는 것이었다. 손발을 비틀어 부러뜨리고, 수염, 눈썹을 불사르며 넓적다리

와 배를 불로 지지고 하니, 때로는 가죽만 남은 산송장도 있었다.

주교는 고문을 받고 있는 교우들의 괴로워하는 소리를 몇 번이고 듣게 되었다. 그러나 주교가 가장 괘씸하게 여긴 것은, 그들 포졸과 형리들의 비웃고 껄껄대는 소리였다. 그러한 인간에게는 한끝의 동정도 바랄 수 없었다.

어느 날 심한 열로 고생하고 있던 교우가 옥졸에게 물을 좀 달라고 애걸했는데, 그 옥졸은 "오냐, 물을 주마, 고약한 천주쟁이들"이라고 말하고, 뾰족한 막대기로 그 교우의 가슴을 때려 세 시간 후에는 그를 죽게 했다. 그들은 이를 병으로 죽었다고 발표하고, 그 시체를 성 밖에 내다버렸다.

옥졸보다 더 고약한 놈은 회자수다. 마치 괴물과 같이 생긴 그는 죄인의 괴로움을 웃음으로 돌리면서, 손발을 자르며 살갗을 벗기고 온 몸을 발기발기 잘라버린다. 이들이 옥중으로 들어오게 되면 곧 무서운 고문이나 죽이는 일이 있을 것으로 여겨 죄인들은 벌벌 떨게 되니, 같은 사람으로서 어찌 저와 같이 타락하고 잔인한 무리가 있을까!

조선의 죄인은 크게 도적과 빚쟁이와 천주교 신자의 셋으로 나누는데, 교우는 가장 비참한 옥살이를 하는 도적과 한 가지로 다루어졌다. 도적을 가두어두는 감옥은 마치 지옥을 생각하게 한다. 그들에게는 늘

차꼬를 채워두며 한 방울의 물도 주지 않고, 아침과 저녁에 겨우 한 공기씩의 밥을 줄 뿐이니, 아무리 튼튼한 죄인이라도 옥중에서 20일만 있게 되면 뼈만 남게 된다.

교우들은 이같이 짐승보다도 못한 대우를 받고 누구 하나 찾아주는 사람이 없었으나, 천주께 모든 것을 맡기고 새벽부터 기도를 드리기 시작하여 밤까지 이르는 일도 있었다.

3월 16일, 주교가 갇혀 있는 감옥 앞에 들것이 갖다놓였는데, 이것은 시체를 나르는 데 쓰는 것이었다. 주교는 좌포도청으로 옮겨지게 되었는데, 큰 건물의 저쪽에는 판관이 있는 방이 있었다. 판관은 꽃무늬 돗자리 위에 비단 방석을 깔고, 위엄을 나타내기 위한 휘장을 달고 앉아 있었다. 그는 털을 양쪽으로 매달아 내린 털모자를 쓰고, 폭이 넓은 비단옷을 입고, 자라 껍질과 보석으로 꾸민 허리띠를 두르고 있었다. 이곳에 이르자 형리는 붉은 노끈으로 주교를 결박하여 판관의 앞에 꿇어앉혔다. 이때 판관이 주교에게 "편히 앉아라" 하니, 주교는 조선 풍속대로 발을 도사리고 멍석 위에 앉아 신문을 받게 되었다. 주교가 판관의 물음에 대하여 성명, 나이, 주소, 본국의 이름들을 대답했다.

"그대는 그대의 나라에서 어떠한 벼슬자리를 가지고 있었는가?"

"저는 벼슬이 없습니다. 어떠한 자리도 받은 일이 없습니다."

"그대는 귀국하게 되면 높은 관직이나 명예를 정부로부터 받게 될 것이지?"

"저가 귀국에 나온 것은, 귀국에서 살고 죽고자 함이외다. 잘못하여 조국에 돌아간다 하더라도 거기서는 어떠한 할 일도 없습니다."

5월 1일 보다 새롭고 악독한 고문과 형벌이 교우들에게 다시 내려졌다. 낮에 교수형에 쓰는 밧줄을 감옥에 갖다놓으니, 저녁때에 이르러 모든 죄인은 이제는 정말 마지막이구나 누구나 생각하게 되었다. 일생에 있어서 얼마나 엄숙한 순간이었으랴! 어둠이 닥쳐오자 옥리 하나가 들어와서 한 죄인에게 말하기를, "이놈아, 목을 매달아주마. 무서워할 것 없어. 오늘은 깨끗이 치워버릴 테야"라고 했다. 이어 그는 그 죄인을 주교방의 옆에 있는 시체실로 끌고 갔는데, 얼마 안 가서 그 죄인의 숨 끊어지는 소리와 더불어 형리들의 밉살스러운 웃음소리가 들려왔다.

주교가 옥을 나와 형조로 옮겨졌다는 소문이 곧 서울 장안에 퍼지게 되니, 그를 보려는 정부의 관리, 부잣집 사람, 귀족들이 떼를 지어 관청 문 앞으로 몰려들게 되었다.

주교는 포도청에서 새로 만들어준 베옷을 입고 가마를 타고 서울을 떠나게 되었다. 이때 좌포도청의 군관 이성순과, 우포도청의 군관 이재선은 주교의 물건을 나누어 실은 두 마리의 말을 각각 타고 주교의 뒤를 따르게 되었다. 일행으로는 주교의 가마를 멘 4명의 가마꾼, 그리고 2명의 포졸이 앞에 서고, 짐을 실은 몇 마리의 말을 끄는 두 젊은이가 중간에 섰다. 맨 끝에는 말을 탄 군관 하나가 따르게 되었다. 처음 며칠 동안 군관은 위엄을 보이기 위하여 아무 말도 하지 않았다. 포졸과 가마꾼들의 웃고 감탄하는 소리에 그도 차차 긴장된 마음을 풀게 되어 "서양사람이 무엇이라고 말했느냐?"라고 묻게 되었다. 가마꾼은 이 물음에 대하여 일일이 대답했다.

주교는 처음부터 눈치챈 일이었지만, 이 군관은 말을 타고 가는 것을 좋아하지 않는 듯이 보였다. 주교가 "말과 가마를 바꿔 타면 어떻겠느냐?"라고 하니, 군관은 곧 이 말을 받아주었다. 이리하여 군관이 가마를 타고 주교가 관리 모양으로 말을 타게 되니, 보내는 사람과 보내지는 사람이 자리를 바꾼 셈이 되었다. 이 마을로부터 저 마을로 가는 것은 퍽 느릿한 여행이었으나, 어느 마을에 도착하면 주교가 왔다는 소식을

- **3의사비**

  당시 처형당한 이재수·오대현·강우백을 기리는 3의사비가, 처형된 지 60주년 되는 1961년,
  제주도 대정면에 세워졌다. 그후 1997년 새로 제작되었는데, 비문 내용 때문에 천주교회측과
  다툼이 있었다. 이 비는 최근 프랑스와 합작으로 제작된 영화, '이재수의 난' 때문에 더욱 유
  명해졌다.

들고 이곳저곳으로부터 사람들이 모여들었다. 때로는 군중들을 쫓아보
내기 위하여 포졸들이 막대기를 휘두르려고 하여 주교는 거듭 이를 못
하게 했다.

　이렇게 조사를 받던 리델 주교는 청국의 알선으로 중국으로 돌아가
대환영을 받았다. 당시 포도청에서 기록한 리델의 신문은 다음과 같다.
"저는 본디 불랑 사람으로서, 부모는 죽고, 형 하나가 있습니다. 이제 해
동에 나와 행세하기가 어려우므로, 성명을 이복명이라 지었으며, 호는
필릭스라 합니다. 병인년에 신부라는 명색으로서 해동에 와 있다가, 나
라에서 금함이 엄하게 되어 법망을 벗어나 본국으로 달아났습니다. 이

제 주교라는 명색으로 중국으로부터 배를 타고 장연 지경에 이르러 최지혁을 만나 같이 올라왔으나, 새문 밖 고마청동에 있는 최지혁의 집에 머물러 있다가 잡혔습니다. 제가 하고자 하는 것은 성당을 세워 교를 가르치는 것이외다."

시기는 조금 늦으나 민란과 천주교, 그리고 외세를 통틀어 겹쳐 일어난 난이 제주도에서 일어난 이재수의 난이다. 1901년 여름에 발생한 이 난은 3년 전 1898년의 방성칠의 난과는 다른 성격이다. 방성칠이 동학 세력과의 연대 아래 일어나 민중의 신뢰를 잃어 실패한 것과는 달리, 이재수의 난은 천주교와 프랑스 등 외세에 힘을 입은 일부 지배층에 대항해 일어난 민중의 봉기다.

천주교는 1886년 조불수호조약에 의해 신앙의 자유가 인정된 이래, 임금이 관리들에게 "신부를 나처럼 대하라"고 지시하자 거리낌없이 번지기 시작했다. 제주도도 이 해 봄까지 2년 여 동안 인구의 2.5%에 해당하는 800여 명의 신자를 배출하는 성장을 이루었다. 이들은 대부분 신앙심보다는 관리와 동등한 권리를 갖는다거나, 세금을 내지 않는다거나, 포졸들이 마음대로 못 잡아가기 때문에 천주교를 믿는 무리였다. 그리하여 당시 농민들은 천주교인들을 '법국法國의 연놈'이라 불렀다.

한편, 당시 지방재정을 중앙재정에 예속시키려는 제도인 봉세관이 내려와서 이 천주교도와 합세하여 농민에게 수탈을 가하자 그 시정을 요구하는 움직임이 있었다.

즉, 1901년 4월 초 대정군에서 대정군수 채규석과 향장 오대현이 대정상무사를 조직했다.

4. 29 – 상무사원 송희수에 대한 천주교인들의 구타 사건이 있었다.

5. 6 – 오대현의 기첩을 천주교도인 전 이방 김옥돌이 간음하자, 군수는 둘을 태형에 처하면서 오대현은 석방하고 김옥돌은 수감했다. 이에

진사 김병현 등 천주교인 50여 명이 옥문을 부수고, 김옥돌을 빼내고, 상무사원들을 잡아가면서 충돌이 빚어져 천주교인들이 많이 다쳤다.

5. 12 - 제주도민들이 제주성으로 몰려가자 제주목사 김창수는 폐정을 혁파하기로 약속하고 해산키로 했다. 그러나 신부와 천주교인들은 이를 반란으로 규정하고 이교도에 대한 성전을 선포하고 무장했다.

5. 14 - 800여 명의 교인이 한림동 민회소에 가서 발포하고 오대현을 비롯한 6명을 체포했다.

5. 17 - 농민들은 강우백·이재수를 동·서진 대장으로 삼아 무장하고 제주성으로 진격, 천주교측과 교전을 벌이면서 제주성을 봉쇄했다.

5. 28 - 성내의 백성이 옥문을 부수고 천주교인들과 충돌하면서 제주성은 함락되고, 서진대장 이재수의 주도 아래 천주교도 250여 명을 살해했다.

5. 31 - 270명의 프랑스 해군과 신임 제주목사 이재호가 두 척의 군함으로 입항하고,

6. 2 - 강화도 진위대 100명과 궁내부 미국인 고문 산도가 일본군함으로 왔다. 협상이 지지부진한 가운데,

6. 10 - 정부군 200명과 신식 순검 13명이 급파되었다. 정부군 대장 윤철규는 이재수와 만나 그들의 요구사항을 수용할 것을 약속하고 대신 다음날 제주성 내로 들어올 것을 요구했다.

6. 11 - 정부군은 약속과는 달리 성내에 들어온 농민군 지도자 40여 명을 체포하고 농민군을 무력으로 해산시켰다.

7. 18 - 이들은 서울로 압송되고,

10. 9 - 이재수·오대현·강우백은 첫 영사재판에 의해 청파에서 교수형에 처해졌다. 수훈자 윤철규는 몇 년 후 경무사가 된다.

이와 같이 이재수의 난은 비록 실패했다 하더라도, 이 난은 농민항쟁으로서 반 천주교, 반 외세라는 기치 아래 일어난 것이다.

외세에 대응하는 포졸

천주교와 함께 들어온 외국인 신부 처리 문제와 맞물려, 우리 바다에는 이양선이 빈번하게 출현하고 있었다. 19세기 유럽 열강은 이양선을 앞세우고 아시아·아프리카의 문을 두드리다가 여의치 않으면 함포에서 대포를 쏘고, 뭍에 오른 수병들은 총을 퍼붓는 '포함외교'가 일반적이었다.

1845년(헌종 11) 6월 프랑스 해군 소장 세실은 1839년 기해박해 때의 프랑스 선교사 탄압을 구실삼아 군함 3척을 이끌고 충청도 홍주의 외연도에 들어왔다. 세실은 그때 프랑스 황제 나폴레옹 3세의 이름으로 조선 국왕 헌종에게 보내는 국서를 전하고 돌아갔다. 그 국서의 내용은 대략 이러했다.

1839년 8월 우리 나라 사람 앙베르·모방·샤스탕 세 분이 무슨 죄를 지었기에 이같이 참혹하게 죽였단 말인가? 내년에 우리 나라 전선이 특별히 여기에 올 것이다. 귀국은 그때에 회답하는 것이 좋겠다. 이후 우리 나라 선비나 백성을 학대하고 해칠 때는 반드시 큰 재앙이 없지 않을 것이다.

이후에도 이양선은 빈번히 출몰하여 민심이 크게 동요했다.

1866년 8월 10일, 프랑스 로스 제독은 3척의 군함을 거느리고 산동의 지부 항을 출발했다. 리델 신부와 조선인 신자 3명도 통역 겸 수로

- **절두산 공회당**
  병인박해 때의 순교 터에 절두산 공회당이 만들어졌다.

안내인으로 동승했다. 15일 2척이 강화도를 거슬러올라 한강으로 진입
했다. 16일 양천의 염창항에, 18일 양화진을 거쳐 서강에 도착했다. 거
기서 서울을 관찰한 프랑스 군함은 다음날 강을 내려가 산동으로 돌아
갔다. 아무런 충돌이 없었고, 순전히 정찰을 위한 1차 원정이었다. 그러
나 이 사건으로 인해 조정은 발칵 뒤집혔다.

9월 5일, 물류도 앞바다에는 7척의 프랑스 군함이 2차로 집결했다.
일본의 요코하마에 주둔하고 있던 군대까지 신고와 병력은 약 600명이
나 되었다. 강화유수가 퇴거를 요구하자, "무슨 이유로 서양인 9명을 살
해했느냐? 이제 너희들도 죽음을 당할 것"이라 했다. 이튿날 프랑스 군
은 강화부를 공격해왔다. 강화부가 간단히 점령되었다. 다음날 통진부
도 습격하여 약탈과 방화를 했다. 프랑스 군이 강화부를 점령하자 대원
군은 대경실색했다. 서울의 방어책을 강구하면서 이용희에게 2,000여

명의 군사를 주어 출정하게 했다.

로스 제독은 이를 얕잡아보고 정족산성 안의 전등사를 털기로 했다. 그러나 미리 잠복해 있던 양헌수의 병력이 일제사격을 가하자, 기습당한 프랑스 군은 대경실색하여 줄행랑을 쳤다가, 아예 갑곶진으로 가버렸다. 프랑스 군은 다음날 조용히 강화도에서 철수했다. 애꿎은 강화부 중군 이일제가 파면당하고, 유수 이인기가 죄를 추궁당하여 9월 28일 신지도로 귀양 가게 되었다. 반면에 역관 이응인은 저네 배에 올라가 타일렀다고 공로를 인정하여 상을 받았다. 양헌수는 나중에 포도대장이 된다.

조선군은 프랑스 군을 물리쳤다 하여 사기가 충천됐다. 프랑스 군의 내침 이후 천주교도에 대한 조선의 태도는 더욱 강화되었다. "오랑캐가 양화진까지 침범한 것은 천주교도 때문이고, 우리의 강물이 이양선에 더러워진 것 역시 그들 때문이니, 그들의 피로써 깨끗이 씻어야 한다"는 것이었다. 양화진 근처 절두산에 새로운 형장이 만들어져 수많은 천주교도들이 그곳에서 처형당했다.

1866년 7월, 제너럴 셔먼 호가 대동강을 거슬러 평양까지 올라왔다. 그들도 프랑스 신부의 학살에 대한 보복으로 프랑스 함대가 쳐들어올 것이라 하면서 통상교역을 요구했다. 그들은 중군 이현익을 납치하는 등 난폭한 행동을 했다.

이에 분노한 평양 군민이 달려들어 양측간에 충돌이 빚어졌다. 배에서 대포를 쏘아대자 군민 중에서 사상자가 발생했다. 평안감사 박규수가 화공으로 공격하자 셔먼 호는 꼼짝없이 불에 타버리고 말았다. 배에서 뛰쳐나온 선원들도 다혈질인 평양의 군민들에게 잡혀 몰매를 맞고 죽었다.

• **조선군 포로**

신미양요 당시 미국 콜로라도 호에 억류되어 있는 조선군 포로들. 이들은 한여름에 '아홉 겹 솜 넣은 옷'을 방탄복으로 입어 더 큰 희생만 냈다.

영국인 개신교 선교사 토머스는 당시 포교의 꿈을 안고 조선행을 택한 것이었다. 조선에서는 그래서 영국 배로 잘못 알고 있다가, 뒤에 미국측의 항의를 받고서야 제대로 알게 되었다.

1871년 3월 27일 미국의 로저스는 콜로라도 호를 기함으로 군함 5척에 군사 1,230명, 대포 85문을 탑재하고 조선원정에 나섰다. 페리 제독의 일본 개항을 본뜬 것이었다. 로저스 함대가 강화 손돌목에 이르자 조선의 강화 포대에서의 사격을 시작으로 교전이 벌어졌다. 그리고 조선 대표의 파견을 통해 협상과 사죄 및 손해배상을 하라는 미국의 요구로 이어졌다. 10일 후에 보복하겠다는 단서도 붙었다.

조선이 이에 단호히 거부하자, 미국은 4월 23일 초지진에 상륙, 다음 날 아침 덕진진을 무난히 점령했다. 광성보는 강화의 진무중군 어재연의 찰주소가 있는 곳이다. 아침 11시부터 약 1시간 동안 미군은 집중적인 포격을 가한 후, 미 해병을 광성보로 진격시켰다. 거기서 어재연이 600여 명의 병력으로 결사 항전했다.

남북전쟁에 참여했던 역전의 미군과 화승총을 든 조선군 사이에 백병전이 벌어졌다. 이때 조선군은 무더위에도 불구하고 아홉 겹 솜을 넣은 옷을 입고 있었다. 솜옷은 방탄용이었으나 오히려 희생자만 늘리는 결과가 되었다. 약 1시간 가량의 공방 끝에 마침내 광성보도 미군에게 함락되었다. 조선군 피해는 어재연 형제를 비롯하여 진무영 천총 김현종, 광성 별장 박치성 등 전사자 350명, 부상자 20여 명이었고, 미군은 전사자 3명, 부상자 10명이었다.

광성보를 점령한 로저스는 다음날 초지진에서 철수하여 본 함대로 돌아갔다. 거기서 조선정부의 항복선언을 기다렸다. 그러나 부평 부사의 이름으로 도착한 공문은 미국의 침략행위를 맹렬히 비난하고 있었다. 로우 공사는 이를 반박하면서 조선국왕 앞으로 보내는 공문을 전하라 했지만, 부사는 그런 문서를 전달할 위치에 있지 않다고 접수를 거부했다.

결국 미 해군은 더 이상 싸우지 못하고 20여 일 뒤인 5월 16일 철수했다.

세월이 흘러 1875년 9월, 일본 군함 운요 호가 초지진 포대에 접근하자 초지진 포대에서는 당연히 포격을 가했다. 상대 쪽에서도 기다렸다는 듯 대대적인 함포사격을 해왔다. 이어 영종도에 상륙하여 약탈과 방화를 서슴지 않았다. 일본은 국기에 대한 모독을 문제삼으면서 통상을 요구했다. 강화의 일본함대는 수시로 대포를 쏘아 접견대관을 주눅들게 했다. 대부분의 대신들은 강화를 반대했으나, 우의정 박규수는 강화를 주장했다. 이때 청국을 다녀온 이유원이 개항을 권고하는 총리아문

대신 이홍장의 긴급 서한을 전했다.

"조선이 일본과 조약을 체결하면 전쟁을 피할 수 있을 것이고, 만약 조선이 청국의 권고를 받아들이지 않을 경우 장차 조선과 일본간에 어떠한 일이 일어난다 해도 청국은 책임질 수 없다."

1876년 2월, 강화도 조약은 이렇게 맺어졌다. 개항이 되면서 조선도 급변하는 외세의 소용돌이에 휩싸이게 되었다.

1879년 윤3월, 일본공사의 서울 내왕 때 무뢰배가 길을 막고, 돌을 던지고, 옷을 잡아당기는 등의 행패를 부렸다. 정부에서는 이에 관련자를 효시의 율로 다스리겠다는 경고문을 발표했다.

1882년 4월, 충청도에서 벌왜거병을 표방한 역모사건이 발생하여 그 관련자들을 포도청에서 조사했다.

1882년 11월 28일, 김기봉이 근래 외국인이 들어와 서울의 민심이 어지러운 것에 분개하여 궁궐에 들어갔다가 체포되었다.

1882년 12월, 안봉순이 일본인이 서울에 들어와 주접하고 있으면서 우리 나라 사람을 능멸한다고 일본군이 주둔하는 장락원에 화살을 쐈다.

당시 포도청에서 담당한 가장 큰 사건은 임오군란과 갑신정변이었다. 1882년 6월 9일 임오군란이 발생하여 군영의 기능이 마비상태에 빠지자, 포도청에서는 난과 관련된 군민을 체포 조사했다.

임오군란이 발생하자 주민 수만 명이 일본공사관 근처에 밀어닥쳐 "왜놈을 죽여라"고 고함을 치면서 돌을 던지고 총을 마구 쏘았다. 이에 일본공사 하나부사가 인천으로 도망했으나, 인천에서도 부민들이 습격하여 수행원 다수가 죽었다. 포도청에서 혐의가 있는 자들을 체포 조사했는데, 대부분 대장장이 등 수공업자와 술·떡 등을 파는 소상인이었다.

1884년 10월 17일의 갑신정변도 김옥균 박영효 등 주모자들의 상당 수가 이미 일본으로 망명해버렸고 홍영식은 청군에게 살해된 뒤라, 나머지 관련자들에 대한 체포와 조사를 포도청에서 했다. 갑신정변 때에도 10월 20일 한성부 군민들이 일본공사관과 병영을 습격하고 한성부에 거주하는 일본인 30여 명을 살상했다. 또한 정변의 소식을 듣고 인천에서 상경하던 일본군 대위 이소 하야시가 청파 갈오리에 이르러 동민들로부터 맞아 죽는 사건이 발생했다. 이소 하야시를 죽인 혐의로 체포된 자들은 한결같이 갑신정변의 구체적인 내용은 모르고 정변이 일본인으로 인하여 발생되었다고 알고 있었으며, 이에 일본에 대한 원한으로 일인을 죽이게 된 것이라고 했다.

이 무렵 조선의 실권자는 청의 위안 스카이였다. 임오군란 때 조선에 와서 대원군을 유폐하고, 갑신정변 때는 개화당을 축출했으며, 동학혁명 때는 청군을 진주시켜 청일전쟁을 유발케 했다. 그래서 임오 당시의 포도청 등록은 나중에 수정되기도 했다. 한편, 이때 포도청에서는 외국공사관을 파수하기도 했다. 1884년 10월 22일 정부는 좌·우포도청의 종사관과 군관·사령을 각각 30명씩 차출하여 외국공사관을 지킬 것을 명하고 있다.

포도청에서 다룬 반 외세 사건들은 대부분 갑신정변 이전에 나타나고 있다. 갑신정변 이후는 일·청 상인의 상권침탈이 가중되면서도, 조정의 외세 인정 방침과 청에 대한 믿음으로 큰 저항은 없었다. 1890년 서울 상인들의 철시 동맹파업과 시위투쟁이 있을 정도다.

이와 반면, 각 지방에서는 인심이 흉흉하여 명화적이 들끓고 존왕 사상이 혼란스러워지는 말세현상이 나타나곤 했다. 특히 양반 유생 충보다는 민중들의 저항이 훨씬 격렬하고 공격적인 형태로 진행되었다.

- **일본공사관 근처**
일오군란이 발생하자 수만 명이 일본공사관 근처에 밀어닥쳐 돌을 던지고 총을 쏘았다.

외국인과 외국 군인의 거주가 늘어나면서 외국인에 대한 위기의식이 반영되어 '실아失兒소동'이 자주 일어났다. 서양사람들이 아이들을 삶아 먹는다고 하여 민가에서는 아이를 밖으로 내보내지 않았으며, 심지어 는 자기 아이를 업고 가던 사람이 아이 도둑으로 몰려 맞아죽는 상황에 까지 이를 정도였다. 1882년 여름, 호남에서도 유언비어가 떠돌았다. 일 본인과 서양 사람들이 샘에다가 독약을 뿌려 그 물을 마시는 사람들은 즉시 죽는다고 했다.

1882년 청국인들이 우리 나라를 도우러 왔을 때 서울에 있는 걸인들 을 데려다가 중국으로 팔아넘겼다. 그 수는 해마다 1,000명을 헤아렸 다. 그후 서양인들이 명동과 저동 사이에 종현성당을 건립하고 거기에 다 영아원을 설립했다. 그리고 그들은 버려진 유아들을 모아 배에 가득 싣고 어디론가 떠나갔다. 그 수는 청국인들이 했던 것에 비해 몇 배나

- **나장과 신군인**

  나장(왼쪽)과 신군인. 1891년 외국인 살라베이유가 그린 풍속화 6개 중 2개. 그네들의 눈으로
  본 신. 구세대가 이채롭다. 프랑스 기메 박물관 소장.

더 많았다고 한다.

이후 일본에 대한 유언비어가 난무했다. 곧 한국을 빼앗을 거라는 것
에서부터, 제주도에서는 일본인들이 사람 껍질 벗기는 기계를 가져와
서 제주도 사람을 모두 죽이려 한다는 말이 유행하여 가산을 탕진하고
자살하는 소동까지 일어났다.

이 시기 외국인이 우리 나라를 보는 눈은 생경한 것이 많다. 조선 말
일제 통감부의 감옥 관리인으로 와서 후에 경성 형무소장을 역임했던
나사요시는 팽형烹刑에 대해 다음과 같이 적고 있다.

임시로 종로의 사람 많은 다리 위에 커다란 아궁이를 크게 구축하고
그 곳에 큰 가마솥을 건다. 그리고 아궁이에 나무를 지펴놓는다. 이 아

272

궁이 앞에 병풍을 치고 군막을 두르고 포도대장이 앉는 좌석이 마련된다. 포도대장이 엄숙히 나와 앉고 죄인이 대령한다. 죄인은 가마솥의 나무뚜껑 위에 묶인 채 앉힌다. 포도대장은 죄인에게 엄숙하게 죄명을 선고하고 처형을 하명한다.

대개 이 형의 집행은 포도대장의 선고가 끝나면 그것으로 형이 끝난 것으로 간주되나, 때로는 가마솥에 미지근한 물을 담가 그 속에 죄인을 처박기도 한다. 또는 빈 솥에 죄인을 몰아넣고 솥뚜껑을 닫은 다음, 아궁이에 불을 때는 시늉만 하고 그치는 경우도 있다. 이 팽형 집행의 차이가 독직 관원의 죄질에 의한 것인지, 편의상 그렇게 하는지는 알 길이 없다. 다만, 형을 집행한다기보다 공중이 널리 보는 가운데서 베풀어지는 면박의 한 요식 같은 인상을 받았다.

하지만 이 팽형을 받은 사람은 비록 생명은 유지되었을망정, 마치 사형당한 사람처럼 여생을 살지 않으면 안되었던 것이다. 물에 젖은 죄인은 가마솥에서 끌려나와 죄인의 가족에게 인도된다. 인도될 때 이 죄인이 산 사람처럼 행동해서는 안된다. 마치 뜨거운 물에 삶아진 시체처럼 행세해야 한다. 인도받은 가족들도 호곡을 하며 마치 죽은 가장을 대하듯이 슬퍼해야 하고, 또 상례에 준하여 인도받아야 한다. 이 살아 있는 시체를 집으로 운반할 때도 대성통곡을 하며 뒤따라가야 한다.

일단 집에 옮겨오면, 그 살아 있는 시체의 신분이나 지체에 알맞은 응분의 상례를 마치 죽은 사람과 똑같은 절차대로 치른다. 이 상례가 끝나면 이 독직죄인은 공민권을 박탈당하고, 공식적으로는 그의 친지나 친척과도 만나서는 안되게끔 되어 있다. 오로지 집안에 갇혀 가족하고만 살아야 한다.

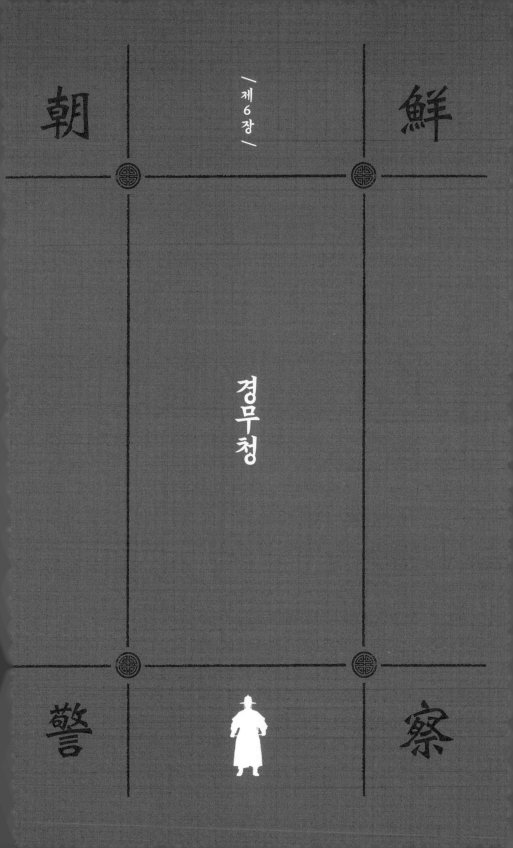

제6장

朝

鮮

경무청

警

察

근대경찰이란 경찰조직에 경찰이라는 공식적인 명칭이 붙고 제복을 착용했으며, 또한 적어도 법치주의에 입각해서 모든 경찰활동이 법령의 근거에 의해서 이루어지는 경찰을 가리킨다.

한말의 신경찰제도

근대경찰

근대경찰이란 경찰조직에 경찰이라는 공식적인 명칭이 붙고 제복을 착용했으며, 또한 적어도 법치주의에 입각해서 모든 경찰활동이 법령의 근거에 의해서 이루어지는 경찰을 가리킨다. 우리 나라에 그러한 근대경찰이 성립된 것은 한말 1894년 갑오개혁에서 비롯된다.

동년 6월 9일 오토리文鳥圭介 일본공사가 제출한 내정개혁안 중 경찰관계 골자는 다음과 같다.

1. 법률을 정돈하고 재판법을 개정할 것.
1. 국내의 민란을 진압하고 안녕을 유지하는 데 필요한 병비 및 경찰을 설치할 것.

일본은 이를 위하여 대원군을 다시 집정케 하고, 동년 6월 25일 군국기무처를 두었다.

6월 29일 군국기무처는 의정부 관제를 제정했는데, 정부를 의정부 및 내무·외무 등 8아문으로 하고, 군국기무처·도찰원·경무청을 부속기관으로 했다.

7월 29일 군국기무처는 23조의 개혁안을 의결했는데, 대표적인 것은 다음과 같다.

- 문벌 및 양반 상민 등 전통적인 계급을 타파, 귀천에 불구하고 인재를 선용할 것(3조).
- 죄인 자신 이외에 일체의 연좌법을 베풀지 말 것(5조).
- 공사노비의 법전을 혁파하고 인신매매를 금할 것(9조).
- 경찰관제와 그 직장은 내무아문에 속할 것(13조).
- 장리의 율은 구전에 의하여 징판懲判을 엄히 하며, 장금은 변상케 할 것(19조).
- 역인驛人, 창우倡優·피공皮工은 다 면천함을 허할 것(21조).

그중에 죄인 연좌금지법이나 공사노비 폐지법 등은 곧 실행되었으나, 한낱 공문으로 변한 것도 적지 않았다.

경찰관제는 각 아문관제와 동시에 제정되어, 종래의 좌·우포도청을 통합하여 경무청으로 출발했다. 경찰의 중요성은 특히 변혁기일수록 더하여, 당초 군국기무처의 회의에도 좌포도대장 안경수가 참여하고, 경무청이 출발한 후에도 경무사는 군국기무처 회의원이 되었다.

경무사의 지위는 향상되어 종래의 포도대장이 종 2품이었던 데 비하여 정 2품으로 승품되었다. 또 종래 병조, 형조에 속하던 것이 내무대신의 지휘를 받게 되어 문관경찰제로 전환하게 되었다. 그러나 내무대신과 경무사의 알력도 있었는데, 경무사 윤웅렬이 제 마음대로 총순과 순검을 가뒀다고 1개월분의 녹봉을 주지 않기도 했다.

경찰헌장

경무청의 설치와 함께 경찰헌장이 제정되었다. 이는 제1절 총칙, 제2절 총순의 집무장정, 제3절 순검의 직무장정, 제4절 위경죄의 즉결장정, 제5절 순검의 선용장정 등 5개 절로 이루어져 있다.

• 근대 경찰의 제복이다. 비숍 여사가 스케치했다.

경찰의 목적

제1절에는 경찰의 업무를 "백성의 위험을 방지하고, 백성이 평안한 생활을 영위케 하며, 공공질서를 유지하는 것"이라고 규정, 백성의 위험방지, 위생업무, 풍기단속, 범법자의 수사로 나누고 있다.

사법사항에는 따로 검찰이나 사법경찰 규칙에 따라 직·간접적으로 수사·체포·송청에 종사하며, 경찰관리는 비례원칙에 따라 백성의 사생활에 불간섭하여 공정한 근무를 하도록 했다. 그리고 이러한 목적의 달성을 위하여, 각 지방장관은 총순으로 하여금 순검을 지휘하여 각 처에서 순라와 사찰에 종사하도록 했다.

총순의 집무요령

총순의 집무요령은 수시로 본청에서 회의를 열어 원칙이나 집행상의 요령을 공동합의하고, 포고나 명령을 부하 순검에게 주지시키며, 관내를 수시로 순찰하고 순검을 독려하여, 인구 호수 영업사항 등을 기록하면서 관내사항을 상부에 보고하고, 경찰범은 즉결하고 보고하되, 애매한 것은 상부에 보고하여 지시를 받도록 되어 있다.

아직도 신분제도가 불식되지 않아, 피의자 신문의 경우 칙임관·주임관은 직접 문초를 하지 못하고 그 집사자를 대신했으며, 판임관 이하의 사족이나 평민만 직접 문초하도록 규정하고 있다.

순검의 복무요령

일선에서 직접 경찰업무를 집행하는 순검의 복무요령은 18개 조항으로 명시하고 있는데, 그중 중요한 것을 보면,

1. 관내거민 또는 행인의 곤란구호
1. 노약 부녀, 폐질인의 보호
1. 관내거민의 선악 파악
1. 관의 시달사항이 신복되는지 여부 파악
1. 순찰 후의 기록보고
1. 가로·장시의 풍기단속
1. 미아의 보호와 귀가 조치
1. 방실우마의 단속
1. 취자·병자의 보호

- **순찰중인 순검**

  제복을 입고 계급장을 달고 뼈를 지어 순찰하는 순검들이다. 주민들이 신기해한다.

1. 광견의 단속

1. 방치 시체 단속

1. 짐승과 가축의 시해 제거

1. 민가의 야간 문단속 지도

1. 가로 잠행자의 단속

1. 구화 요령 등이다.

위경죄 즉결요령

경무서 관내에서 발생하는 위경죄違警罪(경범죄의 일종)는 서장이 즉결하여 본인에게 통지하게 했다. 즉결법은 재판과정의 예에 따르지 않고 대질신문을 생략할 수 있으며, 이에 불복하면 정식재판을 통하여 고등법원에까지 상고할 수 있도록 되어 있다. 만일 정식재판에 부칠 때에는 경무서에 통지하여야 하며, 경무서에서는 그 통지를 받으면 모든 관련 문서를 위경죄 재판소 검사에게 송치하도록 되어 있다.

순검의 채용방법

순검의 채용은 23세에서 40세까지의 건강하고 단정하며 중죄의 전과가 없는 자 중에서, 원칙적으로 시험을 거쳐 선발한다.

시험은 경무사와 총순 2인 이상이 본청에서 실시하고, 시험과목은 형법·송법·경무법개략 및 국한문 왕복서식으로 되어 있다. 구두시험도 있어 "호랑이를 무서워하느냐?, 귀신을 무서워하느냐?"를 물어 자신 있게 무서워하지 않는다고 답하는 자만을 선발했다. 초기에는 총 잘 쏘는 포수를 특채하기도 했다고 한다.

그리고 순검은 5년 이상 근무해야 정근증서를 받고, 성적이 좋으면 총순으로 승진할 수 있었다. 순검 채용 연령은 나중에 25세까지로 했다.

2

경무청

1894년 경무청

경무청의 장으로는 경무사가 있어 칙임관으로 보하고, 그는 내무대신의 지휘를 받아 한성5부의 경찰과 감옥업무 및 범인의 체포, 취조와 죄의 경중을 가려 법무 당국에 이송하는 일을 총괄했다.

총리대신과의 관계는 중대사에 한하여 품신할 수 있고, 각 대신과의 관계는 각 아문에 해당하는 경찰업무에 한하여 각 대신에 품청한다. 그리고 한성부윤 소관에 관련되는 사항은 서로 협의하여 처리한다고 했다.

경무청에는 경무사 외에 경무부관 · 서기(관) · 경무관 · 총순 · 순검 · 감금 · 부감금 · 감금서기 · 감수 같은 직원이 있다.

그리고 경무청 산하 5부 자내의 경찰업무를 분담케 하기 위하여 경무지서를 두었다. 각 지서에는 서장 1(경무관이 겸임)과 서기 2 및 순검 몇 명을 두었다. 서장은 경무사와 경무부관의 지휘를 받아 담당 부내의 경찰업무를 총괄하고, 부하 순검을 지휘하여 순찰을 행하며, 안녕을 유지했다. 지서의 서기는 문서와 회계를 맡아 관내상황을 서장에게 보고하며, 서장은 이를 경무사에게 월례 보고하게 했다.

이밖에 경무지서 아래 순검심소 50개소가 있었는데, 이는 과거 포도청의 좌·우 각각 8패와 6강 자내字內(관할구역)에 총 28개의 복처를 가지고 있던 것과, 순청이 가지고 있던 16개의 경수소, 98개의 복처를 기준으로 만들었다.

1894년 8월 6일 군국기무처는 각 개항장 감리서에 배치되었던 경찰관을 경무관으로 개칭하여 이를 수도경찰청인 경무청에 소속시켰다. 또 경무관의 인사권을 경무청에서 내무대신의 재가를 얻어 시행토록 했다.

전옥을 또한 경무청으로 소속시켰다. 감옥은 미결감과 기결감으로 나누고, 재판관과 검사는 감옥을 순시토록 했다. 실제로는 다음해 3월에 가서야 재판소 구성법이 공포되어 판사와 검사제도가 생겼다. 감옥에는 감수장이 있어, 재판소 또는 경무서에서 발한 문서에 의하여만 신병을 인수하도록 했다. 3세 미만의 유아가 있는 여수는 유아와 함께 들어갈 수 있도록 하고, 재감인은 수양 내지 직업상의 독서를 할 수 있었다. 그리고 기결수로서 형기를 만료한 사람은 만기일의 익일 오전 10시 이전에 석방하도록 했다.

한편, 신관제로의 출발을 전후하여 구법을 정리하는 등, 일련의 상당한 준비입법이 있었다. 7월 2일 종래 각 법사 이외에 각 관청에서 소관법 위반자를 체포하던 것을 폐지하는 안을 통과시켰다. 이는 행정경찰사항을 모두 경찰기관의 단속사항으로 한 것이다. 순라도 각 군문에서

하던 것을 폐지하고, 경무청 관하의 경찰이 행하게 했다.

이외에 종래 한성부에서 관장하던 일체의 소송업무를 일시 맡게 되었다. 즉, 1894년 8월 24일부터 1895년 3월 25일 재판소 구성법에 의한 한성재판소가 창립되기까지 민·형사업무를 담당했다.

1895년 개편

1895년 3월 25일 내각관제를 반포하여 내무아문은 내부로 바뀌었다. 내부대신은 지방행정·경찰·토목·육상운송·전기·위생·지리·종교·출판·호적·이민 및 구휼에 관한 사무를 장리하고, 경시총감 및 지방장관을 감독하며, 경무청 한성부 대한의원 자혜의원 등을 소관했다.

지방제도도 5월 26일, 전국을 23부로 나누는 등 부·군으로 통일하여, 부에 관찰사, 군에 군수를 두었다. 한성부에는 관찰사 1인, 참사관 1인, 주사 약간 명을 두고, 각 부에는 관찰사 1인, 참사관 1인, 주사 약간 명 외에, 경무관 1인 경무관보 1인, 총순 2인 이하를 두었다. 이 외에 순검을 두었는데, 당시 지방 순검의 정원은 1,540인이었다.

경무청도 관방에 서무·회계관재과를 두었다. 또한 관내 감독관을 둔 점과 총무국에 신문계 신설 및 궁내 경무서를 따로 둔 것이 특색이다. 그리고 경무청 처무세칙과 경무서 처무규정이 제정되어 관계법규가 한층 정비되었음을 볼 수 있다. 경무지서는 경무서로 개칭되었다.

경무서의 처무규정은 서장의 역할, 총순의 역할, 순검의 역할, 업무처리 지침 등으로 되어 있다.

그리고 지방 관찰부에 배치된 경무관은 당해 지방 재판소에 검사가 결원일 때에 재판소처무규정통칙 제9조에 따라 검사직무를 대행했다. 이때 을미사변에 따른 의병이 많이 일어났는데, 당시 살해된 지방의 경무관은 안동 임병원, 강릉 고준식, 해주 이경선 등이었다.

각 개항장의 감리서는 인천 부산 원산이 5월 1일에 폐지되고, 경찰관은 그대로 존속시켜 각 관찰사의 지휘·감독을 받게 했다.

또한 경찰 관계 근거법률이 마련되어 각 부 대신은 30원 이내의 벌금 또는 30일 이내의 구류, 경무사와 관찰사는 10원 이내의 벌금 또는 10일 이내의 구류처분을 규정할 수 있었다.

1896년 개편

1896년 대한제국이 출범했다. 의정부가 부활되고, 23부 지방제가 13도제로 환원되는 등 제도가 정비되었다.

의정부가 복설되면서 경찰의 최고관청인 내부대신은 수상인 의정 다음의 부수상격으로, 다른 대신보다 격이 향상되었다. 그리하여 내부대신은 의정부 회의시 수상인 의정議政이 신병이나 유고시에는 의정을 대신하여 수석이 되고, 또 필요한 경우에는 의정의 사무를 서리하도록 되어 있다.

이와 같은 제도는 만 3년 가까이 시행되다가, 내부대신과 수상은 서로 직무가 다르고 의정이 각부·부 대신을 감독할 수가 없다 하여, 1898년 관제를 바꾸어, 내부대신의 지위를 다른 부의 대신과 동격으로 환원했다.

경무청관제는 큰 변동이 없었으나, 총순 정원을 30인 이하에서 40인

• **서울 거리의 일본군**
청일전쟁 이후 일본군은 서울 거리를 활보했다. 종로를 행군하는 일군이다.

이하로 증원했다. 또 각 도에도 그 전에 배치되었던 경무관과 경무관보
는 없어지고 총순과 순검을 배치했으며, 그 인원도 약 반으로 줄었다.
그런데 관찰부에 배치된 총순은 당분간 내부에서 파견하되, 차차 지방
의 경찰이 성장하면 관찰사가 현지의 순검 중에서 선발하여 내부에 임
명을 납신하게 했다. 그리고 부·목·군에는 순교가 배치되었는데, 이
는 전년까지 있었던 장교의 개칭인 듯하며, 말단 기관에 순교라는 신식
명칭의 경찰관리가 배치되기는 이번이 처음이다. 한편, 감옥세칙도 개
정되었는데, 면회 규정과 사식·사물 등에 관한 규정을 추가하고, 모범
수 규정 등이 삽입되었다.

1901년 일본인들이 한국 방문을 자유롭게 한다고 선언했다. 처음 일
본과 조약을 체결할 때 여권이라고 할 수 있는 호조護照(당시 우리 정부체
서 외국인에게 내어주는 여행권)가 없으면 한국의 연안에 항해를 할 수 없다

고 했으나, 그들은 우리 나라를 경멸한 나머지 우리를 식민지로 만들기 위해 이와 같이 시험을 한 것이다. 그 전에 개항장에 감리서를 두어, 감리로 하여금 종래의 관찰사 등이 관장하던 개항장 업무를 관장케 했다. 이로써 감리서제가 복구되고, 이어 각 개항장에 외부 소속의 감리서와 별도로 내부 소속 경무서가 새로이 설치되었다.

이때 감리서는 인천 · 동래 · 덕원 · 경흥의 4개 서로, 경무서도 이 4곳에 설치되었다. 그후 1897년 무안 삼화에, 1899년에는 옥구 · 창원 · 성진 및 평양에 추가 설치되었다. 이와 같은 제도는 1906년 전국적으로 경찰서 지서 분파소제가 정해지면서 폐지되었다.

개항장 경무서에는 경무관과 총순 · 순검 · 청리 및 압뢰가 배치되었다. 경무관은 당해 감리의 지휘를 받아 부하직원을 감독하고, 총순은 경무관의 지휘를 받아 소속직원을 감독하도록 했다. 다만 내부에 관련된 사항은 감리를 거치지 않고 경무관이 바로 내부에 보고하는데, 이는 개항장 경무서가 내부에 소속된 까닭이다.

3

경부

1900년 6월부터 1902년 2월에 이르는 1년 8개월 동안 처음으로 경찰이 독립 부로 된 시기가 있었다. 고종 황제는, "개혁 초기에 경무청이 내부 직할에 속했으나, 현금에는 국내의 경찰사무가 점차로 번잡하여 제도가 맞지 않으므로 경부를 별설하는 관제를 신정하도록 하라"고 했다.

6월 12일 경부 관제가 반포되었는데, 초대 경부대신에는 탁지부 대신 조병식이 서리로 겸임되었으며, 협판차관에는 조윤승이 임명되었다. 경부대신은 경찰의 최고관청으로, 각 부 대신과 동일한 직권을 가졌다. 의정부 찬정을 겸하고, 의정부회의에 참석하여 발언 제안 의결에 참여했다. 또한 부내의 소속관리를 통솔·지휘하고, 전국의 경찰업무를 지휘했다. 경부는 또한 한성과 개항장 경무서 등을 관할했다.

그러나 경부대신은 1대 조병식으로부터 11대 이지용까지 무려 11명이나 교체되었다. 보좌기관으로는 경부협판·경무국·서무국·회계국과 관방이 있었으며, 외국으로는 감옥서를 두었다. 한편, 지방경찰은 13도 1부제에 따라 각 도에 총순 2 인, 순검 34인씩을 두었다. 그리고 각 부 목에는 순교 8인씩, 각 군에는 순교 6인씩을 두었으며, 일부 부·군에는 별순교·청사 등을 두었다.

한성부는 종래 경무청이 한성부와 독립하여 경찰·소방·감옥의 업무를 담당해왔다. 그러다 이번 경부가 내부로부터 독립할 당시 한성부에 경무관 1인, 총순 2인의 경무감독소를 두고, 관내 5개 경무서를 지휘하도록 했다. 그러나 곧 경무감독소 규정은 없어졌다. 다만, 관할구역이 큰 경무서서에 마포 경무분서와 서호 경무분서를, 경무남서에 한강 경무분서를 설치했다.

한편, 1901년 함경북도 변계경무소가 신설되었다. 이는 국경지대의 간민을 보호한다는 목적으로 경무관 2인과 총순 4인, 순검 200인의 상당히 큰 규모였다.

4

경위원과 경무청

경위원

1901년 궁내에 경위원을 두었는데, 이는 1895년에 창설한 궁내경찰
서의 후신이다. 경위원은 황궁 내외의 경비와 수비를 담당하며, 수상
한 자와 위법자를 단속 또는 체포하는 업무에 종사한다. 경위원에 총관
1인을 두되 칙임관으로 보하고, 그 밑에 총무국장 1인, 경무관 7인, 총순
16인과 주사 6인 등 많은 고급경찰관이 배치되었다. 그리고 순검은 총
관이 왕의 재가를 얻어 정원을 정한다고 했다.

이보다 앞서 1898년(광무 2) 10월 4일, 고종은 이토伊藤博文를 따라 청국
에 가는 장봉환에게 "상해에 가거든 앞으로 궁내 경위를 맡을 미국 순
사 수십 명을 모집하라"고 지시한 적이 있었다. 이러한 경위원은 경부
가 폐지되기 전부터 왕권을 강화하는 기능을 맡았다. 경위원은 왕의 명

령으로 전국에 순검들을 파견했다. 재상들의 비위를 수집하기도 하고, 궁내전의 세를 거둬들이기도 했다. 왕권을 수호해보려는 마지막 시도이기도 했다.

고종은 도적이 창궐하자, 경위원으로 하여금 각 지방과 각 항구 저자들에 급히 신칙하여 규정을 세우고, 염탐하여 가까운 시일 안에 잡도록 했다. 만약 도적이 있다는 말이 들려오면 관찰사 이하를 결단코 용서치 않겠다고 전하도록 했다.

일제로서는 마땅치 않은 제도였던지, 1902년 7월 21일 벌써 일본공사는 시정 6개항 중에서 양민을 해친다며 경위원 폐지를 들고 나왔다. 결국 1905년 이는 폐지되고, 주전원에 황궁 경위국을 두었다.

1902년 경무청

1902년 2월 16일 경부가 이전의 경무청으로 환원되었다. 그런데 1901년 12월 8일에 왕의 재가를 얻었으므로 3개월 여를 지체했는데, 이는 경위원 설치와 맞물려 있어서다. 새로운 경무청은 구 경무청이 수도 경찰관서인 데 비하여, 황궁 내외 및 전국의 경찰업무와 감옥업무를 관리하며 모든 경찰관리를 감독했다.

1903년 전년의 흉년으로 전국에 도적이 극심하여, 예전의 진영 및 토포영을 겸하던 읍 가운데 일부 중요한 곳을 골라 토포영제를 실시했다. 즉, 8월 4일 경기와 3남의 17개 부·군의 수령에게 별순교 각 12인과 청사 각 5인을 증치하여, 본 읍뿐만 아니라 인근의 부·군내 순찰과 포도업무를 전담케 했다.

1904년 10월 24일, 경찰이 일진회를 탄압한다고 일본이 트집을 잡았

- **달리는 일본군 전령**

  장승 앞을 힘차게 달리는 일본군 전령. 급박했던 러일전쟁이 실감난다.

다. 이때 어떤 일진회원이 돌을 던져 일본인 한 사람을 다치게 하자, 그들은 우리 경찰의 잘못으로 간주하여 대대장 이하 장교 6명, 사졸 7명을 포박하라는 영을 전했다. 또 우리 정부를 협박하여 우리 경찰력은 치안을 유지하지 못할 뿐 아니라 도리어 방해가 되므로, 지금부터 전국의 경찰권은 일본의 군부 및 경찰이 장악한다고 했다.

그리고 이때 하야시 공사는 국내 및 각국 공사에게 포고하기를, 지금부터는 한국인과 외국인을 막론하고 일본 헌병 및 경찰의 명령을 따라야 한다고 하면서 19개 조항을 반포했다. 이를 범한 사람에게는 모두 일본 사령관이 직접 형사처분을 한다고 했다. 그중 대표적 예규는 다음과 같다.

- 당을 결성하여 일본에 반항하거나 혹은 일본군에 저항하는 자.
- 회사를 결성하거나, 신문 · 잡지 · 광고 및 기타 수단으로 치안질서를 문란하는 자.
- 군사령관의 명령을 어기는 자.

1905년 개편

1905년 2월 26일, 경무청을 다시금 수도 경찰기관으로 환원시키면서 내부 관제를 개정하여 경무국을 3등국으로 독립시켰다. 독립된 경무국의 관장업무는 도서 출판을 포함하여 전국의 행정 · 고등경찰에 관한 업무와 감옥업무를 여전히 포함하게 했다.

이번 특징은 내국의 명칭이 총무국에서 경찰국으로 바뀐 점과, 종래 법제상 없던 경찰과 · 신문과의 2개 과가 나타난 점이다. 그리고 감옥서에 남 · 녀 감방의 분리와 의사를 배치했다. 지방경찰조직도 종전에 총순만 있던 각도에 경무관 1인씩을 두게 하고, 총순 정원 2인을 1인으로 감축했다.

이때 을사보호조약을 위하여 이토는 300만 원을 가지고 와서 정부에 고루 뇌물을 주어 조약이 성립되기를 꾀했다. 이에 재상들 중 탐욕이 있는 사람들은 그 돈으로 많은 전장을 마련한 후 고향으로 돌아가 편안한 생활을 했다. 권중현 같은 사람이 이에 해당하며, 이근택 · 이제순 등도 이런 기회로 인하여 졸부가 되었다.

294

서울 변소간에는 종종 이완용·박제순의 성이 써져 있었다. 그것을 '이박요리점'이라고도 했다. 이것은 개와 한가지라는 것을 말하는 것이다. 이완용은 자객이 나타날까 두려워하여 어느 곳을 갈 때도 그 기일을 밝히지 않았으므로, 그가 어디를 떠나려고 나설 때에야 사람들이 그의 행선지를 알았다.

이토가 떠나갔다. 그것은 대사의 임무를 이미 수행했기 때문이다. 이때 일본공사관에는 전보가 폭주하여 조약이 체결된 것을 서로 축하했으며, 일진회는 주연을 마련하여 서로 축하하며 더욱 기세가 양양했다. 이때 일본인들이 서울 5강의 민가를 헐어버리자, 한강연안 12동민들이 의정부로 들어와 창벽을 마구 파괴하므로, 일본 병사들이 와서 진압하기에 이르렀다. 그들은 서로 격투전을 벌여 사상자가 많이 발생했다.

1906년 개편

1906년 지방국 소관의 보건·위생에 관한 3개 업무를 경찰국으로 이관했다. 그리하여 경찰국에는 경보과와 위생과를 두되, 경보과에서는 도서출판 및 감옥업무를 포함한 전국 일체의 경찰업무를 관장하고, 위생과에서는 공중위생에 관한 업무와 의사의 개업 및 약품관리 기타 위생경찰업무를 관장케 했다.

또한 경무청의 간소화가 이루어졌는데, 경무청 내 경찰국이 없어지고 관방 각 과가 서무과로 통합되었으며, 종래의 관방에 소속되었던 감독제가 없어지고 경무학교가 발족되었다. 여기에 과장은 경무관, 계장은 총순 또는 주사로 보하고, 경무학교장은 총순으로 충용했다. 과장은 과원을 지휘·감독하며, 주관업무에 관하여는 경무사를 경유치 않고,

각부와 지방관아의 주무관과 문서왕복의 권한이 있었다.

이 시기에 지방의 경찰관서가 점차 조직되어 서울의 경무서-분서조직과 같이 이루어지기 시작했다. 즉, 도 단위로 1개 경무서를 설치하고, 서장에는 경무관을 두어 도내의 모든 경찰업무를 관장케 하는 한편, 도내 중요한 지역에 분서를 두어 분서장에는 총순을 임명했다.

이와 같은 경찰조직은 1907년 각 개항장 경무서와, 함경북도 변계경무서가 폐지되고 분서가 늘어난 반면, 분파소가 감소하는 과정을 밟게 된다. 즉, 1월 31일자로 지방의 경찰조직은 13서 37분서 298분파소로 개편되고, 그 뒤 6월 30일자로 13서 51분서, 252분파소로 개편되었다. 이때의 경무서나 분서는 단순한 감독기관만은 아니고, 분파소와 같이 직할구역을 가지고 있었기 때문에 분서의 증가는 그만큼 분파소의 수가 감소함을 의미한다.

이때 일경들은 각 도와 각 군에 가득히 널려 있어, 관찰사 이하 모든 관리들이 조금만 그들의 비위를 거슬려도 주먹으로 치고 발로 차며 노예 취급을 했다. 그래도 한 사람 인수를 버리고 떠난 사람이 없었다고 한다.

서울에서도 이토가 대궐 문에 병력을 상주시켜 무당들과 대소 관원들의 출입을 막고, 통감부에서 발행한 출입표가 없으면 들어가지 못하게 했다. 이 궁금宮禁으로 인하여 대궐이 더욱 쓸쓸하기 시작했다. 일진회도 궁궐의 출입금지를 부득이 시행한다고 하면서 대궐 문을 지키고, 사잇길로 출입하는 별입시들도 모두 통제했다. 그들은 대궐 출입표를 팔면서, 그 출입표가 없는 사람은 대궐을 들어가지 못하게 했다. 이때 어소에는 참내료라고 하면서 1매에 16환을 받았고, 동북 양궐에는 배관권이라고 하면서 1매에 1, 2환을 받았다. 이것은 극장표와 같은 것이었다.

296

경시청

1907년 의정부를 내각으로 고치면서, 경무청을 경시청으로 바꾸고 경찰의 계급 호칭도 종래의 경무관·총순·순검을, 일본식인 경시·경부·순사로 고치게 했다. 경무서는 경찰서로, 분파소는 순사주재소로 개칭하도록 했다.

특징은 감옥업무가 경시청에서 빠지고, 경시청의 관할구역으로 한성 5부에다 황궁과 경기도가 포함되었다. 경기도는 7개월 후 각도 경찰부가 창설될 때까지 경시청에서 관할했다. 도 경무서제도 폐지하고 복수 경찰서제로 전환시켰다가, 다시 도 경찰부를 설치하여 도에 경찰관계 내국을 법제화했다. 각 분서를 경찰서로 승격시켜 신설된 도 경찰부 하에 둠으로써 지방경찰은 경찰서-순사주재소로 개편되었다.

이 시기는 경찰기구를 전국적으로 오늘의 경찰기구와 제도상 비슷하게 완성시킨 시대라 할 수 있다. 이때의 경찰기구는 경시청에 6개 경찰서, 1개 분서, 3개 순사주재소가 있었고, 지방에는 104개 경찰서, 1개 분서, 372개의 순사주재소로 총 487개가 있었다.

1907년은 정미 7조약과 군대 해산으로 어수선한 때였다. 이때 시위대의 병사들이 일본 헌병을 습격하여 일시 큰 전투를 벌여 포성이 성중에 가득했다.

1908년 일본은 13도 각 군에 헌병보조원을 두었다. 매 군에 10명 혹은 4,5명을 두어 식량을 후하게 주고 그 직급을 높게 책정했으므로, 각 지방의 부랑배들이 서로 앞다투어 응모했다. 그들은 양민을 학살하여 숙원을 갚았고, 마을을 약탈하여 사복을 채웠으나, 일본인들은 그들의 행위를 알면서도 금하지 않았다. 경찰서에서는 칙령을 내려 인력거꾼들에게 삭발을 강요하면서, 삭발을 하지 않는 사람은 인력거 임대 및 영업을 허가하지 않는다고 했다.

의병 소탕으로 인한 피해도 전국적으로 있었다. 하동군은 북쪽으로 지리산을 끼고 있어 의병들의 소굴이 된 곳이다. 일병들이 그 군에 주둔하고 있으면서 날마다 살육과 약탈을 일삼았다. 군수 이승두는 떨어진 옷을 입고 헤어진 신발을 신고 길을 안내하면서, 일병들이 민간을 소각하려고 하면 애걸했는데, 일병들은 화를 내며 발로 차 넘어뜨리곤 했다.

1908년 말, 순종이 남도를 순행할 때 대구에서 하룻밤을 지내게 되었다. 이때 그 고을 사람 구 모와 이 모는 길가에 기를 하나 꽂아두었다. 그 기에는 '이등박문 질문기'라는 큰 글씨가 씌어 있었다. 그들은 경찰서에서 구류되었다가 3일 만에 석방되었다.

• **어가행렬**

임금의 나들이 행차인데 어린이들이 가까이 다가서서 구경하고 있다. 벌써 임금의 체통은 없어진 지 오래다. 1909년 초 순조는 서북부를 순행하였는데, 어전에서 송병준이 시종무관을 칼로 찌르는 일까지 발생했다.

이듬해 평남관찰사 이진호가 대가를 기다리는 생도들에게 한국기와 일본기를 교체하여 꽂도록 했으나, 생도들은 그의 말을 따르지 않고 태극기만 게양했다. 이진호는 화를 내며 그 교장을 구속하여 징계했다. 그리고 의주의 비현학교 교사 이정근·박형권도 일본기를 게양하지 않아 구감 후 참형에 처했다.

일본인들이 서울에 공자교회를 창설했다. 그것은 우리 나라 사람들에게 옛날 교육을 시켜 우매한 사람이 되게 하려고, 정부와 왕실종친을 유인하여 이 교회를 설립한 것이다. 한편, 당시 일본을 비난하는 기사를 실은 신문은 '치안 방해'라는 이유로 판매를 금지했다. 그래서 '치안 방해'라는 네 글자는 망국부亡國符'라는 유행어가 생겼다.

경찰권 상실

러일전쟁으로 일군이 다시 진주하면서 일본 헌병이 한국의 경찰권을 사실상 장악했다. 그들은 우리 경찰을 신뢰할 수 없다는 점을 이유로 들어 일인 경무고문을 초빙했다. 이리하여 1905년 1월 동경의 경시청 제1부장인 마루야마가 내한하여 내부대신 조병식과 경무고문 고용계약을 맺게 되었다.

마루야마 경시가 일본 경부 6명을 데리고 와 서울 각 경찰서에 배치하는 등 전횡을 일삼자, 경무사 신태휴는 이를 반대하며 사표를 제출하고, 각 서장에게 일본경찰요구에 불응하게 했다. 나아가 1,500여 순검과 동맹파업을 기도하기도 했다.

러일전쟁 승리로 힘을 얻은 일제는 오히려 경무고문 소속 보좌직원을 모집, 각도에 배치하더니, 1907년 정미7조약에 의거 일인 고문정치가 시작되었다. 이에 의하여 경무고문 마루야마가 경시총감에 임명되고, '경찰관리 임용에 관한 건'에 의하여 11월 1일 일 고문경찰들이 자동적으로 한국경찰관으로 임용되었다. 이때 보좌관은 경시, 보좌관보를 경부, 보조원은 순사로 임용되었다.

한편, 1906년 2월 통감부가 개설될 때 한국에 주답하는 헌병은 군사경찰 외에 행정경찰 및 사법경찰을 맡되, 행정 및 사법경찰에 관하여는 통감의 지휘를 받고, 군사경찰에 관하여는 군사령관의 지휘를 받도록 했다. 헌병경찰은 주로 고등경찰 사항을 맡고, 보통경찰 사항은 고문경찰에 맡겼다. 그들의 고등경찰 사항이란 한·일 양국의 친교를 해치는 비행단속을 주목적으로 하여,

1. 집회 · 결사의 단속

• **구대해산과 의병**
군대 해산으로 이들이 의병에 합류했다. 군복 입은 이가 대장으로 지휘한다. 1907년 발행된
메긴지의 '한국의 비극'에 실린 사진이다.

1. 문서 · 도서 등의 유포단속
1. 병기 · 탄약 · 폭발물 기타 위험물의 단속
1. 고등군사경찰 시행지역내의 출입 단속 등이다.

그들의 편제는 이때까지 12개 분대로서 55개 분견소를 거느리고 있
었다. 이때 32개 분견소로 줄이고, 또 한국주차헌병대를 해산하면서
14헌병대로 축소했다. 그러나 고종 퇴위와 군대해산을 계기로 의병이
크게 일어나자, 일제는 이의 진압책으로 헌병대를 크게 확충했다.

이리하여 다시 한국주차헌병대로 승격하여 전 일본 헌병사령관과 동
격인 소장으로 대장을 삼고, 한국주차헌병은 군사경찰 외에 치안유지
에 관한 경찰을 맡도록 규정했다.

그간의 병력은 처음 288명에서 통감부 설치 후 782명으로 증가하고, 다시 1907년 말에는 2,000여명으로 대폭 증가했다. 1908년 한인헌병보조원 4,065명을 모집, 가세하게 되어 헌병의 병력은 6,000여명에 이르고 분견소는 배로 늘었다.

나아가 1907년 경찰사무집행에 관한 취극서를 조인하여, 한국경찰관으로 하여금 일본관헌의 지휘감독을 받아 경찰업무를 집행케 했다.

1909년 7월 12일, 한국의 사법 및 감옥 업무를 일본에 위탁하는 신 5조약을 체결했다. 이에 따라 일본인들은 그들 마음대로 법률을 만들어 특별법이라 하고 일본 재판을 받도록 했다.

1910년 6월 24일, 한국의 경찰사무위탁에 관한 각서가 조인되어, 한국경찰제도를 완전히 개선하고 한국 재정의 기초를 공고히 한다는 미명으로 한국경찰업무를 일본에 위탁하게 되었다.

아울러 한국 정부가 현재 경찰기관으로 인하여 지출하는 금액 약 250만 원을 매년 경찰권위탁의 경비로 일본정부에 교부할 것을 계약했다. 한국정부는 경찰위탁각서에 조인한 후, 그해 6월 30일을 기하여 한국경찰관제를 전폐하는 동시에 일본은 조선총독부 관제를 공포했다.

또한 한국주차 헌병사령관 이시다가 통감부 경무총장을 겸임케 하여 서울의 경찰은 통감부의 직할로 했다. 각 도에서는 종래 문관인 경시가 보임하던 경찰부장을 헌병분대장인 중·소좌로써 경무부장을 겸임케 했다. 따라서 종래 한국정부에 소속했던 일인 경관 약 2,000명, 한국인 4,000명을 더하여 통일적인 헌병경찰제도를 확립하여 한일합병을 하게 되었다.

朝　鮮

제7장

빼앗긴 경찰권

警　察

각 고을의 서원이 농간을 부려 폐단을 만든 경
우에도 원악 향리의 예에 따라 논죄한다. 서원
은 중앙에서 파견된 경찰관의 지시를 받아 각
고을에서 세금징수를 맡았던 하급관리다.

1

원악 포졸

〈경국대전〉에는 '원악 향리元惡鄕吏' 조항을 두고 있는데, 다음과 같은 자를 말한다.

수령을 조종하고 농락하면서 마음대로 권세를 부려 폐단을 만드는 자
뇌물을 몰래 받아 부역을 고르게 지우지 아니한 자
세를 거둘 때에 마구 수탈하여 함부로 쓴 자
양민을 불법으로 차지하여 숨겨두고 노비처럼 부려먹은 자
마을에 제멋대로 다니면서 마을사람들을 침탈하여 사리를 도모한 자
권귀의 세력에 달라붙어서 향리의 역을 회피한 자
향리역을 피해 도망하여 촌락에 숨어사는 자
관의 위엄을 빌리고 의지해서 백성을 침학하는 자
양가의 딸이나 관비를 첩으로 삼은 자.

이들에 대하여는 사람들이 진정하고 고발하는 것을 허용하며, 또한 본 고을의 경재소가 사헌부에 고발하여 죄상을 조사, 형벌을 과하도록 한다. 다만, 장형에 해당하는 죄를 범한 자는 본 도의 아주 작은 역의 역리로 영구히 소속시키고, 유형에 해당하는 죄를 범한 자는 다른 도의 아주 작은 역의 역리로 영구히 소속시킨다. 수령이 이를 알면서도 죄상을 조사하지 아니한 경우에는 제서유위율로 논죄한다.

수령이 교체될 때에 관리가 틈타서 관청 물건을 마음대로 사용했을 경우에는 장 100, 유 3,000리에 처한다.

각 고을의 서원이 농간을 부려 폐단을 만든 경우에도 원악 향리의 예에 따라 논죄한다. 서원은 중앙에서 파견된 경찰관의 지시를 받아 각 고을에서 세금징수를 맡았던 하급관리다. 그리고 중앙 각 사에도 서원이 있었으나, 수납의 장난이 많아 인원을 줄여나갔다. 서원을 서리로 바꾸어갔으나, 직무상 부정행위는 계속되어, 서리·감고·권농관처럼 득죄하는 경우가 많았다.

대표적인 원악 포졸의 예를 보자. 1852년(철종 3) 유생이 사헌부에 포교들의 횡포를 호소했다.

"이문소는 글이나 읽는 보잘것없는 사람인데, 일전에 포교의 무리 10여 명이 그의 집에 돌입하여 어명이라 일컫고는 끌어내다가 포도청으로 잡아왔습니다. 이에 포도대장이 그가 죄 없음을 알고 그를 놓아보내고, 포교 중에 이 일을 주동해서 벌인 자를 '잘못 잡아왔다'는 죄목으로 형조에 이송했다고 합니다. 비록 평민을 잘못 잡아와도 적용되는 법률이 매우 엄한 터인데, 하물며 양반붙이겠습니까? 더구나 포교가 묵은 감정을 품고서 그것을 풀어보려고 감히 어명이라고 거짓 핑계 대고 주

저없이 유생의 집에 행악했으니, 진실로 한푼이라도 나라의 기강이 있다면 저런 무리들이 제 분수를 넘고 절도를 능멸함이 어찌 이같이 무엄하겠습니까?"

현종 때는 돈을 받고 명화적을 풀어준 포도대장을 추고하고 있다. 박자삼의 집에 명화적이 한밤중에 돌입했다. 이에 박자삼 모자가 도망쳐 나와 울타리 사이에 숨어 있으면서 불빛 사이로 도적을 살펴보았다. 그 가운데 한 명은 바로 그 집의 종이었는데, 그는 수백 금으로 그의 몸을 속했었다. 그런데 문서를 만들어준 뒤 겨우 4,5일이 지나 명화적이 나타나 다른 물건에는 손도 안 댄 채 단지 그 은만 빼앗아간 것이다. 이에 박자삼이 포도청에 고하여 그 도적 종을 체포했는데, 가둔 지 며칠 만에 포도대장 유여량이 다른 사람의 청탁을 받고 캐묻지도 않은 채 곧바로 석방했다. 이로 인해 그는 추고당한 것이다.

포도청을 비롯하여 지방의 향리로서 백성의 원성을 듣는 포졸은 많았다. 〈목민심서〉에서는 "백성은 토지를 밭으로 삼고, 아전은 백성을 밭으로 삼는다"고 했다. 그래서 아전들은 백성들의 살을 깎고 뼈를 긁어내는 일을 밭갈이로 여기며, 백성들의 머릿수대로 마구 거두어들이는 것을 수확하는 일로 삼는다고 하면서, 그 흉악을 경계하고 있다. 정약용이 제시하는 원악 포졸의 예를 들어본다.

1. 살인의 옥사를 고발하는 것은 열 가운데 두셋뿐이며, 일곱이나 여덟은 다 숨긴다. 진실로 한 번 철저히 조사하면 마을 전체가 폐촌이 되어, 그해를 넘기지 못하고 쇠락하여 마을을 비우고 뿔뿔이 흩어지므로, 피살자의 가족들은 비록 슬프고 원통함이 가슴을 터지

게 하지만, 마을의 부로들과 호걸들이 저지하여 막는다.

그들은 범인을 쫓아내고, 피살자의 가족에게 뇌물을 주어 달래고는 급히 서둘러 시체를 매장하고 입을 막아버린다. 혹 아전과 군교들이 그 사실을 알고 위협하면 즉시 마을에서 2,3백 냥의 돈을 거두어 뇌물로 주고는 또한 고발하지 않으려 한다.

왜냐하면 옥사가 생긴 곳에서는 아전과 군교들이 방자하게 횡포를 부려, 집을 부수고 약탈하여 그 마을이 마침내 폐촌되기에 이르기 때문이다.

1. 옥사의 체통은 지극히 중한 것이어서 검장에서 취조할 때에는 본디 형구를 사용하는 법이 없는 것인데도, 태연히 태장을 가하거나 주장으로 갈빗대를 내리쳐 고통이 극에 달한다.

칼과 추는 재물을 녹이는 큰 화로인 것이다. 상부의 영을 따르지 않고 아랫사람들의 재물만 마구 녹여대니, 얼마나 괴로우면 마구 갖다 바치겠는가. 칼 씌우는 것을 결코 소홀함이 없이 잘 단속해야 할 것이다.

1. 토포 군관은 모두 도적의 두령으로, 이들을 끼지 않고는 도적질을 할 수가 없다는 말이 있다. 이들은 길거리와 큰 저자에 도적들을 투입시켜, 안과 밖이 서로 화응하며 빼앗고 훔치는데, 도적 혼자서는 그런 짓을 해낼 방도가 없는 것이다. 부잣집과 세도 있는 집의 의복과 그릇을 훔쳐내와도 그것을 팔 길이 없고, 그것을 팔 수 있는 것은 군관뿐이다.

도둑질한 물건의 값이 열 냥이라면, 세 냥은 훔쳐낸 자가 먹고, 나머지 일곱 냥은 군관의 몫이 된다. 또 새 도둑이 처음 그들의 패거리에 들어오면 으레 참알례를 행하게 되어 있어, 세 번 장물을 바치고 나서야 자기도 일부 얻어먹는다. 한 번이라도 눈속임을 했다가는 즉시 관가로 잡혀오게 된다.

1. 친척이나 이웃이 그 사건에 연루되어 들어간 경우에는 안면에 구애되어 차마 바르게 고하지 못하고 횡설수설한다. 그것은 인지상정일 뿐만 아니라 오히려 시골 마을의 후한 풍속이니, 겉으로는 엄히 심문할지라도 속으로는 가상하고 사랑스럽게 여겨야 할 것이다.

1. 무릇 모함을 입고 끌려온 사람들은, 첫 문초에서 허위임이 밝혀지더라도, 아전과 군교들에게 뇌물을 바치지 않을 수가 없게 되어 있다. 그리고는 도적을 사주하여 재초에서 또 이와 같이 하고, 3초 · 4초를 거치면서 한 사건에 연루되는 자가 수십 명이나 된다. 포교가 오랏줄을 차고 평민의 집에 이르면 즉석에서 소 한 마리가 풀려 나가고, 평민이 관부에 잡혀 들어오면 억울한 누명을 벗고 나가더라도 논배미가 저당 잡히거나 팔려나간다.

1. 기병과 어영군 · 금위군을 번상하는 경우, 큰 고을에서는 60명이 징집되고 작은 고을에서는 3,40명이 징집되는데, 매양 현 군졸 중에서 뽑기보다는 새로이 첨정한다. 상부의 군영에서 관문이 내려올 때마다 군리들은 기뻐 날뛰며, 기다렸다는 듯이 한없이 욕심을 채우려 한다.

가난한 백성들은 한편으로는 수리首吏에게 아첨하고, 한편으로는 향갑鄕甲을 도와주며, 한편으로는 저졸邸卒과 내통한다. 이에 한 명의 첨정 자리로 인해 100집이 침해당하고, 10명을 뽑는 데에 1,000집이 떠들썩하고 해독을 입으니, 마치 온 고을이 난리를 만난 듯하다. 심한 경우 수령까지도 이 일로 뇌물을 먹는다. 수령이 10관을 먹으면 아전들은 100관을 먹으면서, 모든 허물을 수령의 뇌물 탓으로 돌린다.

백성들 중 생활이 넉넉하고 농사일이 많아 단 하루도 집을 비울 수 없는 사람은 어떤 이유로도 번상番上을 면할 수가 없다. 아전들이 그 사정을 먼저 알고는 저졸을 보내어 이를 기화로 토색질을 하기 때문이다.

1. 포졸이 이자를 챙기는 것도 있다. 형전에서는 여러 해가 되어도 갑절의 이자까지를 허용하고, 호전에서는 10년이 되었더라도 2할까지만을 허용한다. 빚을 준 사람은 형전의 법조문을 따르고자 하는데, 수령은 호전의 규정을 따르게 된다. 그러나 수령은 반드시 법조문만을 캐어 판결하기보다는, 형편이 닿는데도 구태여 갚지 않으려 하는 자는 엄히 독려하여 갚게 하고, 터무니없는 고리를 받으려 하는 경우에는 이자를 탕감해주어야 할 것이다. 그 사이에 포졸이 이자를 챙기는 것이다.

1. 아전과 군교를 보내서 길을 닦게 하는데, 채찍으로 백성들의 등을 치고 발길로 볼기를 차서 이리 넘어지고 저리 쓰러지니, 백성들은 닭을 삶고 돼지를 잡느라 마을 전체가 소란하다. 부잣집은 뇌물을 주어 넌지시 빠지고 부역으로 죽어나는 것은 오직 가난한 자들뿐이다.

1. 역촌을 군역의 도피처로 삼는 놈은 가장 가증스런 놈이다. 역리와 역노 이외에는 샅샅이 조사하여 잡아내야 한다. 역졸 딸의 남편이나 역비의 남편이라도 그 호주가 본래 역붙이가 아니면 모두 적발해 내어 첨정토록 한다.

   토호의 비호하에 군역을 피하고 있는 노속은 마땅히 속오에 충당하고, 토호가 덮어 숨기는 양정은 양역에 충당한다.

1. 수납하는 군리가 트집을 잡으려면 얼마든지 부릴 수가 있는 것이다. 그러므로 군포를 수납하는 경우에는 수령이 직접 현장에 나아

가 백성들이 억울한 일을 당하는 일이 없도록 살펴야 한다.

1. 백성들에게 짐을 지워 나르게 하는 것은 여점旅店의 큰 폐단이다. 감영의 비장들과 각 고을의 책객들이 제 상관을 속이고 사사로이 짐을 꾸려 관아의 문턱만 빠져나오면 눈에 띄는 백성을 불러 강제로 그 짐 보따리를 지운다. 기세에 눌려 한번 짐을 진 사람은 다른 여점까지 나르게 되고, 여의치 않으면 다시 다른 여점으로 나르게 하니, 백성들의 불만과 고통이 말이 아니다.

나라에서 공부貢賦를 수송함에 있어서도 이렇게 하지 않는다. 짐을 나르고 가마를 메는 일은, 그 차역과 면역의 제도가 여러 차례 변경되었는데, 오늘에 와서는 필부와 천인들까지도 머리에 전립 하나를 눌러 쓰고는 백성들에게 이런 행패를 부리게까지 되었다.

또 가마를 메고 고개를 넘는 백성에게 다른 요역을 면제해주는 것은, 본디 사신을 접대하고 이웃 고을의 수령을 예우하기 위한 것이었다. 그런데 비장 · 책객 · 토호 등이 사사로이 위엄을 부려 백성들을 강요하여 가마를 메게 한다. 들판에서 일하고 있는 백성들을 잡아다가 개와 닭을 몰듯 하여 뺨을 때리고 머리채를 잡아끄니, 백성들의 고통이 말이 아니다.

2

권력기관과의 알력

포졸은 다른 기관과의 알력이나 권세가에 의해 핍박당하는 일이 많다. 특히 관련되는 기관인 무예별감, 한성금례, 형조 추리, 의금부 하례와 다툼이 많았다. 그것은 법사의 권한 관계 때문이기도 하고 자기 권한을 지키려는 의지이기도 했다.

중종 때 일이다. 포졸이 한성부 동학에 들어온 데 대해 예부에서 핍박하려 하자, 중종은 "포도장이 동학의 종 명손을 잡으려고 동학 문으로 돌연히 들어온 데 대하여 동학의 관원들이 성을 내어 예조에 정보하자, 예조 역시 짐작해보지 않고 아뢰었으니, 이는 예조의 잘못이다. 무릇 도둑이 사족 부녀자의 집에 숨었다면 계문하고 수색하여 잡는 법이나, 학궁學宮(성균관·향교의 별칭)은 부녀자의 집과 같은 곳이 아니니 도둑을 잡지 않을 수 없다. 내가 일찍이 학궁을 중히 여겨왔고, 중히 여기는 까닭은 그곳이 예의가 있기 때문인데, 만일 이렇게 한다면 뒷날 도둑질하는 자들이 모두 학궁에 투신하여 숨게 될 폐단이 없지 않을 것이다"라고 하여 포도청을 옹호했다.

또 권세가에 의지해 포도청을 헐뜯는 경우도 많았다. 중종 때 윤팽수 집을 수색한 데 대해 사간원이 거듭 부당함을 주장하여 형관을 추고케한 일이 있었다.

복성군 집에 도둑이 들어 포도장이 이웃을 수색했으나 장물을 찾지 못했는데, 복성군의 가노가 이웃에 사는 족친위 윤팽수 집이 의심스럽다 하여 그 집 가노와 비부 등 10인을 체포하여 형조에 넘겼다. 그중에는 혹 그 집 앞길을 지나다가 붙잡힌 사람도 있었으므로, 형조에서 분간해서 내보내고 나머지 7인을 가두어 두 차례나 형신한 것이다.

그러나 사간원은, 대저 도둑을 추고함에는 비록 의심스러운 형적이 있더라도 반드시 장물이 나타난 뒤에 형추하는 것이 예인데, 이번 사건에는 장물이 나오지 않았다. 뿐만 아니라, 이른바 의심스럽다는 형적도 확실하지 못하며, 다만 담장 안에서 소목燒木(잘게 쪼갠 땔감나무)으로 사다리를 만들었고 담장 기왓장이 또한 깨진 것 때문이었으니, 어찌 소목으로 만든 사다리로 그 높은 담장을 오를 수 있겠는가 했다. 그리고 형조가 자세히 살피지도 않고 형장을 함부로 가했으니, 형관을 추고할 것을 요청했다.

거부된 것도 있었다. 사헌부가 아뢰기를 "익성군 이향령이 많은 종을 인솔하여, 도둑을 잡은 포도청 군관과 군사를 죄다 묶고서 그 도둑을 도로 빼앗아 집에 숨겼으니, 이는 도둑을 보호할 줄만 알고 나라의 법이 있는 줄은 모른 것입니다. 그가 나라의 기강을 깔보고 도리에 어그러지는 짓을 한 죄에 대해 징계하지 않으면 안됩니다" 하고 파직하기를 요청했으나, 관철되지 않았다.

정조 때는 경기감사에게 길을 양보 안한 포도대장이 파직되기도 했
다. 경기감사 서정수가 공무를 마치고 돌아가는 길에 포도대장 조규진
과 마주쳤는데, 대장이 말을 돌려 길을 양보하지 않았다.

경기감사를 수행한 하인들이 이를 나무라며 대장이 영솔한 하인들을
붙잡자, 조규진이 화를 내며 바로 포졸을 풀어 감사의 하인들을 쫓아버
렸다. 아장이나 포장은, 일찍이 이조참의나 비변사 당상관을 지낸 사람
에게는 말을 돌려 길을 양보하는 것이 상례인데, 그것을 무시했다 하여
포도대장이 파직된 것이다.

순조 때는 포교와 승정원의 하속들이 사사로이 서로 싸웠는데, 포도대
장이 승정원의 하속을 잡다 족쳤다고 포도대장 서춘보를 파직시켰다.

순조는 "승정원의 하속과 포도청의 포교가 싸움을 했으니, 이 일은
크게 기강과 관계된다. 소요를 일으킨 승정원의 하속과 강제로 포박한

314

포교를 어영대장으로 하여금 모두 큰 거리로 끌어내게 하여 엄히 곤장 30대를 친 다음에 기한의 제한 없이 외딴 섬에 충군하라"고 했다.

또 "패거리를 지어 몽둥이를 가지고 백주에 싸우는데도 법사에서는 예사로이 보고 모르는 체했으니, 일반 백성들이 어떻게 살아갈 수 있겠는가? 이 뒤로는 궁중의 하인, 승정원의 하속, 포교·나장 등속이나 부랑배나 사나운 무리 할 것 없이 다시 패거리를 짓고 무리를 모아 몽둥이를 들고 싸우는 일이 있을 경우에는 모두 위의 예대로 다스리고, 즉시 나와서 살피고 금지하지 않은 장관도 엄히 처리할 것이다. 이를 승정원·액정서, 한성부의 5부, 3법사·3군문·포도청 등에 분부하여 모두 벽 위에 써붙여 항상 보게끔 하라"고 했다.

순조 때 형조와 포도청 하속들의 싸움도 있었다.

형조에서 우포도대장 김영이 당초에 사유를 통보하지도 않은 채 사소한 일로 인하여 형조 노비를 임의로 잡아다가 매질을 하고 가두었으니, 체통에 크게 관계되는 일이라면서 파직을 요청해서 파직되었다. 이어 형조에서 그 포교를 잡아들이게 하자 형조 노비의 무리가 작당하여 각자 몽둥이를 들고 포도청에 돌입하여 수없이 난동을 부리고, 또 포도대장의 군관청으로 달려가서 가옥을 때려부수고 모든 죄수를 풀어놓았다.

행동의 흉패함과 광경의 살벌함을 많은 사람이 목격했고, 거리에 떠들썩하게 소문이 났다. 포교가 두들겨맞아 상처를 입음은 이루 헤아릴 수 없고, 심지어 현장에서 죽은 자까지 있었다.

이에 비변사에서는, 이번에 뭇 형조 노비들이 떼를 지어 날뛰고 관부를 능멸한 행위는 강도가 재물을 약탈하는 것보다 더 심하며, 공청을 두들겨 부수고 죄수를 풀어놓은 것 등은 역시 겁뢰劫牢의 사죄를 범한 것이다. 이런 범행에 해당한 율문을 적용하지 않는다면, 백성들의 완악한 버릇을 징계하고 난동의 씨앗을 뿌리뽑을 수 없다고 했다.

그리하여 그중에서 주동하여 난을 일으킨 놈은 법사로 하여금 엄히 사핵하여 색출, 군문에 내주어 효수하여 대중에게 경각심을 일으키게 하며, 그 나머지 악한 행동을 같이한 뭇 놈도 아울러 엄형하고 원악지에 보내어 충군하도록 했다.

아울러 형조참의 이가우는 물론이고, 형조판서 서경보와 참판 권돈인도 파직되었다.

1892년 3월에는 포도청 포교들이 별감을 포도청으로 유인하여 두들겨팬 사건이 있었다. 포교 김진석 등이 오입한 별감 김경희를 상대로 시비를 벌이다가 포도청으로 유입, 구타하여 위험한 지경에 이르게 되었다.

이에 동료 별감들이 현장에 가서 사실을 확인 조사하려 하니 포교인 김진석 등이 다시 이들의 의립을 찢어버리고 무수히 난타했다. 이에 김진석을 체포하여 조사하니 시종일관 김경희를 포청으로 유입한 것을 애매하게 변명하고 있다. 이 사건에 대해 정부에서는 포교 김진석 등 관련자 세 사람을 정배했다.

지방에서도 암행어사의 수행원을 잡아가둔 사건이 있었다. 1882년 9월 말 임오군란 후의 어수선한 정국을 정돈하기 위해 어사를 각지에 파견했었다. 경상도 김산에 온 어사 김홍의 종이 이방 박만진에게 600냥을 빌려 쓰자고 하자, 이방은 명화적으로 의심하여 군수 김명수에게 보고했다. 군수는 어사의 종을 붙잡아 정강이뼈를 부러뜨리고 손가락을 베어버린 후 칼을 씌워 감옥에 가두어버렸다. 10월 초 정작 암행어사가 동헌에 돌입했다. 군수는 가짜 어사로 의심한 까닭에 서로 나무라면서 싸움이 벌어졌는데, 어사가 마패를 들이대자 아들과 함께 선산으로 도망하기에 이르렀다. 심하게 맞은 어사의 종은 다음날 죽고 말았다. 이 사건에 연루된 이방·수교·병교 등 10여 명이 처벌되었다. 부패한 어사가 포졸에게도 손을 내민 사건이었다.

1882년 9월 사복시 거달배^{驅撻輩}의 포도청 습격사건이 있었다. 사복시에서 말을 치는 일을 맡아보는 하인인 거달 한 명이 억울하게 적초^{賊招}의 누명을 쓰고 수감되어 있었는데, 이 사실을 알게 된 동료 거달배들이 무리를 지어 포도청에 돌입하여 돌을 던지고 옥문을 부숴버리고 죄인들을 마음대로 석방했다. 이 사건에 대해 정부에서는 기강을 해치는 일로 간주하여 모든 주모자를 효수토록 했다.

1884년 1월 좌영 병정 5, 60명이 사관청에 돌입하여 포도청 군관을 무수히 난타한 사건이 발생했다. 사건의 발단은 상사동에 사는 저전 유진오 가에 투서가 들어왔는데, 돈 40냥을 모화관 영은문 아래에 갖다놓으라는 것이었다. 이 사실을 알게 된 포교가 영은문에서 기다리다가 범인이 돈을 가져가려고 할 찰나에 체포했다. 이때 어떤 사람이 나타나 범인 체포에 간섭하므로 그 또한 붙잡으니, 좌영 병정이라 하여 석방했다 한다.

그런데 그 이튿날 병정 5, 60명이 사관청에 돌입하여 군관 7명을 난타하고 입직 부장에게 어제 영은문에서 범인을 체포한 군관의 성명을 대라고 하면서 난동을 부렸다. 이 사건은 직접적으로는 투서를 통해 시민의 돈을 갈취하려던 좌영 병정들의 흉계를 포교가 차단함으로써 일어난 사건이다.

임오군란 이후 군인들은 생활을 유지할 수 없을 정도의 급료와 순찰·토목사업에의 동원 등 각종 고역에 시달리고 있어 조정에 대한 불만이 매우 높았다. 이들은 생활을 해결하기 위하여 임금노동을 하거나 난상·수공업·매주업 등을 겸업하기도 했으며, 때로는 엄격하게 금하고 있는 교지위조·홍삼밀매·밀도살업에 참여하기도 했고, 심한 경우 화적들과 내통하거나 궁중이나 관의 기물을 훔치는 예도 허다했다.

비슷한 시기에 포교와 무예청 병정들간의 야료가 있었다. 이 사건의 내용은 구체적으로 알 수 없으나, 포교가 집단적으로 무예별감을 구타하여 포교와 무예청 병정들간의 집단적 충돌로 발전되었던 것이다. 이 사건과 관련하여 포교 유영호가 엄형 정배되었고, 무예청의 장진규는 전라도 영광군 임자도에 충군되었으며, 나머지는 곤장을 맞거나 죄질의 정도에 따라 처리되었다.

1884년 8월에는 의금부 나장 폭동 사건이 있었다. 의금부 나장 오봉기가 적장으로 몰려 좌포도청에 체포 구금되었다. 이 사실을 알게 된 그의 아들 오수동이 나졸들에게 억울함을 호소했다. 이에 동료 나졸인 추억철이 주동이 되어 동료 수백 명을 이끌고 사관청에 돌입하여 청사를 깨부수고 오봉기 등 죄수들을 석방했으며, 오봉기를 체포한 포교 집도 때려부쉈다. 이때 수백 명의 나장들이 함성을 지르며 몰려드는 광경은 마치 전쟁과 같았다. 오봉기는 포도청의 신문에서 자신의 도적질을 모두 자복했다. 조정에서는 주동자인 추억철을 효수하고, 나머지 관련자들은 엄형 후 원악도에 유배하거나 방면했다.

1891년 11월 17일 통위영 병정 장희완이 장물을 지닌 것으로 하여 우포도청에 체포 구금되었다. 그런데 얼마 후 동료 병정인 정홍식 등 14명이 좌포도청으로 몰려가 소란을 피우고 포교를 구타하고 장희완을 빼내갔다. 정부에서는 정홍식을 엄형 후 전라도 고금도에 귀양 보내고, 김귀복 등 나머지 13명에 대해서는 각각 임실현·용담현 등지로 유배했다. 또한 사건의 원인을 제공한 장희완은 희천군으로 정배되었다.

3

백성의 저항

'목구멍이 포도청'이라는 속담이 있다. 배가 고프면 못할 짓이 없다. 그러나 '행실을 배우라 하니까 포도청 문고리를 뺀다'느니, '몽둥이를 들고 포도청 담에 오른다'느니, '포도 군사의 은동곳을 물어 뽑는다' 등 포졸에 대한 백성의 저항도 만만찮게 이어져왔다. 포졸에 대한 원성이 많을수록 집단적인 저항이 발생했다.

1833년(순조 33) 도성 안에서 무뢰배들의 만행이 있었다. 비변사에서 "도성 안의 무뢰배들이 떼를 지어 이르기를, '쌀값이 뛰어오른 것은 오로지 저자의 장사치들이 조종한 때문이라'고 하면서 먼저 가겟집을 부수고 뒤이어 불을 질렀다고 합니다. 무릇 성안에서 쌀가게를 차려놓은 자는 거의가 그런 화를 입었습니다. 심지어는 각 진영의 장교와 나졸들로서 단속하려 나간 사람들도 금단시키지 못했다고 하니 그 광경이 위태롭고 두렵습니다. 이것은 실로 전에 없었던 변괴입니다. 반드시 처음 주창하여 선동한 무리가 있을 것이나, 모두 도망하여 그 주범자와 종범자를 조사하여 등급을 나누어 율을 시행할 수 없습니다. 청컨대 우선 각 영문과 좌·우포도청에서 장교와 나졸들을 많이 풀어서 잡는 대로 즉시 군문에 넘기어 그날 안으로 목을 베어 매달아서 뭇사람들을 경계하게 하소서"라고 했다.

순조는, "도성 안에서 전에 없었던 악습이 있었음은 진실로 놀랍고 한심스러운 일이다. 만일 무뢰배들이 처음 일어났던 초기에 능히 금지했더라면, 어찌 광경이 이처럼 위태롭고 두려운 지경에 이르렀겠는가? 염탐하여 포획하여야 할 지위에 있는 사람들은 그 책임을 면하기 어려우니, 좌·우포도대장을 모두 견책하여 파면하는 법으로 시행하라. 비록 각 영문에 대하여 말하더라도 이것은 심상한 변괴가 아니니, 이와 같이 어물어물 넘기는 것은 옳지 않다. 여러 장신들을 모두 종중 추고하라"라고 했다.

또 "이러한 난민들을 한결같이 모두 율로써 적용하여도 애석할 것은 없으나, 별안간 잡아들이는 과정에서 그중에는 부당하게 걸려드는 폐단이 없지 않을 것이니, 병조판서는 세 영문의 장신들 및 좌·우포도대장과 더불어 금위영에서 함께 개좌하여 밤을 지새워 가면서라도 자세히 조사하여 율을 적용시키도록 하라"라고 했다.

이 사건은 그 전해 장마와 가뭄이 연이어 들어 흉년이 들자, 이 해 3월 쌀가게가 문을 닫아 발생한 일이다. 호위영 군관 김광헌이 닫힌 쌀가게를 보고 고억철·홍진길을 선동, 쌀가게들을 다 부숴버렸다. 이 소동은 저녁이 되어 어두운 후에야 겨우 가라앉았다. 이 때문에 삼개의 쌀 여객점을 비롯하여 우대·아래대·미전·잡곡전이 전부 파괴되었다.

포도청과 각 영에서 바로 출동했으나 한 명도 붙잡지 못했다. 순조는 좌포장 김영, 우포장 이철구를 파직시켰다. 아울러 훈련대장 · 금위대장 · 어영대장도 파직시켰다. 형조판서 이면승, 평시서 제조 박제일은 견책당했다. 주모자인 김광헌 · 고억철 · 오인길 · 강춘득 · 우범이 · 유칠성 · 범칠이 등 7명은 잡아 참형에 처하고, 나머지는 원악도로 귀양보냈다. 쌀가게도 책임이 있다고 하여, 곡식을 감추고 물에 불린즉, 장곡 · 화수죄를 적용하여 김재순 · 김종로를 사형에 처했다.

1851년(철종 2) 2월 2일 뚝섬 변란이 있었다. 포도청의 한 기찰포교는 가설군관 유해룡을 데리고 뚝섬에서 짐꾼인 고덕철을 도둑 혐의로 체포하여 왔다. 그들은 죄인을 효경교 옆에 있는 유개막有蓋幕(덮개가 있는 움막, 초소 같은 것)에 묶어놓고 조사를 하고 있었다.

그의 동생으로 짐꾼 노릇을 하는 고완철이 이 사정을 동네의 어른인 이임 홍의일과 중임 이상길에게 호소하니, 홍희일은 동네 사람들을 모아 포도청에 가서 등소等訴(관청에 대한 집단 항의나 요구)하라고 했다. 종인 달금과 중임 한종호 등은 온 동네를 다니며 외쳤다.

"포도청에 가서 고덕철을 구해내자. 만약 나오지 않는 사람은 동네에서 쫓아낼 것이다."

이리하여 순식간에 수백 명이 칼과 몽둥이를 들고 모여들었다. 이들은 살곶이 다리를 건너 도성 안으로 몰려가면서 더욱 분기를 토해냈다. 벌써 이들은 등소하러 가는 사람들이 아니라 폭도로 변해 있었던 것이다. 한번 모인 군중은 쌓인 감정을 주체할 수가 없는 법이다.

그들이 청계천 가 유개막에서 고덕철이 묶여 고문받는 꼴을 보자 그만 유개막을 때려부수고 포졸들을 사정없이 짓밟아버렸다. 통부를 여섯 개나 빼앗고, 포교 한 명을 묶어 앞세우고는 고덕철을 빼내어 달아났다. 유해룡은 즉사하고, 나머지 군관 네 명도 초죽음이 되었다.

포도청은 발칵 뒤집혔고 포졸들은 이 군중들을 찾아 뚝섬을 뒤졌다. 집집마다 뒤지면서 장정들을 잡아들였다. 뚝섬은 그야말로 부녀자들의 울부짖는 소리, 애원하는 소리로 아비규환이 되었으며, 포졸들은 매달리는 부녀자들을 무자비하게 걷어찼다.

끌려간 포교는 이현의 고갯마루에서 발견되었다. 포교를 끌고다니다가 잡힌 이경철을 앞세워 잡아온 장정들을 하나하나 가려냈다. 일이 이렇게 커지자, 그 동네의 책임자인 홍희일과 한종호는 주모자의 아들 함순길 등을 잡아 몸을 묶고 족쇄를 채워 사랑채에 가두었다. 그리고는 포교들에게 범인들을 내주었다.

좌포도청에서는 연일 잡혀온 백성들로 들끓었으며, 죄인들의 울부짖는 소리는 지옥을 방불케 했다. 포졸들은 잡혀온 백성들을 주리를 틀고 인두로 지져대며 엄한 고문을 하여 주모자들을 가려냈다.

철종이 말했다. "설령 사실이 저네 무리들의 공초대로라고 할지라도 진실로 붙잡힌 도둑이 원통하면 포도청에 와서 호소하는 것이 옳을 것이다. 그런데도 한 동네의 무리를 모아 백주에 한길로 나와 칼과 몽둥이를 들고 기찰포교를 때려죽였다. 살인자의 정상을 도저히 참작할 수가 없다. 그 행동을 말하면 강도요, 그 실상을 말하면 죄수를 강탈한 것이니, 어찌 이런 기강과 이런 광경이 있을 수 있으랴. 말이 여기에 미침에 마음이 떨리기만 한다. 이렇게 법을 어지럽히는 무리는 목숨을 살려둘 수가 없다. 먼저 주창한 자와 앞장서 일을 벌인 자는 머리를 베고 효수하여 민중을 깨우쳐야 한다."

이들 중 열 명은 머리가 잘려 거리에 내걸렸고, 나머지는 귀양가거나 장형을 맞았다. 이임 홍희일도 고군산도에 귀양보냈다.

1860년(철종 11) 5월에 한 여자가 전 포도대장 신명순의 집에 돌입했다. 이 여인은 그해 54살로, 13살 난 아들을 데리고 칼을 품고 들이닥쳤다. 그녀는 이 집 안뜰에 들어가서 신명순의 이름을 불러보고 그의 집이 틀림없음을 확인했다. 그녀는 작은사랑으로 내달았다. 거기에 아무도 없자 큰사랑으로 발길을 옮겼다. 신명순 형제가 앉아 있자 칼을 들고 찌르려고 했다. 이때 하인들이 몰려와 그녀의 칼을 빼앗고 그녀와 그녀의 아들을 묶어 포도청으로 보냈다.

주례라는 이 여인은 이렇게 말했다.

"지난해 5월에 맏아들이 병으로 죽고 작은 아들 희종이 같은 해 8월에 우포도청에 잡혀들어갔습니다. 그런데 열흘도 못되어 물고物故(죄인이 죽음)되었다는 말을 들었습니다마는, 그래도 그가 살았는지 죽었는지 믿을 수가 없었습니다. 정말 죄가 있었다면 죽어도 아까울 것이 없겠습니다. 아들의 죽음을 당하는 부모가 더러 있기에 말입니다. 그러나 저로서는 몇 달 동안 마음이 저리고 뼈가 삭아 어찌할 바를 몰랐습니다. 인정의 자취로 참작하면 천한 무리라도 사람 마음은 같은 것입니다. 어찌 가슴이 쓰릴 이치가 없겠습니까? 이 달은 맏아들이 죽은 때요, 작은 아들의 생일이 든 달입니다. 마음과 얼이 저절로 비통해서 이 용서받을 수 없는 죄과를 저지르려고 그 댁에 돌입한 것입니다."

이 여인은 아들의 원수도 갚지 못한 채 효수되었고, 멋모르고 따라갔던 어린 아들도 유배되고 말았다.

같은 때 경희궁 목수들이 좌 우포도청을 때려부수고 수명의 포교를 죽게 한 사건이 있어 탁경순이 효수되었다.

1882년 2월 11일 동대문 부근 동민 폭동사건이 일어났다. 이날 포도청 포교들이 동대문 오원춘의 집에 돌입하여, 함께 살고 있던 시집간 딸을 여령으로 초출하여 갔다. 이에 그 어머니가 동리 사람들에게 하소연하자, 동리 사람들이 포교를 쫓아가 집단 구타하고 오원춘의 딸을 빼앗아왔다. 이때 오원춘의 딸은 임신 4개월이었는데, 놀라서 유산하게 되었다.

오원춘과 동리 사람들은 이 억울한 사정을 하소연하기 위하여 좌포장 한규직 가에 몰려갔다가 도리어 붙잡혀 죽도록 얻어맞아, 다섯 사람이 죽기에 이르렀다.

한편, 포교들은 동료가 동대문 주민들에게 얻어맞은 것을 보복하기 위하여 동리 사람들을 닥치는 대로 붙잡아 구타했다. 훈련도감 소속이던 동대문 수문군 이상국은 급료를 받아오다가 길에서 포교들에게 붙잡혀 자신이 동대문 수문군임을 말했는데도 불문곡직 마구 두들겨 맞아 사경을 헤매게 되었다.

이상국과 처남매부간인 최학길이 이 소식을 듣고, 이튿날인 12일에 도감에 찾아가 동료 병사들에게 사정을 얘기하고 병대 3, 4명과 함께 좌포청에 가서 이상국을 볼 것을 청했다. 수직 포교가 좌포장 허락이 없이는 안된다고 하자, 이상국 소속 병대의 장인 탁기환이 병대 수백명을 이끌고, 동대문 부근의 주민들과 함께 좌포청에 돌입하여 이상국을 비롯하여 갇힌 자들을 꺼내왔다.

조정에서는 놀라움과 분노를 표시하고, 포졸들의 행위가 치도가 아니라 살인행위라고 비난하면서 좌포장 한규직을 죄줄 것을 주장하여, 그는 유배되었다. 이 사건으로 신문받은 자는 포교 2명 외 모두 9명이다. 사건의 주동자인 훈련도감의 최학길과 탁기환은 각각 전라도 고금도 고임자도에 보내어 일신에 한하여 노비가 되도록 했다. 또한 오원춘의 딸을 잡아간 포교들도 각각 평안도 변방으로 보내어 충군정배하도

• **동대문 밖 채소시장**

뚝섬, 왕십리 쪽에서 들어오는 채소가 동대문 밖 시장에서 성황을 이루고 있다. 동대문은 훈
련도감을 비롯하여 군영이 많고 왕십리 쪽에도 부대가 있었다.

록 했으며, 기타 관련자들은 장 100대 후에 풀어주었다. 이 사건으로 동
대문 부근 양사동 주민들이 놀라고 겁먹어 모두 도피했으며, 중병환자
나 과부 홀아비들만 남아 한 동이 텅 비어 증언할 사람이 없을 정도로
그 파장은 컸다.

이 사건은 동대문 백성들과 훈련도감·무위영·장어영 소속 군인들
이 참가하여 규모가 커졌다. 이곳은 비록 성안이긴 하지만 왕십리와 매
우 가까운 거리에 위치하고 있어 임오군란 때까지 그 영향이 있었다.

1883년 10월 4일 반인伴人(성균관에서 일하던 백정, 도살꾼) 폭동사건이 있
었다. 반인 원은식이 이현에서 자물쇠와 열쇠 등을 팔고자 했는데, 좌포
청 기교 오진호가 팔고자 하는 물건들이 장물인가를 확인하기 위하여

원은식을 포도청으로 붙잡아갔다. 원은식의 형 원춘식 등 반촌인들이 좌포장에게 가서 그 억울한 사정을 하소연하려고 했는데, 이때 포교 오 진호 등이 이들을 마구 때리고 현방에 돌입하여 기물을 부수어버렸으 므로 반촌인들이 모두 도망가게 되었다.

이러한 사실을 알게 된 현방의 대행수인 홍복동은 반촌 내의 현방 종 사자들에게 원은식이 억울하게 적초賊招를 입어 좌포청에 붙잡힌 사실 을 이야기하고 동참할 것을 종용했다. 그리고 반촌 외의 각 현방에 대 해서는 회문을 돌려 이튿날 모두 모이도록 했다. 10월 5일 홍복동과 원 춘식이 주동이 되어 반촌에 모인 현방 관련자 100여 명이 각기 능장을 갖고 좌포도청에 돌입하여, 입직 부장入直部將을 마구 때려부수고 원은식 을 구출하고 다른 죄수들도 방면했다. 나아가 원은식을 체포한 기교 오 진호 집도 때려부수었다.

주동자인 홍복동과 원춘식은 모두 도망가버리고 협조했던 현방 종사 자들이 체포되어 조사를 받았다. 좌포청에 체포되어 조사받은 자는 모 두 6명인데, 반촌·산림동·수진방·수표교·광통교의 현방에 종사하 던 자들임이 드러났다.

한편 성균관에서는 다른 현방 대행수 임장 등의 진술을 참고하여, 이 것이 포교들의 지나친 대응으로 야기된 사건임을 보고하여 사건의 진 상을 다시 조사하도록 요구했다.

결국 이 사건의 책임을 물어 좌포도대장 이봉의를 파직하고, 기교 오 진호는 엄형 후 함경도 갑산부에 충군하게 하고, 반촌인들에 대해서는 원배 조처했다.

당시는 화적들이 서울까지 나타나 포도청 포졸들이 때로 이들로부 터 당하는 경우도 많았다. 1884년 윤5월 광통교를 순찰하던 교졸 박중근·민응오·김창인·손홍록 등이 도적의 무리 수십 명을 만났다. 방패와 철편 등으로 맞서다가 감당하지 못하게 되자, 도리어 도적의 무리들이 칼을 빼들고 휘두르며 찌르는 통에 4명이 다 중상을 입었으며, 박중근이 차고 있던 통부도 도적의 칼에 맞아 쪼개져 나가는 등 곤욕을 치르기도 했다.

역대 포도대장

포도청의 장은 처음에 포도장, 토포사, 순경사, 토포순검사 등을 거쳐 포도대장으로 발전했다. 지방의 토포사도 처음에는 수령이 겸하다가 진영장으로 고착되었고, 이때는 수령도 반드시 진영장을 거쳐 토포를 할 수 있게 되었다. 한편 수령도 형방·병방을 통하여 포도를 수행했고, 신분사회의 유지를 위한 향청도 치안기능을 해왔다.

여기서는 중앙의 역대 포도대장 목록을 실록을 중심으로 비변사 등록, 포도청 등록을 참고로 하여 만들어본다.

- **성산종** : 조한신, 홍이로, 이양생, 김순보, 이영희, 양찬
- **연산군** : 이양생, 채윤혜, 유찬

- **중산종** : 이종례, 구전, 이안세, 방윤, 전림, 김기, 장한공, 정호, 황형, 윤희평, 황침
- **명산종** : 지세방, 이몽린, 이사증, 남치근, 김세한, 김순고, 심뇌, 김경석
- **선산조** : 이 일, 최 원, 이순신, 이윤덕, 변양걸, 변협
- **광해군** : 안위, 변응성, 한희길, 조찬한
- **인산조** : 이괄, 이진
- **효산종** : 이완, 유혁연
- **현산종** : 박경지, 김여수, 유여량, 심박, 구문치, 신여철
- **숙산종** : 노정, 구일, 신여철, 김만기, 이도원, 장희재, 심박, 김세익, 이세신, 유중기, 이기하, 김중기, 나홍좌, 윤취상, 이우항, 정이상, 이홍술
- **경산종** : 이홍술, 유성추, 이삼, 이봉상, 신익하
- **영산조** : 김중기, 신광하, 이봉수, 오중주, 김수, 이재항, 장붕익, 이사주, 남태징, 정찬술, 이수량, 이삼, 박찬신, 구성임, 조빈, 김흡, 정수송, 정태소, 김성응, 윤광신, 원필규, 이의풍, 조동점, 구선행, 구수훈, 조덕중, 조동하, 이장오, 구선복, 정여직, 이태상, 윤태연, 김성우, 이은춘, 장지항, 조완
- **정산조** : 조심태, 이한풍, 조규진, 이주국, 서유대, 신대겸, 신대현, 유효원
- **순산조** : 이유경, 오의상, 이석구, 서춘보, 백동원, 조기, 박기풍, 신홍주, 이유수, 이철구, 김영, 신경, 이승권
- **헌산종** : 이철구, 이완식, 구신희, 김영, 이유수, 임성고, 유상필, 이승권, 조존중, 유기상, 이응식, 백은진, 허계
- **철산종** : 윤의검, 이경순, 심낙신, 허계, 이희경, 임태영, 유기상, 서

상오, 유상필, 이응서, 이정현, 유상필, 이경순, 윤의겸, 심낙신, 이
희경, 이규철, 이희경, 이원하, 이규철, 오현문, 채학영, 남석규, 신
명순, 이제도, 신관호, 이원희, 김건, 홍원섭, 이남식, 이제도
- **고산종** : 이경순, 이주철, 신명순, 이방현, 이원희, 이학영, 조희복,
조영하, 백낙정, 이종승, 백낙정, 김기석
- **개산화** : 김기석, 조의복, 백낙정, 임상준, 신정희, 박승유, 김병시,
이경하, 오하영, 이교헌, 양헌수, 한규직, 조의순, 이종승, 원세정,
이봉의, 서광범, 이봉구, 박영효, 정낙용, 이종건, 한규설, 민영익,
신석희, 이원회, 안경수, 조의연

포도대장은 주로 무관으로 아장급에 속하는데, 한성부 판윤, 좌 · 우
윤 그리고 병조판서를 겸직하기도 했다. 훈련도감 · 어영청 · 금위영 ·
총융청의 대장을 겸하거나 순차로 등용되기도 한다.

정유재란 때인 1599년(선조 32)에는 종의 간음을 비호한 죄로 충무공
의 부장이었던 이순신을 파직했다. 다음의 이윤덕은 명 경리에게 당시
위기에 몰린 조선 실정을 잘 부탁하기도 한다.

인조반정 이후 서인 계열의 이완과 남인계열의 유혁연이 교대로 포
도대장을 독점했다. 효종 9년에는 유혁연과 이완이 좌 · 우포도대장을
나란히 하기도 했다.

숙종은 이러한 병권경쟁을 해체하고자 금위영을 설치하여 왕권을 강
화했다. 당시 남인과 노론의 권략쟁탈에서 포도대장을 통하여 왕권을
확립해나갔다.

영조는 노론의 도움으로 왕권을 잡은 결과, 탕평책에도 불구하고 노
론의 득세는 여전했다. 그래서 영조는 소론 계열인 구성임 등 능성 구
씨 가문과 신광하 등 평산 신씨 가문을 중심으로 포도대장을 임명했다.

50여 년간의 영조 재임 이후 정조는 신흥 무반세력을 중심으로 병권과 경찰권을 잡아나갔다. 정조는 포도대장에 조심태 등 평양 조씨 가문과 서유대 등 달성 서씨 가문을 기용했다. 특히 장용영의 대장은 포도대장 출신으로 하여 왕권을 강화시켰다. 장용대장은 이한풍 · 유효원 · 김지묵 · 서유대 · 정민시 · 조심태 · 신대현 등이었는데, 이중 김지묵과 정민시를 빼고는 모두 포도대장을 거쳤다.

정조는 "포장에 통망되려면 반드시 금군별장을 거쳐야 하고, 금군별장이 되려면 반드시 도감중군을 지내야 한다는데, 경들은 어떻게 생각하는가?" 하고 물었다.

영의정 김치인이 아뢰기를, "금군별장과 도감중군이 다 같은 아장인데, 어찌 포장과 용호장에 통망通望하는 계제階梯로 삼을 필요가 있습니까. 국가에서 사람을 등용하는 데는 오직 재주만을 취할 뿐입니다. 진실로 사람이 합당하면 비록 포장에 통망되지 않았더라도, 곧장 장망將望에 통의通擬한 예가 있으니 너무 국한할 필요가 없습니다" 하고,

좌의정 이성원은, "장망에 통의하는 데 반드시 경력이 겸비된 사람만을 취한다면, 사람을 쓰는 권한이 의정부나 병조에 있지 않고, 오로지 훈국에 있게 되는 것입니다" 하고, 우의정 채제공은, "사람이 진실로 쓸 만하면 비록 장망에 곧장 통의하더라도 해롭지 않습니다. 아장을 아장의 계제로 삼는 것을 옳다고 보지 않습니다" 했다.

그리하여 정조 12년부터 포도대장을 반드시 도감중군, 금군별장을 거친 연후에 임용하던 것을 폐지했다.

순조 이후 세도정치 시기에는 왕권보다 세도가에 의탁하는 인물이 포도대장으로 임용되었다. 이때는 비리도 횡행하여 포도대장을 비롯한 포졸들에 대한 원성이 많았다.

포도대장은 당연히 비변사 당상으로 임명되어 국정에 크게 참여했으나, 자신의 소임보다는 세도가의 입장을 옹호하는 역할을 했다. 대원군이 집권하는 고종 때는 비변사가 없어지고 의정부와 3군부가 있었다. 처음 포도대장 추천권을 3군부가 가졌으나 혼선을 초래하여 의정부에 넘겨주었다. 이어 포도대장은 으레 3군부 제조가 겸하도록 했다.

고종 시절은 국내외적으로 격변하는 시기였다. 당연히 포도대장은 국왕의 측근으로서 큰 비중을 차지했는데, 이경하가 대표적이었다. 대원군은 말하기를 "이경하는 다른 장점은 없고 오직 사람을 잘 살해하기 때문에 기용한 것이다"고 했다. 이경하는 천주교도 박해, 사주조자 검거에 역할이 커 '낙동 염라'라고 불리기도 했다.

김기석은 개화기 전후 7차에 걸쳐 4년 이상 포도대장을 했고, 조의복이 3차, 이종건이 4차나 거쳤다. 이 시기 한성판윤 등 문관의 임기가 짧은 것과 비교해서 포도대장의 임기는 1년 여가 되어 긴 편이었다. 한규직 · 한규설 형제는 한규직이 2차에 2년을 했고, 한규설이 7년 이상을 거쳤다. 그만큼 총애를 받은 것이었다. 신정희 · 신석희 형제, 이종건 · 이종승 형제도 총애를 받은 무관의 집안이다. 원세정도 무인가인데, 그 아들 원우상은 나중에 경무사를 지냈다.

말기의 포도대장은 고종의 핵심세력으로 구성되는 것을 볼 수 있다. 갑신정변 이전까지는 총융사 등 무관을 겸직하는 예가 많았으나, 그후에는 행정과 재정의 최고 책임자를 겸하는 일이 많아졌다. 즉 1882년 설립된 통리군국사무아문에는 한규직이 참여했을 뿐인데, 이를 이어 내무부가 설치되자 그 독판으로 김기석 · 신정희가, 그 협판으로는 이교헌 · 임상준 · 정낙용 · 이종건 · 한규설 · 신정희 등이 임명되었다.

마지막 좌 · 우포도대장은 안경수 · 조의연이었다. 이러한 포도대장은 갑오개혁 이후 경무청의 경무사로 변했다.

역대 경무사

경무사 신태휴는 무당들의 축원행위를 엄금하여 민간에서 모시고 있는 관제상關帝像(신으로 받드는 관운장 상)을 모두 거두어들여 북묘로 옮기니, 그 수가 3,000개나 되었다. 그중에는 향차와 청룡도 등도 포함되어 있었다. 무당 정환덕과 조세환 등은 고향으로 도주하고, 대내에 출입하던 여무女巫들도 줄줄이 수감되었다.

일본인들은 이 무렵 남산에 대포를 설치하여 적군을 방어하듯 했다. 그들은 매일 밤 궁인들이 여무와 장님들을 이끌고 와서 경문을 외며 산에서 비단을 태우는 것을 보고 서로 웃었다고 한다.

외국 남녀와 간통한 자는 처형한다. 그러나 개항 후에 그 금지령이 해이되고, 동·서양 사람들이 마구 들어와 거주하면서 음란한 행위를 했지만 어떻게 방지할 수가 없었다. 이때 이윤용의 첩은 서양 여자였으며, 송병준의 첩은 일본 여자였다. 종종 외국 여자를 데리고 살지 않으면 문명인 취급을 하지 않았다고 한다.

그런데 경향의 유녀들은 아침에 일본인을, 저녁이면 서양인을 맞기 위해 문을 기대 기다리고 있으므로, 이 광경을 보는 사람들은 낯을 가렸다고 한다. 인천항에 있는 도화동은 온 동네가 모두 매음가이다. 이때 외국인들이 돈을 가지고 그들의 문을 두드린 것은 상인들이 물건 사라고 문을 두드린 것과 같았다. 이때 창녀 및 기녀들에게는 매음세를 정하여 매년 1인당 기생은 36원, 창녀는 24원을 내도록 하고, 또 매월 의사를 파견하여 매독 검사를 했다. 이것은 일본의 풍속을 따른 것이다.

경무사 신태휴는 유녀들을 한 마을에 모아놓고 양민들과 함께 거주를 못하게 했다. 그들 중 우리 나라 사람들과 왕래한 사람에 대해서는 그의 문에다가 '상화가賞花家', 외국인에게 매춘한 사람은 '매음가'라는

역대 경무사

1894	1895	1896	1897	1898	1899
이봉의 이윤용 허진 윤웅렬	안경수 이윤용 조희연 권형진 허진	안경수 김재풍 이종건 김재풍	민영기 이봉의 이충구	김재풍 민영기 신석희 윤웅렬 정기택 김정근 신태휴 민병한 이근호 김영준 이근용	원우상 남명선 이유인 김영준

1900	1902	1903	1904	1905	1906/07
윤웅렬 서상룡 이유인 조윤승	이용익 이봉의	양성환 엄준원 정기택	구영조 신태휴 김정근 원우상 양성환 백성기	신태휴 이근택 민경식 김사묵 구완희 구완선 윤철규	1906 서상대 박승조 김사묵 김재풍 - 1907 구연수

※

경부대신
: 조병식, 박제순, 이종건, 조병식, 민영철, 김정근, 이종건, 이근택, 이종건, 이지용
/
경무총감
: 마루야마
/
경시총감
: 이시다

글을 써붙여놓았다.

1895년 을미사변을 전후하여, 안경수 등은 고종에게 선위를 하라고 협박하면서 허위조서를 반포하려다가 이남희의 밀고로 인하여 실패했다. 박영효가 일본에서 의화군 이강을 추대하려고 했지만 본국에 손을 쓸 기회가 없으므로, 안경수 등을 시켜 음모하게 한 후에 이강을 데리고 나오려 했다는 여론이 자자했다. 곧 안경수는 일본으로 망명했다가 1900년 1월 어느 날 돌아온다.

일본으로 망명한 경무사 권형진도 자수하여 평리원에 함께 수감되었다. 권형진은 을미사변으로 면직되었다가 일본으로 도주, 이때 안경수의 뒤를 이어 온 것이다.

그해 5월 경무사 이유인이 안경수·권형진 등을 처형했다. 을미사변의 내용이 탄로되어 국민들이 모두 분개했으므로 고종도 그들의 처형을 결심했다. 그러나 일본인들의 반대를 두려워하여 시간을 끌다가 이유인을 시켜 살해했다. 이유인은 그 명을 따르지 않을 수 없어 자의로 살해한 것처럼 한밤중에 그들을 교살했다. 두 사람은 자신들이 살해될 줄 모르고 있다가 꼼짝없이 살해되었다. 이 일로 일본공사가 소환되고 이유인은 멀리 철도鐵島로 유배되었다.

경부대신 이근택은 을사 5적 가운데 가장 악랄하다고 소문났다. 그는 일본 사령관과 의형제를 맺고 이토의 양자가 되었다. 일본 신을 신고, 일본 차를 타고, 일경들이 그를 호위했다.

대한제국의 경무사는 말기로 갈수록 일본에 의해 좌지우지되었다. 1905년 구완선은 의주군수에서 일약 경무사로 발탁되었다. 그는 일본에 충견 노릇을 하여 일본공사가 강력히 주선했던 것이다. 과연 10월 21일 밤 보호조약을 체결하려 할 때 고종이 반대하자, 구완선은 "이렇게 벽력이 떨어져야 항복하겠습니까?"라며 겁을 주어 체결되게 했다.

바로 다음의 경무사 윤철규는 전 대사헌 송병선이 며칠 동안 대궐 밖에서 고종의 명을 기다리고 있자, 거짓 교지를 전하면서 억지로 교자에 태워 남문으로 내보내서 기차로 공주까지 실어보냈다. 이에 송병선이 자결하여 여론이 비등하자, 일본인들은 윤철규를 충북관찰사로 보내버렸다. 이러한 경무사도 1907년부터는 경무총감, 경시총감으로 바뀌어 일본인들이 독차지하면서 나라도 잃게 되었다.

朝

鮮

참고문헌

警

察

자료 資料

「경국대전」「대명률」「대명률직해」「대전통편」「대전회통」「만기요람」「비변사등록」「사송유취」「선원계보기략」「속대전」「승정원일기」「원행을묘정리의궤」「육전조례」「전률통보」「조선왕조실록, 고종 · 순종실록」「증보문헌비고」「포도청등록」「한중록」「형정도첩」「홍재전서」

도서 圖書

강만길 외, 한국사 1~26, 한길사, 1995

경우회, 한국경찰사, 1995

경찰청, 경찰 50년사, 1995

경찰청, 한국경찰사, 1994

고성훈 외, 민란의 시대, 가람기획, 2000

국사편찬위원회, 한국사 1~34, 1997

국학진흥연구추진회, 장서각도서해제 1,2, 한국정신문화연구원, 1995~7

김대길, 시장을 열지 못하게 하라, 가람기획, 2000

김덕룡, 한국제도사연구, 인조각, 1997

김성준, 한국중세정치법제사연구, 일

김영상, 서울 육백년 1~5, 대학당, 1996

김용숙, 조선조궁중풍속연구, 일지사, 1987

김윤식, 속음청사, 국사편찬위원회, 1960

김형중, 한국고대경찰사, 수서원, 1991

김형중, 한국중세경찰사, 수서원, 1998

민속공보사, 한국민속백년, 양서문화사, 1980

박정혜, 궁중기록화연구, 일지사, 2000

박홍갑, 사관 위에는 하늘이 있소이다, 가람기획, 1999

백상기, 조선조 감사제도 연구, 영남대학교출판부, 1990

비숍, 이사벨라 버드, 한국과 그 이웃나라들, 살림, 1994

서기영, 한국경찰행정학, 법문사, 1976

서울시, 서울행정사, 1997

서재근, 경찰행정학, 삼중당, 1963

세종대왕기념사업회(편), 증보문헌비고, 1980~96

신명호, 조선의 왕, 가람기획, 1998

오갑균, 조선시대 사법제도, 삼영사, 1995

오주석, 단원 김홍도, 열화당, 1998

온양민속 박물관, 도설 한국의 민속, 계몽사, 1980

원영환, 조선시대 한성부연구, 강원대출판부, 1990

유본예(권태익 역), 한경지략, 탐구당, 1981

유영익, 갑오경장연구, 일조각, 1990

유홍렬, 한국천주교회사, 카톨릭출판사, 1992

윤갑식, 이조상신사, 동명사, 1975

윤배남, 조선형정사, 민속원, 1995

윤하택 외, 궁궐지, 서울학연구소, 1996

이경재, 다큐멘터리 서울정도육백년, 서울신문사, 1993

이덕일, 누가 왕을 죽였는가, 푸른역사, 1998

이성무, 조선시대 당쟁사 1,2, 동방미디어, 2000

이성무, 조선양반사회연구, 일조각, 1995

이성무, 조선왕조사 1,2, 동방미디어, 1998

이우성 외, 이조한문단편집, 일조각, 1973

이은순, 조선후기당쟁사연구, 일조각, 1998

이이화, 역사풍속기행, 역사비평사, 2000

이이화(편), 포도청 등록 상·중·하, 보경문화사, 1985

이인화, 영원한 제국, 세계사, 1993

이존희, 조선시대의 지방행정제도연구, 1990

이태진 외, 서울상업사, 태학사, 2000

이태진, 조선시대 정치사의 재조명-사화 당쟁편, 범조사, 1985

이현회, 한국경찰사, 덕현각, 1979

이현회, 한국의 역사 1~20, 학원출판공사, 1988

임형택, 실사구시의 한국학, 창작과 비평사, 2000

정두희, 조선초기 정치지배세력연구, 일조각, 1983

정비석, 소설 홍길동, 고려원, 1985

정약용(박석무 외 역), 흠흠신서 1~3, 현대실학사, 1999

정약용(이익성 역), 경세유표 1~3, 한길사, 1997

정약용(조수익 역), 목민심서, 일신서적, 1994

정조(박찬수 외 역), 심리록, 민족문화추진회, 1998

조흥윤 외, 기산풍속도첩, 범양사, 1989

진준현, 단원 김홍도 연구, 일지사, 1999

최완수 외, 진경시대 1,2, 돌베개, 1998

최홍기, 한국호적제도 연구, 서울대출판부, 1997

치안국, 경찰 10년사, 1958

치안국, 한국경찰사, 1972

치안국, 한국경찰사, 1973

치안본부, 한국경찰사, 1985

한국법제연구원, 대전회통연구(병전편), 1995

한국법제연구원, 대전회통연구(형전편), 1995

한국법제연구원, 통감부 법령 체계분석, 1995

한국사대계 6,7, 삼진사, 1973

한국역사연구회, 조선시대 사람들은 어떻게 살았을까 1, 청년사, 1996

한국정신문화연구원, 한국민족문화대백과사전, 1991

한영우, 정조의 화성행차 그 8일, 효형출판, 1998

허남오, 한국경찰제도사, 동도원, 1998

현규병, 한국경찰제도사, 민주경찰연구회, 1955

황석영, 장길산, 현암사, 1984

황현(김준 역), 매천야록, 교문사, 1994

논문 論文

강석화, 정약용의 관제개혁안 연구 ; 한국사론 21, 서울대, 1989

김구진, 대명률의 편찬과 전래 ; 백산학보 29, 1984

김승무, 포도청에 대하여, 향토서울 26호, 1966

김양식, 1901년 제주민란의 재검토 ; 제주도연구 6, 제주도연구회, 1989

김양식, 고종조(1876~1893) 민란연구 ; 용암차문섭화갑기념, 사학논총, 1989

박은숙, 개항기(1876~1894) 포도청의 운영과 한성부민의 동태 ; 서울학연구,
　서울시립대 5호, 1995

박은숙, 개항기(1876~1894) 한성부 하층민의 저항운동과 그 존재양태 ; 고려대
　석사논문, 1993

배우성, 정조년간 무반군영대장과 군영정책 ; 한국사론 24, 서울대, 1991

서영희, 1984~1904년의 정치체제 변동화 궁내부 ; 한국사론 23, 서울대, 1990

설석규, 정조의 정치운영론 ; 조선사연구 1, 1992

성대경, 대원군 초기집정기의 권력구조 ; 대동문화연구 15, 1982

손보기, 조선 전기의 왕권과 언관 ; 세종학연구 1, 1986

송찬식. 조선전기왕실재정연구 ; 고려대 사학과 박사논문, 1991

신명호, 조선초기 팔의와 형사상의 특권 ; 청계사학 12, 1996

신영우, 19세기 영남 김산의 양반지주층과 향내 사정 ; 동방학지 70집(연세대),
　1991

오세덕, 조선왕조 관료체제의 특징 ; 경희법학 14권 1호, 1977

오수창, 인조대 정치세력의 동향 ; 한국사론 13, 1985

유봉학, 18~19세기 대명의리론과 대청의식의 추이 ; 한신논문집 5, 1988

이성무, 경국대전의 편찬과 대명률 ; 역사학보 125, 1990

이이화, 하층민들은 어떻게 포도청에 맞섰나?, 마당, 1985. 10

이태진, 조선왕조의 유교정치와 왕권 ; 한국사론 23, 서울대 1990

이훈옥, 민비의 정치참여과정과 대외정책 ; 아세아학보 15, 1981

장병인, 조선초기의 연좌제 ; 한국사론 17, 1987

정옥자, 정조의 초계문신교육과 문체정책 ; 규장각 5, 1982

정재훈, 조선초기 왕실혼과 왕실후예 연구 ; 서강대 사학과 박사논문, 1994

정진환, 갑오경장기의 근대행정제도 및 문관경찰제도 도입의 행정사적 고찰 ;
  건국대 대학원 논문집 7, 1987

정현재, 선초 내수사 노비고 ; 경북사학 3, 1981

차인배, 조선후기 포도청에 관한 연구 ; 동국대 석사논문, 1997

최이돈, 16세기 낭관권의 성장과 붕당정치 ; 규장각 12, 1986

한충희, 조선전기(태조~선조24)의 권력구조 ; 국사관논총 30, 1991

홍순각, 조선왕조의 전문적 경찰기구에 관하여 ; 동국대 논문집 10집, 1973

홍순민, 숙종초기의 정치구조와 환국 ; 한국사론 15, 1986

홍순민, 조선후기 왕실의 구성과 선원록 ; 한국문화 11, 1990

조선경찰

초판 1쇄 펴낸 날 | 2020년 8월 28일

지은이 | 허남오
펴낸이 | 홍정우
펴낸곳 | 도서출판 가람기획

책임편집 | 이슬기
편집진행 | 양은지
디자인 | 참프루, 이유정
마케팅 | 김에너벨리

주소 | (04035) 서울특별시 마포구 양화로7안길 31(서교동, 1층)
전화 | (02)3275-2915~7
팩스 | (02)3275-2918
이메일 | garam815@chol.com

등록 | 2007년 3월 17일(제17-241호)

이 도서의 국립중앙도서관 출판시도서목록(CIP)은 서지정보유통지원시스템 홈페이지(http://seoji.nl.go.kr)와 국가자료공동목록시스템(http://www.nl.go.kr/kolisnet)에서 이용하실 수 있습니다.(CIP제어번호: 2020033356)